情报与反情报丛书

情报搜集的五大科目

(全新中文译本)

[美] 马克·洛文塔尔 (Mark M. Lowenthal)　　[美] 罗伯特·克拉克 (Robert M. Clark) / 主编

孟　林 / 译

The Five Disciplines
—— of ——
Intelligence Collection

金城出版社
GOLD WALL PRESS
· 北京 ·

The Five Disciplines of Intelligence Collection by Mark M. Lowenthal and Robert M. Clark (Editors)

Original English edition copyright © 2016 by CQ Press
Simplified Chinese translation copyright © 2019 by GOLD WALL PRESS CO., LTD.
This edition arranged with CQ Press through Sage Publications Inc.
All Rights Reserved.

本书中文简体版由SAGE授权金城出版社有限公司独家出版。
一切权利归金城出版社有限公司所有，未经合法授权，严禁任何方式使用。

图书在版编目（CIP）数据

情报搜集的五大科目 /（美）马克·洛文塔尔（Mark M. Lowenthal），（美）罗伯特·克拉克（Robert M. Clark）主编；孟林译 . —北京：金城出版社有限公司，2021.2
（情报与反情报丛书 / 朱策英主编 . 第二辑）
书名原文：The Five Disciplines of Intelligence Collection
ISBN 978–7–5155–1936–4

Ⅰ.①情… Ⅱ.①马… ②罗… ③孟… Ⅲ.①军事情报—情报搜集 Ⅳ.① E87

中国版本图书馆 CIP 数据核字 (2019) 第 275177 号

情报搜集的五大科目
QINGBAO SOUJI DE WUDA KEMU

作　　者	[美]马克·洛文塔尔　罗伯特·克拉克
译　　者	孟　林
责任编辑	朱策英
责任校对	李晓凌
责任印制	李仕杰
开　　本	700毫米×960毫米　1/16
印　　张	18.75
字　　数	288千字
版　　次	2021年2月第1版
印　　次	2021年2月第1次印刷
印　　刷	天津旭丰源印刷有限公司
书　　号	ISBN 978–7–5155–1936–4
定　　价	88.00元

出版发行	金城出版社有限公司　北京市朝阳区利泽东二路3号　邮编：100102
发 行 部	(010) 84254364
编 辑 部	(010) 64271423
投稿邮箱	gwpbooks@yahoo.com
总 编 室	(010) 64228516
网　　址	http://www.jccb.com.cn
电子邮箱	jinchengchuban@163.com
法律顾问	北京植德律师事务所　（电话)18911105819

目录

前言	001
第1章　引言	**003**
一些重要的定义	006
第2章　开源情报	**008**
一、开源情报的定义	008
二、开源情报的历史	020
三、开源情报的管理	040
四、谁来生产开源情报	046
五、国际开源情报	051
六、私人行业的开源情报	053
七、开源情报最理想的目标类型	053
八、开源情报的未来趋势	055
第3章　人力情报	**058**
一、人力情报的定义	058
二、人力情报的历史	068
三、人力情报的管理	076

四、各国人力情报搜集概况　　088
五、理想的目标　　091
六、未来趋势　　094

第 4 章　信号情报　　100

一、信号情报：以密码术为基础　　102
二、从莫尔斯码到一战　　103
三、一战期间　　106
四、信号情报进一步发展：两次世界大战之间　　109
五、信号情报的演化：二战时期　　112
六、冷战中的信号情报　　118
七、信号情报的评估　　128
八、信息革命与信号情报：计算机、互联网和网络空间　　129

第 5 章　地理空间情报　　137

一、地理空间情报的定义　　138
二、地理空间情报的历史　　142
三、地理空间情报的主要特性和组成　　159
四、地理空间情报的管理　　170
五、国际地理空间情报　　182
六、地理空间情报最理想的情报目标类型　　190
七、趋势　　194

第 6 章　测量与特征情报　　196

一、测量与特征情报的定义　　198
二、测量与特征情报的历史　　202
三、测量与特征情报的主要子科目　　219
四、测量与特征情报的管理　　237

五、国际测量与特征情报　　246
　　六、测量与特征情报最理想的情报目标类型　　252

第 7 章　搜集管理　　258
　　一、设计和预算　　260
　　二、国家情报总监的角色　　261
　　三、任务、处理、开发和分发　　262
　　四、国会和搜集　　268
　　五、展望　　271

致　谢　　273
主编简介　　275
撰稿人简介　　277
英汉人名对照　　280
英汉术语对照　　283

前　言

搜集是情报业务的基础活动之一。我们在其他书籍中讨论过这个主题。马克·洛文塔尔撰写《情报：从秘密到政策》(*Intelligence: From Secrets to Policy*，中文版已由金城出版社出版)，用整整一章的篇幅讨论搜集问题。罗伯特·克拉克撰写《情报搜集技术》(*The Technical Collection of Intelligence*，中文版已由金城出版社出版)与《情报搜集》(*Intelligence Collection*，中文版即将由金城出版社出版)，系统介绍情报搜集的各大科目。然而，情报类著作中一直缺少一本完整介绍情报搜集活动的教材——它应当使用易于理解的语言，全面介绍美国情报界(Intelligence Community，IC)公认的五大情报搜集科目：开源情报、人力情报、信号情报、地理空间情报和测量与特征情报。我们将在本书中使用非专业术语，介绍每种搜集来源(collection source)的定义、历史、处理流程、管理情况以及未来趋势。本书读者的优势在于，各章撰稿人都曾经是或现在仍是所讨论的情报搜集科目的资深从业人员。因此，本书所有章节不仅是对情报搜集科目的学术性介绍，更是专业人士提供的深度评估报告，他们非常了解自己所属搜集科目在美国情报界这个大背景中的适用情况。

对那些在大学里主讲情报、国家安全或政治科学等本科及研究生课程的教授而言，《情报搜集的五大科目》一书是很有价值的。它可以为情报搜集活动的从业人员和管理人员提供帮助，因为他们必须跨越各个搜集"烟囱"[1]开展合作。它还可以帮助全源分析人员和情报搜集人员掌握全局情况，因为前者需要进一步了解如何向搜集工作中的合作伙伴下达任务并开展合作，而后者想要了解自己所在"烟囱"以外的情况。最后，阅读过本书的情报用户，在援引可以支持情报结论的搜集成果时，就会更加清楚情报搜集工作的能力和局限。

马克·洛文塔尔（Mark M. Lowenthal）
于美国弗吉尼亚州莱斯顿市

罗伯特·克拉克（Robert M. Clark）
于美国北卡罗来纳州威尔明顿市

---

[1] 译注：烟囱（stovepipe），基于单个项目或活动组建的垂直架构，主要特点是自成体系，不能共享资源或互访数据，有时也被称为"谷仓"或"井"。

[第1章]

引 言[1]

　　和战争一样，情报搜集也是有据可查的最早的人类有组织活动之一。情报搜集领域最早的著作可以追溯到公元前 7 世纪至公元前 6 世纪：《民数记》中的间谍迦勒和孙武的《孙子兵法》。令人惊讶的是，希伯来和中国这两大古代文明，虽然在地理上相隔甚远，而且肯定互不了解，却在人类历史的早期时代，几乎同时开始讨论情报搜集的重要性。其核心观点非常简单——情报产生力量（information confers power）。谁最擅长搜集（和开发）相关的情报，谁就有可能获得胜利。到了 21 世纪，美国情报界在这两方面的能力都是首屈一指的。

　　情报界所说的搜集，通常指的是五大科目（来源）：开源情报（Open Source Intelligence, OSINT）、人力情报（Human Intelligence, HUMINT）、信号情报（Signals Intelligence, SIGINT）、地理空间情报（Geospatial Intelligence, GEOINT）和测量与特征情报（Measurement and Signature Intelligence, MASINT）。关于它们的来源、能力或是秘而不宣的用途，外界都有许许多多的传说乃至神话。很多流传甚广的说法其实都与事实相去

---

[1] 编注：本书凡未标明作者的章节均由两位主编撰稿。

甚远，而这就是我们撰写本书的原因。我们的目的是为读者提供通俗易懂而又详细全面的介绍，帮助他们了解美国的情报搜集能力。为此，本书所有章节都采用类似的结构。我们会介绍每种情报（或者说每个情报搜集科目）所特有的起源和历史发展，因为这对了解其发展历程和今天的用途具有重要意义。我们还会讨论每个情报搜集科目最适用的情报类型，以及人们基本上束手无策的情报类型。我们还将讨论每个情报搜集科目的管理问题，介绍有时被称为 TPED 或 TCPED[1] 的流程：任务、搜集、处理、开发和分发。所有情报，不论它的获取来源到底是什么，也不论它是技术情报还是非技术情报，都必须通过 TPED 流程，才能生产出可供分析人员和决策者使用的情报。

应当注意，尽管本书以美国为中心开展讨论，但美国并不是唯一使用这些技术的国家。目前，许多国家在太空搜集地理空间情报，许多国家也具备信号情报和测量与特征情报的力量。人力情报和开源情报是最"民主"的情报科目，因为它们并不需要先进的技术。很难想象一个国家会不搜集人力情报，不关注开源情报。

请注意本书所说的组织（organization）。我们在介绍每个情报搜集科目时，选择在其传统的"烟囱"中加以讨论。换言之，它们是并行但不相交的活动。我们将按科目逐一介绍。这是最好的介绍方式，因为这样才能以统一的方式详细介绍其核心能力。另外必须了解的是，这是搜集人员（collector）的观点。下面我们将提供相关背景，介绍这些"井"[2]，或者说这些专业组织是如何发展起来的。

正确地讲，美国情报界不应当被称为一个组织。虽然它有一个名义主管（国家情报总监 [DNI]），但其内部还有许多独立机构，而且这些机构的组织结构、作用和任务也各不相同。今天的美国情报界并不是规划出来

---

[1] 译注：TCPED，即各环节的首字母缩写，任务（tasking）、搜集（collection）、处理（processing）、开发（exploitation）和分发（dissemination）；TPED 则指不含搜集的其他四个环节。

[2] 译注：井（silo），有时译作"谷仓"，与"烟囱"同义。

的。它能发展成为现在的形式，经历了漫长的时间，是立法、行政决策、经验积累以及新增能力等因素综合的结果。

美国情报界是在二战和《1947年国家安全法》出台（该法授权成立中央情报局［CIA］，并设中央情报总监［DCI］一职）后发展起来的。此后的几十年间，美国又成立多个组织，专门负责搜集处理不同类型的情报。比如，美国国家安全局（NSA）专门负责信号情报，尤其是针对敌方通信进行搜集、处理、解密和分析。美国中央情报局行动处在发现、征募、审查、派遣和管理秘密人力资源方面，已经积累了丰富的专业知识。美国国家影像解译中心（NPIC）已成为图像解译领域的技术专家——起初是航拍，后来是卫星成像。再次重申，这些专业组织以"信息井"的形式工作，因此被称为"烟囱"。每个组织都在对原始情报的TPED流程进行管理，互不干扰。在当时，这是一种快速高效的工作方法，可以用来执行多种高难度的搜集任务。不过，随着情报搜集工作的工作量和复杂程度不断增加，每个情报搜集科目都开始有多个机构涉足。国家安全局和中央情报局都在搜集信号情报。中央情报局、国防情报局（DIA）及军方各军种都在搜集人力情报。另外，所有机构都在搜集开源情报。其结果就是重复劳动、浪费资源，往往还要争夺预算，导致情报藩篱而非情报共享。跨情报科目管理已经成为一个重要的问题，我们将在本书最后一章讨论。

我们在本书各章都会提醒读者注意，有些人负责制定策略，负责集中管理搜集工作，这样各个情报搜集科目才能以更统一的方式发挥效力。这样做的目的，是为了寻找和弥补搜集工作中存在的差距，也是为了让各个情报搜集科目支持或质疑彼此搜集到的情报——二者对分析工作极为重要。搜集人员首先应当承认，自己必须了解搜集工作的总体目标，这样才能以最有效的方式回应情报需求。在这里，分析人员的作用是不可或缺的。如果不进行分析，就无法详细指出缺失的部分，无法评估搜集工作，也无法提供相关背景，搜集工作的效果将大打折扣。因此，分析人员必须熟悉搜集系统的能力，这样才能有效地将它们应用于自己的情报问题当中。通常，分析人员对目标的了解最为深入，因此可以帮助制定搜集策略,以获取想要掌握的情报。我们既需要搜集,也需要分析,正如美国国家情报总监詹姆斯·克拉珀(James Clapper)在强调必须实现情报一体化(intelligence integration)时所敦促的那样。

一些重要的定义

所有情报搜集科目都有自己的专业术语或者缩略语,用以沟通概念。部分术语会在本书相应章节中加以阐释。有些术语适用于几乎所有情报搜集科目,现将定义提供如下。[1]

秘密(clandestine)和**隐蔽**(covert):这两个术语经常被外行混淆。它们通常可以互换使用,但在情报领域却有截然不同的含义。秘密所指的是保密但可以归因的事物;隐蔽所指的是保密且不可归因的事物。比如,如果发现一个专案官(case officer)因试图征募间谍而被捕,那么他的祖国很可能会承认与他的关系,因为希望他能回国,这就是秘密。但祖国永远不会承认他所做的一切,这就是隐蔽。

附属(collateral):该术语在所有搜集组织中都有非常特定的含义。它指的是不属于该组织的材料或信息——通常是另一个情报搜集科目生成的报告或情报。如果一个通信情报组织使用图像作为通信情报报告的补充材料,就会称该图像为附属图像。反之,地理空间情报组织如果在自己的报告中使用通信情报,也会称其为附属情报。

搜集(collection):该术语在实践中有两个含义,它们在本书中均有使用。它可以表示整个过程,即从规划环节一直到原始情报的分发环节——这也正是本书书名所采用的含义。它也可以表示这个过程中的一个环节,也就是实际获取信息或其他具有情报价值的东西的环节。通常上下文可以表明具体指哪个含义。

---

[1] 原注:Robert M. Clark, *Intelligence Collection* (Washington, DC: CQ Press, 2013).

情报搜集科目（INT）：通常以缩略语 INT 指代，因为情报搜集的几大科目具有相同的后缀。比如，信号情报（SIGINT）、测量与特征情报（MASINT）和人力情报（HUMINT）。

多科目分析（multi-INT analysis）与**全源分析**（all-source analysis）：这两个术语的区别存在争议。有些作者认为没有区别。另一些作者则认为多科目分析与全源分析不同，因为多科目分析通常被称为多情报搜集科目融合，是将不同搜集来源（通常是地理空间情报及信号情报等）提供的原始情报进行混合或融合，而全源分析还包含其他情报搜集科目。通常，争议会出现在报告补充的分析上，主要问题在于全源分析人员或管理人员认为，多情报搜集科目融合所体现的细微差别不够明显，很难提供政治背景，而且多情报搜集科目会令决策者产生混淆，因为他们无法区别这两类的情报和分析之间的差别。多情报搜集科目的支持者则表示自己的产品是有效融合，不用担心这些其他的问题。

原始情报（raw intelligence）和**成品情报**（finished intelligence）：情报搜集的最终产品被称为原始情报；成品情报一词，通常用于指代全源分析（将在下文介绍）的产品。

单源分析（single-source analysis）和**全源分析**：顾名思义，全源分析人员使用一切相关的情报源，生产我们所说的成品情报。但搜集组织也有擅长对搜集产品进行开发、分析和报告的分析人员，比如通信情报分析人员、开源情报分析人员和地理空间情报分析人员。本书也将介绍这些单源分析人员所履行的职能。

[第2章]

开源情报

艾略特·贾丁斯（Eliot A. Jardines）

一、开源情报的定义

开源情报在情报圈里常被称为"首选来源"，因为它无处不在，也因为它可以广泛共享。人类将开源信息用于情报目的，这种做法可以追溯到印刷机问世之初，或者更早一些。即使是在国王并立的时代，宣言、政令、法律、册封、审判以及逮捕犯人等等，都是开源情报。因此，开源情报就是对所有人都公开可用（publicly available）的信息，可以通过申请、观察或购买等合法手段，被获取、审核及分析，以便满足某项情报需求。[1]

这个定义明确了以开源情报为基础的情报活动的边界。尽管各个情报搜集科目之间存在某种程度的重叠，但明确开源情报的边界，就可以帮助读者了解它的起点与终点、了解它可以在哪些领域推动其他情报搜集科目取得进展。这项定义的第一个要求就是公开可用，换言之，普通民众可以通过申请、观察或购买的方式，获取这样的信息。

---

[1] 原注：National Defense Authorization Act for Fiscal Year 2006, Pub. L. No. 109-163, sec. 931 (2006).

第二个要求就是情报活动必须合法。一切活动，如果要求个人实施非法侵入、盗窃和计算机黑客攻击，或是实施社会工程学[1]攻击，均不属于开源情报范畴，而是非法行为。一切上文提及的非法活动，均不属于开源情报搜集的范畴，因为这些非法活动搜集到的信息，不能被视为"公开可用"。公开可用的概念非常重要，因为它可以让人们清楚地理解开源情报的边界所在。在某些情况下，个中差别是相当细微的。例如，某人的脸谱网（Facebook）主页如果是对所有人可见，就可以被视为公开可用。但如果某人将主页设限为"仅好友可见"，那就不再是公开可用。在此情况下，一切试图获取访问权限的操作，如发送好友申请或试图攻击该用户的脸谱网账号，都不再属于开源情报的范畴。

第三个要求也即关键要求，就是应当对信息进行适当的审核。审核对所有情报搜集科目而言都是非常重要的，但对开源情报而言更加重要，因为开源获取的信息并不是第一手搜集的，而是公开可用的。这并不是说开源情报的可靠性逊色于其他情报搜集科目。事实上，由于开源情报的获取来源实在太多，因此如果个人或组织想在公开渠道提供或审查错误信息、虚假信息，就会愈发感到这种做法徒劳无功。操纵开源的难度很大，比如2011年"阿拉伯之春"期间，阿拉伯各国政府试图压制或操纵开源信息，但以失败告终，就是明证。

这里有一个关键点，即开源信息的获取方式全都是二手的。为了能让信息成为开源，它必须由某个个人（或某个组织）获取、组织和发布，发布方从事上述活动是有特定目的的，发布时也会加入自带的偏见。开源情报专家将开源情报搜集称为开源获取（open source acquisition），并将它与传统情报搜集的概念加以区分。二者的区别不仅仅是语义学方面的，区别主要在于，其他情报搜集科目是对情报的第一手搜集，而开源情报是对信息的第二手获取。换言之，信息之所以能够成为开源，是有其他人先以第

---

[1] 译注：social engineering，社会工程学这种手法利用人的本能反应、好奇心、信任、贪便宜等弱点，进行欺骗或伤害等危害手段，以获取自身利益。短信诈骗和电话诈骗都用到社会工程学。近年来，更多的黑客转而利用社会工程学实施网络攻击。

一手的方式掌握这条信息，然后编辑并发布，最后再被开源情报从业人员以第二手的方式获取。

开源情报定义中最后一个要求，就是它的生产目的是满足某项情报需求。这种对用户情报需求的关注，正是开源情报区别于记者调查、学术研究或商业研究的地方。对开源情报进行开发，这项工作是由各情报机构、执法机构和集团内互有竞争关系的情报部门来完成的。众所周知，政治竞选、工会和个人安保（保镖）公司等其他组织，都在从事开源情报搜集活动，以回答本组织领导人提出的重要情报问题。

（一）开源情报搜集什么

在官方层面，美国政府对开源情报的定义，是通过美国公法和管理美国情报界开源情报活动的《第 301 号情报界指令》（Intelligence Community Directive ［ICD］ 301）来实现的。其定义为："（开源情报是）由公开可用的信息产生的情报，它能够被及时地搜集、开发并分发给适当的受众，以满足特定的情报需求"[1]。这里添加术语**搜集**（collection）的原因，是**获取**（acquisition）的法律内涵——通常"获取"在法律层面被视为与购买（procurement）同义。《第 301 号情报界指令》对相关定义陈述道：

> 开源获取，是对开源信息实施占有或访问的行为，等同于"开源搜集"。更理想的术语是获取，因为从定义来看，开源情报的搜集与分发是由其他人完成的——开源情报的开发人员获取的信息是第二手的，是之前已被搜集过的，是公开可用的。[2]

---

[1] 原注：National Defense Authorization Act for Fiscal Year 2006, Pub. L. No. 109-163, sec. 931 (2006).

[2] 原注：Intelligence Community Directive 301: National Open Source Enterprise, Office of the Director of National Intelligence, July 11, 2006, http://fas.org/irp/dni/icd/ icd-301.pdf.

乍看似乎与直觉相悖，情报居然是根据可用信息生产出来的。然而，决定情报价值的并不是获取它的难易程度，而是它能否回应情报用户的信息需求。事实上，开源情报是最无处不在的情报搜集科目，因为在信息时代，公开可用的信息是海量的。

不过，开源情报并不仅限于网络空间，事实上它包括各种媒体。除互联网和社交媒体外，开源情报还包括电视和广播、更加传统的书报杂志以及政府出版的大量公共文件。除这些普通来源外，它还包括更加小众但通常价值较高的来源，比如海盗电台广播[1]、宣传手册甚至涂鸦。开源情报中还有一个非常重要但常被忽略的部分，就是灰色文献（gray literature）。根据定义，它是传播渠道有限的材料，通常不经市场营销渠道发行。以下几种都属于灰色文献：

产品手册和案例研究	专栏和小册子	专利文献和技术报告
专题讨论会的介绍和会议记录	专业新闻通讯和报道	地下报纸

有个例子可以说明灰色文献的价值，那就是1991年美国首次入侵伊拉克期间，国防情报局提供的一份文件。在发动"沙漠盾牌（沙漠风暴）行动"（Operation Desert Shield/Storm）前，美国中央司令部（USCENTCOM）司令要求手下情报部门提供一份关于地形与交通情况的分析报告，以支持诺曼·施瓦茨科普夫将军[2]所吹嘘的"左勾拳"调动，即调动数量空前的人员和装备，穿越伊拉克南部的广袤沙漠。美国此前一直都把注意力放在冷战上，因此并没有优先搜集伊拉克这方面的数据。

美国中央司令部的规划部门并不掌握这些关键数据，因此要求国防情报局（DIA）提供相关信息。国防情报局仔细查找之后，发现自己也不掌握这方面的数据。军方开始制定计划，准备将特种部队空投敌后，以搜集

---

[1] 译注：海盗电台广播（pirate radio broadcast），又称地下电台，未获主管机构许可的非法广播节目。

[2] 译注：Norman Schwarzkopf，时任中央司令部司令。

这方面的数据。但这时国防情报局的一位情报官员建议，可以在国会图书馆里找一找。在国会图书馆联邦研究处（Federal Research Division）的帮助下，国防情报局终于找到了关于地形和交通情况的详细数据。

这份必要的数据来自近100年前的一份报告，而这份报告又源自一个美国的考古远征队。当时，这些考古学家骑着骆驼前往伊拉克，坚信自己可以发现重要古迹，可以从中发掘出大型文物。于是，他们详尽地记录了当地的地形，以找到一条道路来运走他们发现的文物，而这条路必须能够承载这些巨大而沉重的文物。最后，远征队失败了，但他们仍然尽职尽责地将报告提交给国会图书馆。这份报告在那里尘封了将近一个世纪。

这份数据非常详尽，因此国防情报局能够以它为基础，向中央司令部的规划部门提供一条可行的运输走廊用于侵略伊拉克。地形和交通情况的数据在军事任务的规划中至关重要，但最终获取时既没有人因此丧命，也没有影响行动安全性。"沙漠盾牌（沙漠风暴）行动"的国会战果报告引用了这个例子，称："人们普遍认为，情报只能来源于通信监听、文件窃取或是类似的事情。但情报信息往往来自人们眼皮底下那些意想不到的来源。"[1]

这个例子很有指导意义，原因有二：首先，它说明当涉及灰色文献时，非传统思维方式很有价值。通常，人们想找的数据是公开可用的，只要考虑以前谁有可能用过此类数据，以及他们有可能把它保存在哪里即可。其次，它突显出数据的价值会随时间变化而变化——价值未必只会越来越低。今天没有价值的数据，或许明天就会成为信息关键要素。这里有两层含义：开源情报从业人员不应放弃或低估档案研究；开源情报从业人员不应摈弃以前获取的数据，因为这些数据可能会在将来有用。

在现代社会，人们能够以低成本方式存储大量数据，也能快速检索数据，因此人们对存储限制的担忧，在很大程度上已无关紧要。开源情报专

---

[1] 原注：Oversight and Investigations Subcommittee of the Committee on Armed Services of the U.S. House of Representatives, *Intelligence Successes and Failures in Operations Desert Shield/Storm*, 103rd Cong., 1st sess., August 16, 1993, Committee Print No. 5, 12.

家常说"循环利用"信息，因为他们经常重复使用以前业已获取的信息，以满足当前的信息需求。马茨·比约（Mats Björe）以前是瑞典武装部队总部高级分析员。他曾撰写文章，探讨瑞典军方在开源情报行动方面的经验教训。他发现，有效的存储和检索系统非常关键，可以推动开源数据的循环利用，从而节约时间和经费。循环利用业已获取的开源情报还有一个好处，那就是可以尽可能减少行动安全方面的考量，因为不必再去获取这则信息。[1]

（二）开源情报的作用与其他情报搜集科目

开源情报被认为是首选来源——从这个意义来讲，它是其他情报搜集科目的前身和推动力量。人们常用一个比喻来形容开源情报，就是将它比作拼图的外圈碎片。曾经担任美国国家情报理事会主席的哈佛大学教授约瑟夫·奈博士，就是这样比喻它的：

> 开源情报是拼图的外圈碎片，没有它们就没法开始拼图，也没法完成拼图。但只有它们也是不够的。珍贵的拼图内部碎片往往是最难搞到的，需要付出的代价也是最高的。它们来自传统情报科目。开源情报是全源情报产品的重要基础，但它永远也无法取代全源工作的整体性。[2]

情报专业人员的第一步工作是对开源情报进行开发，这样就可以确定问题集的框架，从而迅速确定哪些是可以通过开源信息掌握的，以及确定存在哪些情报空白。这种方法可以让搜集的管理人员更加关注搜集需求，

---

[1] 原注：Major Mats Bjore, "Six Years of Open Source Information: Lessons Learned," Open Source Quarterly, 1996.

[2] 原注：Dr. Joseph Nye, (keynote address, Security Affairs Support Association, Fort George G. Meade, MD, April 24, 1993).

同时尽量节约原本有限的秘密搜集力量，以用于处理硬目标[1]。此外，对开源情报进行深度开发，还可以为其他情报搜集科目服务。开源情报为其他情报搜集科目服务的例子有以下几种：

- 人力情报——开源情报常被用来帮助识别征募对象，并提供具备征募潜质的对象的详细档案，协助征募工作的开展。
- 信号情报——开源情报可以提供详细的技术数据，方便对敌方通信基础设施进行识别和表征。
- 地理空间情报——开源地理空间数据的形式可以是商业图像（私人卫星图像和商业航拍），也可以是使用便携设备拍摄的图像。这种数据通常可以将对方急需的信息，直接共享给不特定的伙伴或是联盟伙伴。开源情报通常可以识别目标周边建筑存在的各种活动，推动图像分析人员完成工作。地理空间情报用到的许多地形数据都来自开源，比如前文提到的伊拉克地形交通情况的例子。
- 测量与特征情报——开源情报可以对来自开源的全球地震数据进行开发，经常性地协助对地下爆炸进行识别和表征。

尽管开源情报可以为其他情报搜集科目提供大量支持，但它不应被认为是其他科目的替代品。一些开源情报支持者所倡议的概念，主张开源情报就是最优情报。引发论战的原因，是有人这样认为：假设开源情报能够提供的基础性最优情报，在国家安全机器的需求中所占比例很高，那么如果提供给开源情报的资金略有增加，就会导致提供给其他情报搜集科目的资金大幅减少。事实上，美国情报界的开源情报活动处于资金短缺状态，但持上述论调的人们仍然认为，即使为开源情报追加资金，通过这种方式获取的信息，与通过其他情报科目搜集到的信息相比也并无二致。

---

[1] 译注：hard target，硬目标，间谍活动中难以接触的目标。

> **美国轰炸中国大使馆**
>
> 北大西洋公约组织（NATO，简称北约）轰炸南斯拉夫首都贝尔格莱德期间，美国于1999年5月7日轰炸中国大使馆。由于这是中央情报局唯一指定的目标，这次失误受到严厉的指责——当公众发现贝尔格莱德的电话黄页上列有中国大使馆的地址之后更是如此。此后，美国国防部的禁止空袭（No-Strike）数据库便主要依靠开源情报，以确保此类错误不再重演。

为了能够体现最大价值，成品情报产品应当是全源搜集和全源分析的成果。这样，情报的所有方面才能对决策者可用。尽管如前所述，开源情报如果被大力开发将具备明显优势，但这并不能取代整个全源流程，因为不可能有哪个情报搜集科目比另一个更有价值。和学术领域的各个学科一样，每个情报搜集科目都可以从一个独特的角度，对目标提出一种深入的观点。主张只需要开源情报就足够了的想法，就好像主张只需要化学便足以认识整个宇宙一样不可取。

开源情报与其他情报搜集科目之间有一个重要的区别，就是人们认为开源情报是一种被动的搜集活动。其他科目的搜集人员都拥有传感器和卫星等搜集手段，或像人力情报源那样控制搜集手段。但开源情报并不拥有或控制搜集手段。开源情报的搜集人员必须依靠他人来搜集、编辑和发布信息，然后对这些信息进行获取、审核和分析。

正如搜集与获取之间泾渭分明一样，主动搜集与被动搜集之间也存在着微妙但重要的区别。为阐明上述区别，下面假设一个例子——在这里，开源情报已经结束，而人力情报刚刚开始：

A国对B国（A国的毗邻敌国）的军事技术进展很感兴趣。A国派遣情报人员前往巴黎航展，因为B国将在那里展示最新的喷气式战斗机和无人驾驶飞行器（unmanned aerial vehicle，UAV）。A国间谍从公开渠道获取B国的销售文件、技术规格并拍摄产品的公开演示——所有这些都属于开源情报的范畴。如果 A 国特工决定在产品演示现场提问，引诱他们在公开场合透露更多新的信息，这仍然属于开源情报。然而，如果 A 国特工在当地酒吧向 B 国销售人员提出上述问题，那么他们就越界了，这是人力情报手段的启发环节。

（三）法律限制

和所有情报搜集科目一样，开源情报搜集也要受到法律、法规和政策的限制。美国情报界、执法部门以及私人行业的一切开源情报专业人士，都必须遵守这些限制，这样才能以保护美国人的公民权利和公民自由为目的，从事开源情报的合法开发活动。此类法规或许因国而异，但美国对开源情报的限制便是一个有效范例。

在最高级别的法律层面，美国宪法中的《权利法案》保障言论自由等公民权利，并限制搜查和扣押等活动。但情报人员开发开源情报时，就有可能触及这些公民权利。他们获取公开可用的信息时，就有可能破坏公民权利和公民自由。这种说法乍看似乎有些违背直觉，所以我们会以更加详细的方式逐一阐释。

美国宪法《第一修正案》规定了部分言论自由、出版自由以及"人民和平集会和向政府请愿申冤的权利"。为保障这些权利，政府从事开源情报活动时，必须确保这些活动遵守相关适用法律和美国司法部相关指导意见，且须与本机构的任务范围保持一致。比如，海军情报局是美国情报界的成员组织之一，它不会开发关于美国怀俄明州某极端武装组织的开源情报，因为这项行动已经超出该局国家安全任务的范畴。另外，政府下属机构若无正当合法理由，不得开发关于媒体、美国公民或组织的开源情报，否则将被认为具有恐怖或胁迫效果，违反《第一修正案》的保护措施。

美国宪法《第四修正案》规定了保护措施，禁止不合理的搜查和扣押。在对开源情报进行时，这种保护措施意味着，尽管信息或许是公开可用的，但却并不意味着情报机构或执法实体应当获取它。在这种情况下，对开源情报进行的开发必须与该机构的任务范围有关，必须有直接且充分的搜集理由。否则，开源情报的工作将侵犯受多项法庭判例支持的对隐私权的合理预期。

《1878年治安官动员法案》已经载入《美国法典》(U.S. Code) 第18卷。《治安官动员法案》的核心，就是禁止将美国军队用于执法活动。这一理念已经通过法律、行政命令及实践得到进一步延伸，包括禁止各军种下辖的情报部门、中央情报局和国家安全局等负责境外威胁的情报界下属机构在美国国内搜集情报。

许多联邦法律、州法律以及地方法律，都有可能适用于开源情报的开发活动，但这方面的讨论是超出本书内容范围的。不过，或许还是有必要讨论两个重要的法规。一个是《第12333号总统令》(Executive Order [EO] 12333)，它覆盖了美国情报界及其他政府机构的情报活动。

《第12333号总统令》是总统罗纳德·里根（Ronald Reagan）于1981年签署的，后经三次修订。最后一次修订是在2008年，当时添加了国家情报总监的职能和权力。最新版的《第12333号总统令》有专门涉及开源情报的规定。该总统令规定，来自包括开源信息在内的一切适当来源的信息，都应当允许美国情报界使用，以满足决策者的情报需求，并特别授权情报界搜集"公开可用的信息"。

这份总统令更进一步，开出一份机构清单——这些机构根据各自不同的任务性质和授权范围，主要负责公开活动及开源情报搜集。具体而言，这些机构包括国家情报总监办公室、国家反恐中心以及国务院、财政部、国土安全部、能源部和缉毒局的下属情报机构。上述许多机构的主要情报搜集手段，就是开源情报和公开搜集活动，因为它们无权实施秘密搜集。

此外，该总统令要求，各机构应当将具备时效性和可操作性的情报，分发给决策部门及一切出于国家安全目的、可以合法地需求此类信息的部门，包括各州政府、当地政府、部落政府以及重要基础设施的所有方。鉴于将保密性报告分发这些非联邦政府机构时存在极大阻力,该总统令为情报界许多开源情报的生产部门提供了生产动力。国防部人力情报局极度依赖开源情报产品,因为只有这样才能满足其下属机构的长期信息需求。通常,时效性强的开源情报可使用非保密或仅限官方使用(For Official Use Only)的保密级别,使用普通电子邮件分发。

另一个关于开源情报分发的法规,就是《美国法典》第17卷中关于版权方面的条款。详细介绍各项法律条文同样超出本书的讨论范围,但一些重要的通用原则还是需要牢记的。例如,开源情报都是以第二手的方式,从那些业已出版或分发的信息中获取的,因此再次分发就有可能侵犯知识产权所有者的权益。美国法庭通常都会判定,即使没有关于知识产权的版权声明,也不能视为所有者允许实施未经授权的再次分发。因此,开源情报从业人员在处理一切开源信息时,应当假定它们都是有版权的。侵犯版权的常见做法,就是将照片、坐标图或是多媒体加入开源情报当中。

然而,开源情报从业人员应当注意的是,开源信息所涉及事件中的特定事实并不受版权保护。受版权保护的是作者描述这些事实的方法。通常绕过此类限制的方法,就是对文章或媒体报道进行摘录,提炼出原始来源中的事实内容,这样就不受版权限制。不过,操作时必须格外小心,要确保即使用到原始文字的话,也是越少越好。

从公民权利保护到版权限制,所有这些法律限制不但适用于那些开发开源情报的组织,也适用于该组织的所有代表或特工。民间普遍存在一种误解,认为只要将这些活动外包出去,就可以绕过上述法律限制。但是,任何机构或组织都不得以下达任务或签署合同的方式,将一切未经许可、法规或法律授权所以不得独立实施的开源情报搜集活动外包出去。此外,《第12333号总统令》第2.12条还规定:"(美国)情报界所有机构不得参与或要求任何人从事本令禁止的活动。"在任何情况下,情报人员在提议对开源情报实施开发工作之后,在正式实施之前,应当咨询有资质(且通常高度专业化)的法律顾问,以明确这项工作的法律边界。

(四)开源情报为何重要

尽管多年来开源情报对情报活动一直都很重要,但现在许多技术性驱动力量已拓展了开源情报的用途、可用性和广度。1990年,万维网(World Wide Web)问世,让数字格式的信息呈现指数级增长。信息时代让普通公众能够以快速廉价的方式,向全球受众发布信息或多媒体。可访问的数据出现爆炸式发展,大大增加了来自多种来源的开源情报的可用性。

也正是在同一个时代,计算能力也出现爆炸式发展。如今,个人计算机用户能够以低廉的成本存储并瞬间检索海量数据。其结果是,如今一台配有2T硬盘的笔记本计算机,能够存储一个大学图书馆的所有藏书,并能在不到1秒的时间内,以键盘查询的方式对这些信息进行检索。但二战期间,查阅此类图书馆藏书的工作量极大,需要一支庞大的查阅队伍,再花上好几个月的时间才能完成。

全球化在提升开源情报用途方面发挥了重要的作用。在一些以前被认为是不发达的国家里,无线技术和移动技术的传播速度,在许多情况下已经超过美国。比如,在"阿拉伯之春"期间,手机和推特等Web 2.0技术得到广泛应用,而保守政权限制信息流的能力却很有限。同样,率先发生的反政府活动所产生的信息流几乎瞬时扩散,极大地影响了随后发生的反政府活动——对当地各个政权造成压力,为抗议者提供多种切实可行的效仿手段、有效的协调方法和可在全球范围内分发的信息。

此外,随着全球权威政权的数量不断减少,要求实现政府问责制的呼声越来越高——主要是要求通过提高透明度来实现。透明度提高之后,就可以提供大量新的政府生成的数据。这些数据通常会透露出一些有用的交易数据,比如谁为政治竞选活动提供资金,某个政府与哪些公司签署合同等等,从而极大地推动了开源情报的开发工作。维基解密(WikiLeaks)、公开秘密(opensecrets.org)等未经批准的透明度类网站是信息的宝库,为其提供信息的都是内部人士,他们可以将保密数据、专有数据或敏感数据泄露至互联网上。

最后，近年来开源情报的重要性与日俱增，原因是美国情报界领导层和美国国会各监督委员会对其愈发重视。首任国家情报总监约翰·内格罗蓬特（John D. Negroponte）大使曾宣称开源情报是"首选来源"。他任命一名负责开源的国家情报助理副总监（Assitant Deputy DNI），并成立开源中心（OSC）。这些举措进一步提升了开源情报的地位。国会对开源情报也很感兴趣，因此组织听证会、提出委员会建议并最终增设开源官（open source officer，OSO）的职位和相关资金。

此后形势发生变化，从情报界传统的"有了解的需求"（need to know）政策，即仅向对信息有绝对需求的人员共享信息，转变为"有提供的责任"（responsibility to provide）。这一变化同样提升了开源情报所受的重视程度。美国遭受的"9·11"恐怖袭击，突显出有必要拓宽情报共享的范围。美国情报界放弃保护主义文化的做法有利于开源情报，因为这些情报的保密等级往往较低（但也并非总如此），也更加便于共享给联盟伙伴、各州及当地的国土安全官员甚至重要基础设施的所有方。

开源情报重要性与日俱增的原因是，人们意识到它能就更加广义的主题提供相关信息。然而以前，这些信息只有通过其他情报搜集科目才能获得。开源情报在提供全球覆盖时，能够极大地降低成本和风险。这意味着可以节约更加有限、更加昂贵、更加危险的搜集力量，用于填补最棘手的情报空白。正如技术、全球化以及社交网络等通信工具不断地重新定义着我们的生活方式那样，开源情报这个科目也在不断地重新定义着情报业务。

二、开源情报的历史

美国内战至一战期间，美国政府偶尔会将开源信息用于情报目的。二战初期，美国对开源情报的开发变得更加系统化——1941年2月，美国成立了外国广播监测处（FBMS）。外国广播监测处成立的背景是，时任国务卿的科德尔·赫尔（Cordell Hull）建议总统富兰克林·罗斯福（Franklin

Roosevelt）成立一个政府机构，以支持国家的情报工作及反宣传工作。罗斯福总统表示同意，并下令财政部从应急基金中拨款 15 万美元，用于录音、抄录、翻译和分析外国无线电广播。起初，外国广播监测处隶属联邦通信委员会（FCC）国防活动局（National Defense Activities Directorate），主要负责监听轴心国的短波宣传广播。

外国广播监测处将总部设在华盛顿特区东北地区，几个月后，又在俄勒冈州波特兰市的一间农舍里成立了第一个分部，开始监听日本广播。为突显开源情报分析的价值，外国广播监测处将第一份分析报告的发布时间，选在偷袭珍珠港的前一天。该报告称："日本广播的语调愈发变得充满挑衅与敌意。不同于不久前太平洋紧张局势时期的表现，现在的东京电台（Radio Tokyo）完全没有呼吁和平的意思。其对美国的评论是尖刻的，且有所升级……"

当时有个重要情况值得注意，就是外国广播监测处只负责监听无线电广播，并不负责监察印刷媒体。印刷媒体由外国出版物跨部门搜集委员会负责。该委员会建起一个覆盖全球的庞大网络，获取了大量有价值的杂志。该委员会的全球网络还积极获取大量书籍。比如，1945 年，美国国会图书馆便收到该委员会在重庆采购的 5000 册中文书籍。

1942 年 6 月成立的美国战略情报局（OSS）发现，开源情报和外国广播监测处的工作很有价值。富有传奇色彩的威廉·"野人比利"（William "Wild Bill"）曾任战略情报局局长，他早在 1941 至 1942 年担任信息协调员期间，也就是美国战略情报局成立之前，便开始认可外国广播监测处的价值。多诺万[1]及其手下发现外国广播监测处的工作很有价值，于是他下令拨款，在外国广播监测处与设在华盛顿、纽约两地的信息协调员办公室之间铺设通信线路。这条通信线路于 1941 年 10 月启动运行。1 个月后，国务院便要求为总部也铺设一条通信线路。起初，这条线路每天工作 8 小时。珍珠港遇袭的一周之后，该通信线路便开始发展壮大，一共连接了国

---

[1] 译注：William Joseph Donovan，即威廉·"野人比利"。

务院的 6 处工作地点，每天 24 小时运转。到了 1942 年 2 月底，外国广播监测处为战争部（War Department）的 18 个下属机构服务，平均每天发送 2500 字的内容。

战略情报局局长多诺万曾致函感谢外国广播监测处的"无价贡献"，称：

> 这些抄录稿极其重要，很有价值，因为它们揭示了日本各种宣传材料的真实含义，并且（尽管或许是无意的）包含情报内容。在与其他来源的材料结合之后，这些情报内容为获取当前日本方向可用的政治经济情报工作做出了极大贡献。

1942 年 7 月 26 日，联邦通信委员会将该组织改名为外国广播情报处（FBIS，战后又改为外国广播信息处 [Foreign Broadcast Information Service]）。到目前为止，事实证明监听外国广播是很有价值的做法，因此白宫也铺设了一条通信线路，用于接收外国广播情报处的抄录稿和分析材料。白宫还铺设了一条直播电话线路，方便罗斯福总统接收广播直播，甚至可以向外国广播情报处的工作人员提问——英国首相温斯顿·丘吉尔访问白宫期间，就亲自尝试过一次。

和许多战时组织一样，战争结束后，外国广播情报处也面临迅速解体的命运。尽管作为联邦通信委员会的下属机构，外国广播情报处还是于 1945 年 12 月被关闭，但战争部、国务院乃至新闻媒体（媒体接收过该机构的一些抄录稿）都极力为之呼吁，因此，战争部军事情报司（Military Intelligence Division）于 1946 年 1 月 1 日出面干预，成为外国广播情报处的临时保护者。外国广播情报处并入战争部之后，其工作人员约有 500 人，是战时峰值的一半。

外国广播情报处划归战争部仅有 7 个月的时间，之后便永久性地并入了中央情报组（Central Intelligence Group）。中央情报组在《1947 年国家安全法》获得通过后，便改组为中央情报局。如前所述，此时外国广播情报处改名为外国广播信息处。该处的新上级为其规定了四大目标：监听相关外国广播，设立前线监控站并与外国政府达成合作协议，每天准备外国广播抄录稿的译文，以及根据批准的分发清单分发这些信息。

（一）后战争时代的开源情报

外国广播信息处能够躲过后战争时代大刀阔斧的部门裁减，足以证明它在战争期间对许多用户都很有价值。事实上，就连更有存在感的战略情报局也没能躲过预算减削的刀砍斧削，并于1945年9月20日被永久关闭。最终，令外国广播信息处免于关停命运的是战后数年间各方对其价值的认可。第二次世界大战结束前，外国广播情报处（此时还未改称外国广播情报处）的分析人员已经开始对莫斯科投以疑虑的目光，并警告可能的威胁将来自愈发膨胀的苏联。当美国领导人开始与这个未来敌手斗争的时候，外国广播情报处便是少数几个能够持续不断地提供情报的来源之一。因此，《华盛顿邮报》认为，外国广播信息处是"后战争时代全面情报行动中最重要的单位之一"。

作为中央情报局的下属组织，外国广播信息处已经发展成为美国政府内部一支能力卓越的开源信息搜集力量。它的各个海外分部构成一张遍布全球的大网，能够监听并翻译外国广播。如果外国广播信息处不具备监听某个外国广播的特定人力或访问权限，它就会与其他国家的监控机构达成双边协议——最终它与十多个国家达成合作协议。

在某些主题上，开源情报是冷战期间重要的情报源。1957年，《情报研究》（*Studies in Intelligence*）刊文指出，在中央情报局掌握的关于苏联集团地理、经济困难以及科学成就的情况中，75%至90%都是以铁幕内部的开源信息为基础进行分析后得出的结论。开源情报往往可以提高美国情报界在危机期间的态势感知（situational awareness）。1962年古巴导弹危机期间，外国广播信息处在监听莫斯科电台时，率先发现有迹象显示苏联最高领导人赫鲁晓夫下令将导弹撤离该岛。

尽管开源情报的开发工作提供了极有价值的重要信息，但这些信息的重要性却并不总是立即为人所理解。"事后诸葛亮"的《情报研究》声称，中央情报局的分析人员发现，当苏联启动核项目的时候，开源信息便已经有报告称，苏联已从英国和美国进口大量采矿设备和专业仪器。

确切地说，外国广播信息处并非冷战期间美国情报界唯一从事开源情报开发的组织。美国情报界内部还开展了许多小规模的开源情报活动，以满足其上级机构的特殊需求。美国国务院、财政部、农业部（对外农业局）和能源部都有小型但高效的开源情报部门，美军各军种也是如此，甚至国会图书馆也于1948年开始利用开源情报。这项工作一直持续到今天，现在由国会图书馆联邦研究处负责，并仍然用开源情报分析为美国政府提供支持。

尽管冷战期间美国情报界的开源情报行动是多种多样的，但通常都是高度专业化的小规模活动，并且独立于美国情报界更广义的分析工作之外。在此期间，美国情报界并没有彻底认可开源情报的价值。这种有所保留的态度，首先是美国情报界的文化导致的，因为这种文化更重视以秘密或更危险的方式搜集到的信息。其次，全源分析人员几乎不掌握目标国家媒体来源的语言技能、文化素养以及深度体验。这些分析人员通常并不具备相应资质，无法确定外国新闻来源的有效性，有时还会将开源情报标记为不可信赖或敌方提供的假消息。

这种对使用开源情报的保留态度，在外力作用下变得更加顽固。随着全球通信基础设施不断发展进步，情报领域专业人士与新闻媒体之间的竞争愈发激烈。1980年，有线新闻网（CNN）成立，带动了24小时新闻周期（news cycle）的出现，此后开始对全球事件进行几乎不间断的报道。在信息分发方面，中央情报局根本无法与新闻媒体竞争。因此，它开始强调报告的秘密来源性质，回避开源情报报告。不再重视开源情报的做法对外国广播信息处产生重大影响，特别是在1991年苏联解体后更是如此。

不过，冷战结束之后，美国军方却对开源信息产生了新的兴趣。

带动此次开源信息复兴的正是美国海军陆战队司令小艾尔弗雷德·格雷（Alfred Gray Jr.）将军。他于 1988 年要求对开源情报投入更多的关注，并提倡投入更多的资源，以便能将开源情报的搜集重点，从苏联集团转移到不稳定地区以及非国家行为体（non-state actor）。美国陆军于 1994 年开始效仿，成立了一个隶属于耶鲁大学的预备役情报部门，负责拟定开源情报课程和撰写美国陆军高级情报军官课程的学习手册。1996 年，国防情报局设立开源情报协调员的职位。到了 1997 年，美国太平洋司令部（USPACOM）和美国欧洲司令部（EUCOM）都成立了战区级（theatre-level）的开源情报部门。

尽管军方开源情报部门认为后冷战时期是一个相对有利的时期，但也有迹象显示外国广播信息处开始由盛转衰。衰落的原因之一，便是外国广播信息处的领导人不肯接受和开发新的信息来源与技术。外国广播信息处一直拖到 1992 年才开始扩大业务范围，开始处理灰色文献、商业数据库和愈发能够提供大量开源信息的订阅服务。进入千禧年之后，外国广播信息处几乎无视发生在互联网上的信息革命，也未能系统地开发这种媒介。直到 2005 年才有一个独立的美国政府委员会斥责该处，要求其对未能开发互联网一事承担责任，并称之为"令人无法接受的事态"。[1] 外国广播信息处的情报手段过时且缺乏主动性，因此中央情报局及美国政府的许多人士都开始质疑该机构的存在价值。

各方对于外国广播信息处所持的矛盾态度于 1996 年底集中爆发，当时中央情报局建议大幅削减对外国广播信息处的预算，此举将导致该机构大量的外语翻译力量和海外分部遭到裁撤。雪上加霜的是，候任的中央情报总监乔治·特内特（George Tenet）在出席任命听证会时指出，鉴于中央情报局的秘密性质，或许它应当放弃开源情报业务。最终，令外国广播信息处摆脱大幅削减预算的命运的并不是其政府用户，而是学术界。自

---

[1] 原注：The Commission on the Intelligence Capabilities of the United States Regarding Weapons of Mass Destruction, *Report to the President of the United States*, March 31, 2005, 378.

1974年起，学术界便可以通过美国商务部世界新闻连线局（World News Connection Commerce Service）访问该处的翻译稿和抄录稿。学术界成功聚集力量，在国会各个负责情报的委员会面前为其辩护。

就在中央情报局提议大幅削减外国广播信息处预算的同一年，美国情报界作用能力委员会（Commission on the Roles and Capabilities of the IC，也称阿斯平—布朗委员会［Aspin-Brown Commission］）也开始对美国情报界进行深度评估。在1996年秋发布的最终报告当中，该委员会严厉批评美国情报界未能有效开发开源情报。该委员会指出，美国情报界对开源情报的访问极度匮乏，并指出"应当投入更大的力度，以驾驭目前开源渠道的海量可用信息"。该委员会还表示，开源情报应当成为中央情报总监划拨资金和投入精力的最优先事项。

就在外国广播信息处开始走上下坡路的时候，中央情报局的另一项开源情报活动——（美国）情报界开源项目办公室（COSPO）开始产生效益。情报界开源项目办公室于1994年由中央情报总监詹姆斯·伍尔西（James Woolsey）创立，其任务是开发、协助以及监督情报界的开源情报工作。在约瑟夫·马科维茨博士（Joseph Markowitz）的领导下，情报界开源项目办公室主要关注三个重要领域：一是成立一个名为开源信息系统的虚拟私人网络，以协作的方式提供信息；二是成立一个单向传输系统，让分析人员能以无缝的方式，将非保密性信息传送至保密工作站；三是成立一个名为世界基本信息图书馆的虚拟图书馆。

情报界开源项目办公室这三个项目大获成功，为整个情报界的开源情报从业人员带来巨大进步。这个办公室拓展了情报界可用商业开源信息的总量，也为情报界内部规模更小也更加封闭的开源情报生产单位，提供了一条可以广泛共享劳动成果的途径。开源信息系统将对情报界开源情报的开发活动产生最深远的影响，最终将吸引来自美国政府的超过10万个用户。

外国广播信息处也注意到情报界开源项目办公室的成功，于是该处的领导人便开始游说中央情报总监，希望能让一直处于自治状态的情报界开源项目办公室，成为外国广播信息处的下属机构。最终，外国广播信息处成功地将情报界开源项目办公室的职能收归自己手中。[1] 此后，外国广播信息处便开始限制情报界开源项目办公室为情报界服务的活动，并且莫名其妙地创办了一个与之竞争的开源信息门户网站：fbis.gov（也就是现在的opensource.gov）。千禧年初期，外国广播信息处解散了情报界开源项目办公室，还打算关闭开源信息系统。此举导致情报界开源信息系统用户的强烈抗议，于是中央情报总监下令，将情报界开源项目办公室剥离出外国广播信息处。这个办公室最终成为国家情报总监首席信息官手下的Intelink-U（如今改名为DNI-U）网络，并仍然作为开源情报的主要分发平台，为美国情报界各下属机构乃至联邦、各州及当地国土安全部门的合作伙伴提供服务。

（二）后"9·11"时代的开源情报

2001年9月11日的恐怖袭击之后，美国情报界开始调整结构。于是，许多人士开始牵头倡议，要求情报界各自为政的开源情报活动加强协作。2004年发布的《"9·11"委员会报告》[2]虽然没有直接提出开源的问题，但该委员会在报告中提议成立一个新的开源机构。"9·11"委员会并没有在最终报告中讨论开源的必要性，但后来通过的《2004年情报改革和恐怖主义预防法案》仍非常重视开源情报。在该法案的第1052节，国会授权国家情报总监成立一个中心以协调开源情报的生产，设计一种能够将开源情报纳入情报循环（intelligence cycle）的方法，并确保情报界所有机构都根据自身任务及授权范围使用开源情报。

2005年，大规模杀伤性武器委员会在向总统提交的最终报告中，提倡

---

[1] 原注：J. Niles Riddel, Deputy Director, FBIS, "National Security and National Competitiveness: Open Source Solutions" (paper presented at the 1st International Symposium, Washington, DC, December 2, 1992), https://www.fas.org/irp/fbis/ riddel.html.

[2] 原注：The Intelligence Reform and Terrorism Prevention Act of 2004, Pub. L. No. 108-458 (December 17, 2004).

情报界应当进一步使用已掌握的开源信息，呼吁确立开源活动的"领头羊和主场"（champion and home）地位。大规模杀伤性武器委员会指出，开源有四大优势：能够迅速掌握关于全球事件的信息，是理解保密性报告的基础，能够保护情报线人与搜集方法，还能够"存储历史"。关于情报界开源工作的作用和新架构，该委员会表示：

> 长期以来，开源信息被情报界以外的许多人士视为了解外国政治、经济、社会乃至军事发展的关键……我们建议国家情报总监在中央情报局内部成立一个开源处（Open Source Directorate），利用信息处理工具，加强开源信息对情报分析人员、情报搜集人员和情报用户的可用性。[1]

除了《2004年情报改革和恐怖主义预防法案》中涉及开源情报的规定之外，国会的提倡人士还推动情报界以更大的兴趣使用开源情报。国会提倡力量的牵头者，就是康涅狄格州的众议员罗布·西蒙斯（Rob Simmons）。西蒙斯曾经担任美国陆军预备役部队某情报部门的主管，撰写了美国陆军第一本关于开源情报的学习手册，曾任中央情报局的秘密工作官员，还曾任参议院特别情报委员会秘书长。他非常清楚开源情报的价值。众议员西蒙斯借助自己的职位，提倡让开源情报发挥更大的作用。2005年，他在《2006年国防授权法案》中首次涉及开源情报的内容，为开源情报制定法律定义，并要求国防部制定相关计划，以加大开源情报的使用力度。之后，他举办了一场开源业务展会和多场国会听证会，以讨论开源情报的价值。这些举措积累动力，推动开源情报活动在整个美国情报界内部发展壮大。

同年，美国成立国家情报总监办公室，设立负责开源的国家情报助理副总监的职位，实现了大规模杀伤性武器委员会呼吁将开源情报作为领头羊

---

[1] 原注：The Commission on the Intelligence Capabilities of the United States Regarding Weapons of Mass Destruction, *Report to the President of the United States*, March 31, 2005, 377, 379.

角色的目标。这位国家情报助理副总监是美国情报界开源领域的高级官员，负责为美国情报界开源情报活动提供战略方向、政策、资源分配并对其实施监督。该助理副总监主持《第 301 号情报界指令》的制定工作。这份指令要求成立国家开源集团，囊括了美国情报界全部的 16 个机构。该指令也详细规定了负责开源的国家情报助理副总监的职权范围，阐释了开源中心的作用，并列举了美国情报界各机构在开源情报方面的权力与责任。上述指令还下令成立国家开源委员会，这是将军级别的高级行政管理机构。

开源中心于 2005 年 11 月成立，是负责开源情报的卓越中心，其前身是外国广播信息处。国家情报总监将外国广播信息处改名，并追加资金和授权，使之成为一个能够处理各方共同关切的机构，以支持美国情报界开源情报活动。开源中心并不是国家情报总监办公室的直接下属机构，但仍是中央情报局的下属机构（外国广播信息处也曾如此），承担着支持美国情报界的更广泛责任。为此，开源中心着手创办开源学院，为美国情报界提供开源培训机会。在成立后的第一年，该中心便使总统每日简报中的开源情报数量大增。中央情报局的期刊《情报研究》曾刊文指出，开源中心的员工数量是其前身外国广播信息处的两倍，每月能够翻译的材料在 3000 万字以上。[1]

负责开源的国家情报助理副总监成功地将开源活动纳入"国家情报项目"，并在美国情报界设立开源官一职，为其提供相关资金。在中央情报局以外的机构设立开源官尚属首次，这样做可以让情报界其他机构开始培养专门的开源情报开发力量，并让这种力量可以满足本机构所特有的任务需求，同时符合其特定的授权范围。负责开源的国家情报助理副总监办公室为开源官一职制定专业的资质标准，建设整个情报界首个通用的开源搜集获取需求管理系统，并且成立了被称为"开源工作站"（OSW）的开源情报创新中心。

---

[1] 原注：" The Scope of FBIS and BBC Open-Source Media Coverage, 1979–2008." *CIA Studies in Intelligence* 54, no. 1 (March 2010): 17–37.

国家开源集团走向成熟之后，负责开源的国家情报助理副总监办公室便开始将手中部分职责交给开源中心。大规模杀伤性武器委员会曾经指出，虽然当前对开源情报作为领头羊和机制化主场的存在近期需求，但从长远来看，如果情报界在评估和吸纳开源情报方面取得足够进展，也就不再需要领队或主场了。截至 2011 年初，负责开源的国家情报助理副总监已将大部分职责移交开源中心。

2012 年年中，国家情报总监任命中央情报局局长担任情报界负责开源情报的职能主管，指定开源情报理事会（由情报界各机构负责人组成）作为监督机构，并指派国家开源委员会担任情报界开源情报的协调机构。这一针对开源情报的职能性管理任命，授权中央情报局局长"推动、协调和监督情报界对开源培训、技术、报告、需求和评估措施等标准的颁布与执行"。[1] 然而，国家情报总监特别为自己保留了监督职权，以及为情报界制定更高级别开源情报政策的权力。随后，中央情报局局长推出《开源情报职能性管理实施方案》，重申《负责开源的国家情报助理副总监 2006 年国家开源集团展望声明》中所制定的战略目标，再次阐释开源中心的职能，即处理各方共同关切，负责支持情报界的开源情报搜集需求。

设立负责开源情报的职能主管一职，说明开源集团（2012 年去掉了名称中的**国家**一词）进一步走向成熟，也说明开源情报活动已经形成机制，成为独立的情报科目。随着开源集团不断取得进展，对开源情报作为领头羊的需求，已经转变成为对该科目机制化的需求。开源情报搜集科目的短期重点，是大规模杀伤性武器委员会提出的目标：真正的一体化。该委员会声称：

> 我们希望开源能够成为所有情报活动不可分割的组成部分，希望在未来的某个时刻，能够不再需要成立一个单独的部门。

---

[1]　原注：Director of National Intelligence, *Endorsement of OSINT Functional Management Implementation Plan*, July 23, 2012 (E/S 00427).

我们承认，这个建议有可能催生出一个新的搜集专业。但就目前而言，（人们）对开源的使用和理解都是不充分的，它需要得到高级别的重点关注。而这个要求，只有成立一个单独的部门才能满足。

目前，中央情报局局长是开源情报的职能主管，开源中心是处理各方共同关切的机构。然而这二者发现，衡量自身工作是否成功的标准，居然是自己远离这项工作的程度，因此左右为难。

（三）开源情报的来源分类

开源情报的来源极广泛，涵盖了从枯燥的学术和专业期刊到良莠不齐的社交媒体不等。从媒介的形式看，开源情报的来源包括硬拷贝、广播、数字格式乃至涂鸦之类的非传统载体。

外语开源开发的关键，在于从业人员必须拥有语言技能和文化认知，这样才能充分开发此类资源。如果只用英语搜索，通常只能查到最少量的信息。此外，依靠外语网站和新闻来源提供的英语概要，与翻译源语言文本相比，效用要差上许多。外语编辑往往认为英语读者不太关注细节，因此喜欢对新闻事件进行概述。比如，报道毒品走私人员被捕的外语文章，通常会包含被捕者的个人细节——而该新闻来源报道此事时，英语版本会删掉此类细节，因为这些细节常被认为对大部分美国读者而言"过于具体"。

有人认为外语翻译工具可以克服语言障碍，这种观点是错误的。尽管翻译软件的准确性不断进步，但处理文化细微差别或地域差异的能力，还要再等几十年才能取得重大进展。要知道，就连点一杯碳酸饮料这么简单的事情，美国不同地区的说法都各不相同。同样，机器翻译工具目前还不能有效处理习语。比如，对西班牙谚语"Eramos pocos y parió la abuela"，如果严格地逐字翻译的话，应该是"我们人太少了，所以祖母也要生小孩",但更加准确的翻译会告诉你,作者想要表达的其实是情况"变得越来越糟了",又称"才出虎穴,又入龙潭"。

想要了解目标文化,通常必须通过某个特定的外语开源渠道,尽可能多地搜集信息。对目标文化进行深度开发是不可能的,但有些问题却是需要考虑的。某些概念常被认为是普遍存在的,但有可能在不同的文化中各不相同。比如,在许多亚洲文化中,时间的概念往往是过去取向;在拉美,它却往往是现在取向;而在美国,我们考虑时间时往往是将来取向。

高语境文化与低语境文化的差异问题,在开发外语开源时非常重要。在低语境文化中,人们交流时往往会把事情表述完整;而在高语境文化中,人们交流时会默认彼此拥有大量的共同知识、观点和经验。低语境文化有盎格鲁—撒克逊文化和斯堪的纳维亚文化,高语境文化则有亚洲文化和阿拉伯文化。

如果没有娴熟的语言技能和深刻的文化理解,开发外语开源信息的效果就会大打折扣。简言之,语言技能和所在国经验是无可取代的。开源官必须从出版方动机到记者偏好等多个方面,深入了解自己所跟踪的特定新闻来源。

美国国会已发现这一问题的存在,也意识到保留数量庞大但或许并非随时需要的译员(特别是掌握更加罕见、更不常用语言的译员)的成本意义。而解决这一问题的方法,就是2003年成立国家虚拟翻译中心(NVTC)。事实上,国家虚拟翻译中心是一个由合同制译员组成的网络,可以按需召集这些译员为各类政府用户提供支持。

现在,我们将要介绍开源情报得以获取信息的各类媒介。首先是提供开源情报的印刷媒介,包括书籍、杂志、报纸乃至传统的硬拷贝地图。几百年来,书籍一直都是开源情报开发和学术研究的主体。通常,重要的价值不仅源于正文,也来自脚注和参考书目。

在1975年上映的政治惊悚电影《秃鹰七十二小时》(*Three Days of the Condor*)中,主角罗伯特·雷德福(Robert Redford)饰演一名中央情报局的开源官,他通过分析书籍,揭露了中央情报局一项令其同事全部丧命的行动的内幕。好莱坞对文本分析工作的刻画具有高度娱乐性，但没有太多实质内容。有个例子可以完美地介绍开源分析工作所必须具备的分析技能，就是奈杰尔·韦斯特（Nigel West）撰写的《冒牌间谍》（*Counterfeit Spies*）一书。该书作者披露了二战秘密特工在各自回忆录中出现的错误、矛盾及谬误，从而曝光了大量的冒牌货。

杂志和报纸也能提供大量的开源信息。特别是杂志和期刊，一直都是备受开源官欢迎的来源。因为它们在报道某个特定的主题事件时，与普通的报纸文章相比篇幅更长，内容更细。冷战期间，各种刊物也经常登载优秀的摄影作品，这比报纸上模糊不清的照片要有用得多。事实证明，《航空周刊》（*Aviation Week*）等众多杂志，为苏联分析人员提供了大量技术细节和相关照片。其经常刊登大量美国军用飞机和太空侦察项目的保密细节，因此被许多美国国防部的官员戏称为"航空泄密"（*Aviation Leak*）。

报纸往往会对时事登载最及时的硬拷贝性评估文章，全国性和地区性的报纸都很有价值。通常，对某事件、组织或个人最详细的报道，都是来自当地报纸的。即使在出版业受到管制的国家里，什么可以出版、什么不可以出版以及新闻将以什么形式报道，这些决定也能够透露许多信息。比如，从事苏联研究的分析人员，会根据苏联领导人在红场阅兵台上的座次，判断他们的相对排名和权力。有个指标可以用来解读报纸刊登信息的真正价值，就是记者在报道这则信息时对自身生命安全的重视程度。在报道巴西、印尼、巴基斯坦、伊拉克、俄罗斯、墨西哥和索马里等国的恐怖主义、毒品走私以及腐败问题时，很多记者都会对报道进行自我审查，以防遭到报复。许多记者都会把报道中的敏感部分上传至自己的博客上，试图以更可靠的匿名方式，继续这方面的报道。

在外行看来，报纸上的讣告和分类版块几乎没有情报价值，但在经验丰富的开源官看来，它们可以提供很多有价值的信息。2007年，在美国国家情报总监开源大会上，当时负责开源的国家情报助理副总监讲述了伯特霍尔德·雅各布（Berthold Jacob）的故事。这位不幸的记者搜集了德国报纸上的讣文告示、毕业启事和结婚通知，因为其中蕴含足够详细的信息，所以他发现在20世纪30年代中期，德国正在秘密地重新武装——这是违反一战和平协议的做法。流亡法国的雅各布先生于1936年出版了一本书，呼吁全世界警惕纳粹崛起的威胁。书中列有新建德军的详细战斗序列，因此希特勒坚信德军统帅部存在间谍。随后，雅各布先生遭到盖世太保的绑架和审讯。然而让他们失望的是，雅各布证明自己确实是从德国报纸上获取了这些信息。[1]

同样，分类通告往往也能提供非常有用的开源情报。商业公司雇佣的竞争情报专家，常常会仔细研讨报纸上的招聘版块，目的是从竞争对手发布的招聘告示中获得重要细节。通常，这些告示都会提供薪酬范围、客户情况、工作地点和合同约定等重要的详细信息。[2] 不论从事哪种开源工作，从业人员都必须对该种来源了如指掌，这样才能发现很有价值却难以被察觉的情报。

政府出版物和重要政治领袖讲话也是重要的开源情报宝库。不论是开放社会还是封闭社会，哪些话说了或是没说，哪些细节被透露了或是没被透露，在训练有素的开源情报分析人员眼中，这些情况都是能够提供有用情报的指征。再以苏联为例，20世纪70年代至80年代，默里·费什巴赫（Murray Feshbach）是美国人口调查局的人口统计学家，后来又被乔治城大学聘为教授，他发现苏联公布的人口统计数据发生重大变化。费什巴赫准确推断出苏联人的预期寿命正在呈现下降，而这种情况发生的背景通常是社会危机和健康危机——这两项指标说明，后期的苏联内部已经开始出现衰败。

最后一种硬拷贝开源情报材料是灰色文献。美国情报界对其描述如下：

---

[1] 原注：Eliot A. Jardines, Assistant Deputy Director of National Intelligence for Open Source, Remarks and Q&A 2007 ODNI Open Source Conference, July 16, 2007. http://www.dni.gov/files/documents/Newsroom/Speeches%20and%20Interviews/20070716_speech_3.pdf.

[2] 原注：Burt Helm, "How to Use Competitive Intelligence to Gain an Advantage," *Inc. Magazine*, April 2011.

灰色文献，不分载体，包括但不限于研究报告、技术报告、经济报告、旅行报告、工作文件、讨论文件、非官方政府文档、诉讼、预印本、研究报告、论文、商业文献、市场调查和新闻通讯。这种材料涉及科学、政治、社会经济和军事等领域。[1]

简言之，灰色文献通常被归类为硬拷贝文档，但发行范围有限且没有文献目录——因此，确认作者身份、出版社或出版日期都极其困难，或者干脆不可能。

举一个灰色文献的例子，就是前文提到过的美国考古学家交由国会图书馆收藏的伊拉克田野报告。这份报告在近100年之后，才被美国国防情报局用于地形和交通情况分析。再举一个最近以来的例子，就是美国陆军和海军陆战队驻阿富汗和伊拉克的巡逻队，他们获得叛军发行的手册、传单和地下报纸，之后交给军方情报机构和文官部门人员。这些人员再成功地对材料进行开发后，可为在上述两地开展军事行动的美军部队提供更加充分的态势感知。

开源广播这类媒介有三个子项：电视、无线电广播和互联网广播。伴随有线新闻网出现的24小时新闻周期，极大地改变了新闻报道的时效性和覆盖面。自20世纪80年代起开始扩张的各大新闻网络，已经发展成为一张庞大的网络，其下属机构遍布全球。此外，卫星和有线电视频道的爆炸式发展，进一步划分出不同的特定观众群体，或者说更加针对特定群体开展报道，其结果就是当地事件、地区事件和少数民族群体得到了更多的关注，为开源官提供了更加广泛而又详细的信息。

广播媒介的无线电广播子项也在急剧扩张，主要原因是1995年中期（在欧洲）出现了数字无线电信号和2001年诞生了卫星无线电广播。数字无线电信号出现以前，电台广播必须通过特定频率发送，如今一个信号

---

[1] 原注：该定义源自情报界现已不存在的跨机构灰色文献工作组（Gray Literature Working Group）。

可以细分为七股不同的数据流，播出不同内容。美国两大卫星无线电供应商都宣称有上百个频道供人选择。这些频道与传统无线电广播的不同之处，就是在美国任何地方都能接收。

对电视和无线电广播而言，互联网极大地改变了新闻报道的广度和接收的便利度。以前，人们必须设立监听站并配备人手，才能截获外国广播。如今，许多广播运营商也会选择通过互联网发布广播内容，这样做可以获得更多的听众。互联网广播还可以降低准入成本，方便那些希望自己制作节目的组织和个人。现在，只需价值几百美元的设施和一条高速互联网线路，人们就可以通过互联网向全球发送广播。业余人士会捕捉当地警察、消防部门和应急机构的无线电广播。他们组成网络，以近乎实时的方式，在互联网上转播这些广播内容。在这个领域里，互联网让开源情报的开发工作变得更加简易。所有这些互联网资源，都让开源官在打开计算机终端之后，便能轻松获取更多的信息。

互联网和万维网的出现，为开源情报这个科目带来一场革命，因为它们制造出数量空前的可用可搜信息。这是巨大的进步，但也是巨大的退步，因为开源官总是在拼命地处理面前的海量数据。对于开源官而言，这就是"大海捞针"式的问题。他必须及时而且高效地找到有用信息。

开源官还必须有能力正确评估报告的来源。分析人员必须迅速发现不同新闻机构的偏见或政治倾向——没有新闻社可以自称完全中立。新闻社报道时选择的内容和方式非常重要——特别是如果将开源情报当作分析的基础素材，提供给不太适应这种细微差别的读者，就更是如此。

开源分析人员必须有能力识别并解释循环报告[1]——如果出现多份报告混杂的情况，是否因为虽有多名目击者，但他们分别报告的或使用推特大量转发的都是同一条报告？分析人员必须识别并分析每个信息来源的偏见，确定这个来源的可靠性和跟踪记录。

---

[1] 译注：circular reporting，循环报告指某条信息看似出自多个来源，但其实只有一个来源的情况。

再次重申，对所有互联网资源进行详尽审查也是不可能的，少数重要的资源和问题才是可以讨论的。互联网爆炸带来的一个重大挑战，就是访问深网（deep web）的问题。深网也是一种网站，其内容虽然网上可用，但却不能通过搜索引擎以普通方式检索出来。比如报纸网站、当地税务评估数据库和许多社交媒体网站，它们的数据库所生成的内容不断变化，无法用搜索引擎检索出来。

许多人并不希望自己的网站能被搜索引擎检索出来，于是在网站上使用被称为机器人排除协议（robot exclusion protocol）的嵌入式代码。互联网的庞大规模是搜索引擎面临的严重阻碍，因为搜索引擎只能发现并检索出互联网全部内容中极小的一部分。如果对互联网进行系统性开发，就有可能发现大量对搜索引擎不可见的深网资源。[1]

使用 Web 2.0 技术的社交网络网站、博客和众多维基类网站，都是非常常见的开源情报资源。鉴于这种资源本来就是转瞬即逝，因此很难确定特定发帖的可信性或是出处。通过内容分析法（content analysis），开源情报从业人员有时可以确定某个发帖人的教育水平、政治立场和潜在动机——只要此人发帖的数量足够多。

仅以推特、脸谱网、Flickr 和 YouTube 等为例，它们具有 Web2.0 技术转瞬即逝的特点，并作为无处不在的信息发布平台，可以让某个事件的旁观者或参与者，在事发当时播报信息。先进的智能手机也是搜集信息手段之一，它们的广泛应用，让这种对开源官极有价值的手持摄影摄像设备，一直保持着前所未有的爆炸式发展。同样，将全球定位系统（GPS）植入许多此类智能手机，就可以提供个人位置的确切信息。如前所述，在中东"阿拉伯之春"期间，这种 Web 2.0 技术提供了关键的开源情报，并将继续在自然灾害乃至社会动乱等重大事件发生时提供态势感知。

平心而论，和其他用户一样，美国情报界也不过是刚刚开始掌握这些

---

[1] 原注：Lee Ratzan, "Mining the Deep Web: Search Strategies That Work," *Computerworld*, December 11, 2006.

新来源。比如，开罗解放广场（Tahrir Square）上或许有10万推特用户，这件事情很有趣，但更有趣的是找出谁的推特关注量最高及其原因。这个人是谁？他代表的是哪个派系或者哪些人的利益？正如其他每个情报科目都有可能存在欺骗一样，社交媒体也是如此。只需花上几百美元，就可以买到数以千计的推特假粉丝。那么，推特上的意见领袖真的存在吗？又或者他的粉丝都是假的？

同样需要重视的是，这些网站发布信息时便捷而又快速，因此短期欺骗和胡乱抢跑的可能性也大大增加。社交媒体网站没有认证机制，只关注提高人气和用户反馈。比如，波士顿马拉松爆炸案刚一发生，马上就有人迅速指认一名巴基斯坦裔美国人可能是嫌犯。事实证明这是错误的，但这一失实推测在遭到权威否认之前，已经仿佛有了生命一般自行传播。尽管如此，但由于现有社交媒体的可用来源实在太多，因此极难进行长期或大范围的欺骗。社交媒体的来源是否有效，这是开源专业人士面临的一项重大挑战。

在数字领域，最后一类重要的开源情报就是商业图像和数据库。视宝（SPOT Image）和数字地球（DigitalGlobe）等商业图像公司，可提供分辨率约为半米的标准图像（这种照片的分辨率很高，足以辨认出大约18英寸长的物体），某些情况下还可提供雷达和红外图像产品。高质量的商业图像可以通过互联网购买并下载，成本很低，每平方公里大约20美元。事实证明，谷歌地球（Google Earth）等免费服务也很有用，但其图像通常都是过时的，而且分辨率很低。不过，即使是较低的分辨率，如果能够观测到一段时间内某个设施内的变化，也可以为开源官和地理空间情报分析人员提供有价值的参考。

几十年来，律商联讯（LexisNexis）、戴尔格（Dialog）、简氏信息集团（Jane's Information Group）、经济学人智库（Economist Intelligence Unit）及牛津分析（Oxford Analytica）等商业数据库和内容供应商，一直都是开源官、研究人员和图书管理员的主要来源。使用商业来源情报的主要优势，在于这种数据已经得到整理和审核。考虑其中涉及的成本，换一种方法，也就是从互联网上获取免费的内容，看似很有吸引力，但做起来也并非免费。事实证明，寻找、审核及组织这些数据是很耗时间的。简言之，在开源情报科目中，你可以预先为优质内容付费，也可以在最后阶段投入大量时间和精力。此外，许多商业数据都拥有具备唯一性的内容，是其他渠道无法获取的。需要警告用户的是，尽管你可以付费购买商业内容或图像，但这种付费通常并不允许你转发所购内容，除非事先通过谈判获得版权许可。

最后不能不提的，是开源情报科目中构成"其他"类别的组成部分——涂鸦和文身。或许人们无法一眼看出为何涂鸦这种转瞬即逝的东西也可能具备情报价值。但警察和军方官员却一直都在将涂鸦视作态势感知工具，对其进行开发和利用。比如，1992年洛杉矶暴动期间，州长皮特·威尔逊（Pete Wilson）命令加州国民警卫队帮助平息暴乱。国民警卫队需要在该市各个区域开展行动，但指挥官们并不了解负责区域内黑帮的势力范围。不过，每当国民警卫队开始巡逻负责区域的时候，洛杉矶警察局为他们配备的联络官们便会查看黑帮的涂鸦，从而迅速确认黑帮的势力范围。

还有一种转瞬即逝的开源情报的最新形式，就是拉美贩毒集团使用毒旗（narcomanta，也写作narco banner）。它们总是被悬挂于桥梁或公共场所，位于受害人尸体旁。毒贩使用这种方式传递信息，并恐吓当局和民众。这种旗帜总是伴随多具尸体出现，目的就是强化效果；其意图通常是回击逮捕或袭击，抑或用来警告记者不得继续报道贩毒集团无法容忍的新闻，甚至用来与当地或中央政府对话。

警察会利用文身来确认黑帮分子的身份，从而获取关于黑帮分子的活动及地位等有用信息。文身有可能会记录相关历史信息，反映黑帮分子活动情况，因为文身风格会因不同的地区而不同，也会因不同的文身师而不同。执法机构对文身的开发利用卓有成效，导致许多黑帮分子将文身纹在难以发现的部位（比如嘴里），而且如今有些黑帮已经开始劝阻新成员不要文身了。

三、开源情报的管理

开源情报活动的管理方式在不同的国家各不相同，也取决于实施开源情报活动的组织的需求与结构。在美国情报界，对开源情报开发工作的管理是通过TCPED流程的各个环节实现的。本节介绍每个环节时，都会对相应的支持系统和流程进行评估（详见如下TCPED流程表）。

> **TCPED 流程表**
>
> 1. **任务**——将情报需求发送给搜集人员；
> 2. **搜集**——确定需要获取哪些情报，然后实施获取；
> 3. **处理**——将信息导入一个有效的格式当中，比如将外语无线电广播抄录下来，并翻译成英语文本；
> 4. **开发**——验证和分析所获取的信息，并组织最终产品；
> 5. **分发**——将信息发给需求方，并将信息共享给其他任何可能存在需求的用户。

美国各情报机构在从事开源情报开发时，使用的就是开源搜集获取需求管理系统。该系统于2007年由负责开源的国家情报助理副总监办公室创建，是美国情报界首个开源情报搜集管理系统。该系统提供了开源情报组织的详细目录，总结了这些组织的力量和现有的生产线。该系统丰富了开源情报领域百科书式的参考资料，即国家开源集团力量手册。这本手册是介绍情报界开源情报力量的必备参考。

（一）任务

开源搜集获取需求管理系统，为授权用户（通常是某个组织中负责情报搜集的管理人员）提供的功能是提交任务（即情报需求），以及跟踪任务进度。情报需求有两种：固定需求和临时需求。固定情报需求是长期的情报搜集需求，比如："Y 国在波斯湾部署军舰，请提供 X 国政府官员就此事所作公开评论的一切报道。"临时需求是回应性和时效性更强的需求，针对的是当前发生的事件或行动，比如："X 国出动大量渔船，试图封锁 Y 国部署在波斯湾的军舰，请就此事提供来自开源的可用照片或视频。"

通过使用开源搜集获取需求管理系统，搜集活动的管理人员可以确定在美国情报界里，哪些负责开源情报的机构拥有足够语言和搜集力量，可以胜任某项特定任务，从而将这项情报需求下达给一个或多个搜集方。在提交情报需求之前，需求方组织中负责搜集的管理人员，必须证明自己已经在开源搜集获取需求管理系统中检索过相关资料，并确定以前没人提交过这项情报需求。此举可以尽量减少重复发布任务的情况，因为会出现情报界多个组织关注同一信息的情况——这在过去是很常见的。

开源情报机构在收到情报需求后，对所下达任务的回应方式有三种，而且任何一种都是允许的。第一，它可以领受需求，于是开源搜集获取需求管理系统就会通知需求方，称该项情报需求已被领受。第二，开源情报搜集人员接到任务后，如果该项需求是重复的，或者不在自己的业务范围之内，也可以拒绝这项情报需求。比如，在非洲搜集领土主权遭到破坏的情况，这项需求有可能会遭到联邦调查局开源情报小组拒绝，因为监控国际领土纠纷并不在该局的业务范围之内。第三，搜集人员通知需求方自己有能力完成这项需求，但由于时间、人力或预算等方面的限制，自己目前并没有办法完成。如果这项需求很紧迫而且很重要，那么需求方或许愿意为该项搜集活动追加资金，推动这项情报需求的搜集工作得以完成；又或者需求方也可以请求搜集方支持这项情报，但这样一来，优先级较低的搜集任务将被放弃。

（二）搜集

开源情报机构领受搜集任务后，就会启动相应流程，以获取必要的原始开源信息，从而完成这项需求。实施开源情报获取工作的最优方法，就是谋定而后动。因为来自开源的可用信息是海量的，所以如果搜集工作一开始便以无差别的方式搜集信息，那么到了需要处理和分析这些数据时，就会发现这是极其困难的。

如果需求方没有提供信息关键要素，搜集方就应当将情报需求分解成为信息关键要素。简言之，搜集方应当明确以下几个问题：

1. 我要回答的问题到底是什么？
2. 这个问题中最关键的要素是什么？
3. 我在获取这项信息时需要投入多少时间，才足够处理和分析所获取的信息？
4. 这类信息的最优来源是什么？
5. 我应当如何搜集并存储这项信息？

最后一个问题非常重要，因为它对搜集工作具有多重意义。首先，行动安全性的问题，取决于情报需求的敏感程度和目标的复杂程度。搜集人员需要采取严格的预防措施，避免在获取环节泄露搜集的来源和手段。疏忽大意的开源开发工作，或许会向目标泄露有价值的信息，进而妨碍任务的完成，又或者会危及搜集人员的生命安全。

其次，对基于互联网的开源情报获取活动而言，搜集方必须考虑互联网上的许多内容实际上都是转瞬即逝的。只是打印或标记某个资源的做法是不够的，因为这种内容往往几天内就消失不见了。如果必须将情报产品大范围分发的话，打印材料几乎没有用处。开源情报任务中除了极其琐碎的任务之外，其他全都需要用某种方法将数字数据存档。

最后，记录哪些网站已被开发过，是一种重要的方法，可以减少重复劳动，最大限度地提高现在和未来搜集工作的效率。搜集人员可以基于度量指标（metric）建立数据库或电子表格，以此记录每个访问过的网站，这样搜集者就可以记录相关网站的价值、可靠性和可用性等关键数据。这些数据在开发环节会非常有用。

(三) 处理

通常，搜集环节获取的开源信息需要进一步处理，然后才能进行开发。外国无线电广播和电视广播需要翻译和抄录。同理，外语内容也需要翻译。商业图像和手持拍摄影像需要旋转、裁剪或标注。处理过程中应当保留一份原始开源材料的备份，以防出现需要对原始材料进行核实的情况或进一步分析才能解决的问题。

鉴于人们使用数据库、电子表格和链接分析工具，通过开源方式获取的数据，往往需要大量的处理工作后才能导入某种软件可使用的格式。社交网络或链接分析软件可能需要将数据导入某种特定格式，比如下面这种使用逗号分隔值的数据字段：名，姓，日期，交互类型，人名或交互实体名，如"约翰，史密斯，2013年7月4日，购买，XYZ集团"。显然，根据报纸文章创建的上传文件，如果使用分隔字段，就需要大量的处理工作。

(四) 开发

开发环节包含两个部分：信息审核和分析（包括书写和编辑最终成品）。对开源获取的信息进行审核，这是关键的第一步。正如上文所述，所有开源信息都有天然的偏见。这些偏见的性质各不相同，就好像信息来源为了克服信息在搜集、组织和发布时所遇到的困难，也会存在不同的潜在动机一样。作为信息的第二手用户，开源官必须对信息进行验证和核实，并在审核过程中解释所有天然偏见的成因。

要想审核开源信息，必须建立相关标准。以下开源情报评估标准由美国国土安全部情报和分析办公室开源小组制定。国土安全部评估信息基于三个要素：信息自身的真实性、来源的可信度以及该来源上报的频率。换言之，评估信息的基础，就是信息的真实程度、来源的可信程度和该来源跟踪记录的良好程度。

国土安全部开源情报评估标准

信息评估	
确认为真（Confirmed）	得到其他声誉良好的独立来源确认；逻辑自洽；与关于该主题的其他信息一致。
可能为真（Probably true）	未经确认；逻辑自洽；与关于该主题的其他信息一致。
或许为真（Possibly true）	未经确认；逻辑合理自洽；与关于该主题的其他信息部分一致。
存疑为真（Doubtfully true）	未经确认；有可能但逻辑不自洽；无关于该主题的其他信息。
不似为真（Improbable）	未经确认；逻辑不自洽；与关于该主题的其他信息矛盾。
无法判断（Cannot be judged）	不存在对信息真实性进行评估的基础。
来源评估（可信度）	
可以信赖（Reliable）	真实性、可信度或胜任度不存疑；有完全可以信赖的历史。
通常可信（Usually reliable）	真实性、可信度或胜任度略微存疑；有多数时候提供真实信息的历史。
较为可信（Fairly reliable）	真实性、可信度或胜任度存疑；曾经提供过真实信息。
通常不可信（Not usually reliable）	真实性、可信度或胜任度严重存疑；曾经提供过真实信息。
不可信赖（Unreliable）	没有真实性、可信度或胜任度；没有提供真实信息的历史。
无法判断（Cannot be judged）	不存在对来源可信度进行评估的基础。
来源评估（频率）	
长期提供者（Constant provider）	该来源的首要目的就是提供关于该目标或该主题的信息。
频繁提供者（Frequent provider）	该来源经常提供关于该目标或类似主题的信息。
有限提供者（Limited provider）	该来源偶尔提供关于该目标、该主题或类似主题的信息。
新的或不明提供者（New or unknown provider）	该来源首次提供关于该目标或该主题的信息。

审核过程结束后，分析阶段就开始了。开源官及其他分析人员会使用多种分析方法。全源分析中用到的方法，几乎全都可以用于开源情报分析。美国情报界使用的种种分析方法，在马克·洛文塔尔撰写的《情报：从秘密到政策》和罗伯特·克拉克撰写的《情报分析：以目标为中心的方法》(Intelligence Analysis: A Target-Centric Approach，中文版已由金城出版社出版) 两书中均有介绍。

想要准确分析开源信息，通常需要分析人员掌握极其精深的文化和语言技能，其程度应当高于许多全源分析人员。开源官必须掌握非常精深的知识，因为他们会定期接到任务，去搜集原始数据（通常为外语，且包含文化方面的细微差别），并对这些数据进行分析。另一方面，全源分析人员收到的信息，通常是以成品报告形式呈现的，是单源分析人员已经搜集并审核完毕的。而对开源信息官而言，由于他们掌握本职工作所必需的文化和语言技能，往往专精于某个特定国家或地区，而且所能达到的专业水准也是全源分析人员无法相比的，因为后者在职业生涯中往往会不断变换研究的对象国或地区。

随着社交网络应用程序等 Web 2.0 技术的问世，一种分析方法开始得到开源官的重视，即社交网络分析法（social network analysis）。社交网络分析法针对的群体是通过一种或多种互动活动或人际关系连接而成的，旨在描述、表征和理解该群体中明显存在的结构。通过研究社交网络中普遍存在的互动活动，开源官可以确认社交网络的结构及运行模式，从而更好地对目标开展分析，可以分析互动产生的原因，甚至在某些情况下还可以预测未来的互动情况。

社交网络分析法是开源官手中的利器。它特别适用于分析开源情报，因为社交网络分析法可以自动进入开源情报开发这个动态过程。社交网络分析的核心原则之一，就是社交网络是动态的，是不断发展变化的——很像开源搜集得到的信息流。社交网络分析领域的研究人员指出，社交网络的结构性影响力，可以影响网络中的个人（人群）的行动和认知。由于社交网络应用程序的使用量不断增加，这种分析法对开源情报分析的重要性也将增加。

（五）分发

开源情报产品制作完成后，就必须分发给需求方或指定受众。国家情报总监在回应"9·11"恐怖袭击时，提出"有提供的责任"。此后，美国情报界便开始集中力量，将信息共享给可对该信息提出合法需求的一切用户。为此，开源情报产品——其中许多为非保密等级或带有"仅限官方使用"这种更具限制性的警示——已经成为一种常见渠道，用于将情报分发给非情报机构用户或非联邦政府用户。

对于美国情报界开源情报产品而言，迄今最受欢迎的分发方法，就是使用情报界的非保密内网，即 DNI-U（之前被称为 Intelink-U，最初用于开源信息系统）。DNI-U 不但可以提供一个受保护的非保密或仅限官方使用级别的内网，而且还具备大量可供合作的技术（这些技术得到了美国情报界内部各类用户、联邦政府及各州和当地用户的广泛使用）。

开源中心利用 opensource.gov 这个受限网站在互联网上分发报告，但由于该网站界面繁琐，用户基础非常小。除了这两个专门分发开源情报的平台之外，开源情报的分发工作通常使用其他信息类网站完成，比如联邦调查局的在线执法、司法部的地区信息共享系统以及国土安全部的国土安全信息网络。开源情报产品也会定期通过保密网络分发。

四、谁来生产开源情报

开源情报开发无处不在，它可以为各国政府、企业、媒体和许多非国家行为体搜集情报。其他情报搜集科目或是准入成本过高，或是风险过高，而开源情报风险低成本低，又是最方便访问的情报搜集科目。此外，开源情报的获取速度快，共享程度高，这些都是其他情报搜集科目无法比拟的巨大优势。

在美国政府内部，实施开源情报开发的组织数不胜数，既有情报界的组织，也有美国政府内部的非情报机构。开源集团（旧称国家开源集团）囊括美国情报界16家机构下设的所有开源情报部门。开源集团于2006年由负责开源的国家情报助理副总监设立，是一个负责管理和预算的框架机构，接受《第301号情报界指令》的管理，接受情报界派驻国家开源委员会和开源情报理事会的代表的监督。

在开源集团内部，作用最大的角色当属中央情报局开源中心。该中心作为处理各方共同关切的机构，提供开源搜集、抄录和翻译等服务，以满足中央情报局的需求。开源中心代表中央情报局获取相关内容后，就会开放给开源集团这个更广义的联邦政府机构。开源中心还会面向情报界所有开源官，提供培训和专业发展资源。

在中央情报局内部，开源情报的分析产品由中央情报局情报处负责。为履行这一职责，情报处成立了开源工作站。开源工作站配备专家级开源情报分析人员，他们大多数外语流利、对象国国内经验丰富，可以在战略层面提供具备独特观点和视角的分析产品。在情报界开源情报机构中，开源工作站是独一无二的，因为它是自下而上的创新中心，拥有开源情报手段、分析方法和相关技术——所有工作都在非保密层面开展。开源工作站游离于严苛的保密环境之外，因此可以迅速利用外界最新的专业方法和技术，这是其他机构不可能做到的事情，因为保密世界是有安全限制的。2013年底，开源工作站脱离情报处，成为开源中心的下属机构。

美国开源集团的第二大机构是国防部，其在国家、战区和战术等层面从事密集的开源情报活动。在国家层面，国防部的开源情报工作由国防情报局管理，受国防开源情报委员会监督。在国防情报局内部，开源情报的开发工作并不是集中开展的，而是以各办公室的需求为基础，在全局范围分散开展。

国防部还有一个从事开源情报开发的国家级情报机构，就是国家地理空间情报局，它关注的重点是商业图像和地图。国家安全局实施开源情报开发的目的，是支持本局的信号情报业务。国家安全局需要处理海量数据，还需要机器翻译的支持，这些需求可以为开源集团带来极大的好处，因为这个机构所提供的观点和技术可以为其他机构所用。

许多国家级的情报中心都设有开源情报卓越中心，专门支持本机构所独有的业务。其中首屈一指的是国家医学情报中心，它位于马里兰州德特里克堡，是国防情报局的下属机构，长期以来一直提供最高质量等级的开源情报产品，内容涉及境外行动环境下的流行病学和环境卫生情况，以及全球各国可用的医疗力量等。

导弹和航天情报中心位于美国阿拉巴马州亨茨维尔市雷德斯通阿森纳，它也是国防情报局的下属机构，其独到之处是开发技术文献和生产一流的开源情报产品，内容涉及导弹和定向能量武器，以及相关的自动化指挥系统[1]。特别值得关注的是该中心与当地大学开展的合作伙伴关系，当地大学的本科及研究生可以凭借这层关系，参与非保密开源情报研究，从而支持该中心的业务。

在战区层面，联合作战司令部拥有多种不同等级的开源情报力量。规模最大、历史最久的开源情报常设部门就在欧洲司令部，即总部位于英国莫尔斯沃思的联合分析中心。在各联合司令部中，其他生产开源情报的主要机构还包括美国太平洋司令部、美国特种作战司令部、美国中央司令部和美国运输司令部。这些开源情报机构通常关注整个地区，在某些情况下关注重点会更窄一些，比如支持特种作战司令部的特种作战任务，以及支持中央司令部的作战任务等。美国运输司令部的关注重点是全球运输与后勤，其开源情报活动是全球性的。

美军各军种都有自己的开源情报开发部门，既有正式的专门力量，也有战术层面的人海作战，后者由情报军官及士官以临时且非正式的方式展开。在涉及开源情报的学说和生产等领域，美国陆军走在最前列。在学说方面，只有美国陆军正式阐释了如何在广义的军事情报机构内实施开源情

---

[1] 译注：C4ISR system，自动化指挥系统，即指挥、控制、通信、计算机、情报、监控和侦察系统。

报开发。美国陆军于 2006 年底出版了《战场手册（过渡版）2-22.9 开源情报》(*Field Manual (Interim) 2-22.9 Open Source Intelligence*)，后被 2012 年出版的《陆军技术手册 2-22.9 开源情报》(*Army Techniques Publication 2-22.9*) 更新并取代。

美国陆军号称拥有众多开源情报生产机构，它们都是开源情报领域国家级的知名卓越中心。在海外，美国陆军主要的开源情报生产机构，是位于日本座间基地的亚洲研究小组。该小组主要借助退役的日本自卫队武官（但工资由日本政府提供），就亚洲问题提供独特的开源情报观点。但遗憾的是，由于预算削减，该小组已经裁撤。在欧洲战区，驻德国威斯巴登（Wiesbaden）市的美国陆军第 66 军事情报旅，自 20 世纪 90 年代末起一直提供开源情报产品，目前负责支持美国驻欧陆军和驻非陆军的情报需求。

美国陆军开源情报机构中最著名的就是外国军事研究办公室（Foreign Military Studies Office）。该办公室位于堪萨斯州莱文沃思堡，专门从事开源情报开发，就"对了解美军行动所处环境而言极其重要的国防和安全问题，从外国视角提供观点"。该办公室出版的关于苏联在阿富汗经历的书籍，早在美国为报复"9·11"恐怖袭击而发动"持久自由行动"（Operation Enduring Freedom）之前，就已经在美军内部广为传阅了。外国军事研究办公室率先使用虚拟开源情报小组，推广被称为世界基本信息图书馆（最早由美国情报界开源项目办公室创建）的维基类百科参考网站，并有来自全国各地使用自家计算机办公的后备人员随时待命。

海军陆战队的任务性质特殊，因此也是开源情报的活跃用户。多年以来，位于弗吉尼亚州匡提科的海军陆战队情报活动所，以开源情报为基础，出版了许多高质量的对象国手册，在美国情报界及美国军方内部颇受欢迎。此外，该所还推出小型覆膜"智能卡"，作为快捷参考指南，发给对外部署的海军陆战队员，卡上写有部署地区的语言、文化、政治和环境等信息。

2010 年海地发生灾难性地震，随后美国部署海军陆战队第 22 远征队提供人道主义支援。当支援行动开始全面展开之际，华盛顿特区地区遭遇被称为"雪魔"（snowmageddon）的暴风雪，首都地区积雪厚达30英寸。华盛顿特区的交通严重受限，因此海军陆战队驻海地部队唯一未受影响的情报源，就是海军陆战队情报活动所的开源情报工作。该所工作人员都住在华盛顿，他们在自己家中开发开源情报，为海地前线的第22远征队提供时效性极强的情报定制支持。这些开源情报产品还有其他的用处，就是可以与非政府组织及其他国家的军援部队实现广泛共享。这一情况得到海军陆战队最高层领导的重视。此后，被称为远征开源情报的开源情报开发工作，便开始进入相关流程，即将被写进海军陆战队的学说。

美国空军也有一个负责开源情报的卓越中心，它隶属位于俄亥俄州代顿市莱特—帕特森空军基地的国家航空航天情报中心（NASIC）。这个情报中心的工作重点，是对关于外国航空航天部队和武器的开源情报进行开发。美国海军情报办公室生产的开源情报产品，重点关注海上行动环境，尤其重点关注技术主题。和美国陆军及海军陆战队的情报人员一样，美国空军、海军和海岸警卫队的军事情报人员，都在战术层面开展海量的非正式的开源情报开发工作。现代军事行动愈发依赖开源情报，虽然在很多情况下，各军种的学说尚未体现这一事实。

美国情报界还有其他大型开源情报生产机构，其中就有国土安全部开源情报小组，该小组隶属国土安全部情报和分析办公室。情报和分析办公室是美国情报界国内机构（国土安全部、联邦调查局、海岸警卫队和缉毒局）中最出色的开源情报机构。国务院情报研究司代表开源集团购买外国出版物、地图和地理数据，并在海外执行大量民意调查任务。能源部主要通过所辖各个国家实验室，广泛开发涉及各类技术主题的开源情报，以支持美国情报界和美国政府。

美国情报界以外还有三个最大的开源情报生产力量，即国会图书馆联邦研究处、国防技术信息局和不属于情报界的媒体监测部门——媒体监测部门的用户是国防部负责公共事务、文官事务及心理战的各个机构。联邦研究处利用国会图书馆独有且数量庞大的藏书，以付费服务的方式向美国政府提供开源情报产品。尽管国防技术信息局并非情报机构，但却建成了一个大型数字资料库，并以开源情报为基础，提供大量关于科技实力的报告。这些报告得到美国情报界的广泛应用。

五、国际开源情报

由于开源情报无处不在，因此几乎每个国家都在开展相关情报工作。就成体系的架构而言，现已不复存在的美国情报界开源项目办公室，曾于20世纪90年代创建国际开源工作组，作为各成员国之间交流开源情报的合作框架。国际开源工作组的情报，是通过开源信息系统中一个独立的子系统分发的。该子系统被称作国际开源信息系统。

国际开源工作组有12个成员国：澳大利亚、加拿大、丹麦、法国、德国、英国、以色列、意大利、荷兰、挪威、瑞典和美国。成员国应当通过国际开源情报系统这一渠道，向小组其他成员国提供开源情报产品（但提供力度不同），且各国代表应当会面、举行年度会议并接受合作伙伴主办的培训。国际开源工作组这种框架最终被开源中心所放弃，代之以双边交流协议。对开源中心而言，这种双边方案可令交流变得更易管理，但代价也很高，即无法访问美国开源集团其他机构在全球各地生产的开源情报。

就官方的开源情报结构和力量而言，英国是仅次于美国的第二大开源情报供应方。英国国内的开源情报活动由英国联合情报委员会指挥，并由国防部国防情报组副组长负责具体行动，该副组长同时负责情报分析和情报生产。英国监测媒体的力量设在英国广播公司（BBC）监听部，该部自1939年起一直监听外国广播，正如前文历史回顾所述，它比美国的监听工作还要更早。

澳大利亚的开源情报生产责任，已由外交贸易部移交国家评估办公室，此后该国也成立了一个开源中心。该中心开源情报开发的关注重点，是能够影响澳大利亚国家利益的国际形势。该中心主要为澳大利亚本国的情报界服务，但有趣的是，它也将情报产品放在开源中心的网站上，供各州各领地的相关部门机构使用。

鉴于伊斯兰极端分子制造的恐怖主义威胁，以色列打造出高度发达的开源情报开发力量，专门用来掌握和跟踪以互联网为基础的极端主义、恐怖组织活动及国家安全面临的普通威胁。Hatzav 是以色列的开源情报机构，隶属著名的 8200 部队（Unit 8200），也就是以色列国防军的以色列国家开源情报部队。据称在以色列国防军所需的全部基础情报中，Hatzav 就搜集了 50% 以上。

20 世纪 40 年代起，中国共产党就开始关注开源情报。众所周知，俄罗斯对外情报局也拥有正式固定的开源情报机构。这个机构就是对外情报局的前身——克格勃。冷战期间，克格勃在与美国西欧对抗时，非常倚重开源情报开发。最终，大部分国家都在从事开源情报开发工作，但并非每个国家都会设立正式的开源情报机构。

众所周知，欧盟委员会联合研究中心等国际组织也拥有开源情报机构。在过去，北约已经出版了大量关于开源情报的手册。[1] 此外，全球许多执法组织也已设立开源情报小组。国际刑警组织和欧洲刑警组织也设有开源情报部门，但高层缺乏兴趣，因此这些部门并无作为。众所周知，英国的苏格兰场[2] 和加拿大皇家骑警也设有专门的开源情报部门。在美国国内，所有联邦执法机构都在从事开源情报的开发；而在当地，纽约和芝加哥两市的警察局以及洛杉矶县警察局也都设有开源情报小队。

---

[1] 原注：Florian Schaurer and Jan Storge, "The Evolution of Open Source Intelligence (OSINT)," *The Intelligencer*, Winter/Spring 2013.

[2] 译注：Scotland Yard，苏格兰场，即伦敦警察厅。

六、私人行业的开源情报

开源情报是竞争情报（competitive intelligence）的重要组成部分，在全球范围的私人行业都有开展。每个大型跨国企业都在搜集竞争情报，因此也会开发开源情报。开源情报开发的巨大优势在于，它不同于传统商业间谍活动，并不存在道德或法律限制（因为信息是从公开来源获取的），因此被捕或当众出丑的风险也很低。

此外，还有许多公司通过订阅服务或访问私有数据库等方式提供商业开源情报。最受欢迎的商业数据库有戴尔格、道琼斯路透商业资讯（Factiva）、简氏信息集团和律商联讯。备受欢迎的订阅类开源情报供应商有经济学人智库、国际工程技术（iJET）、英特尔中心（IntelCenter）和牛津分析（Oxford Analytica）。地理空间开源情报产品可以向数字地球（DigitalGlobe）和法国的视宝公司（SPOT）等商业图像公司购买。

许多私人开源情报公司可以根据客户的具体任务要求，以签约的方式提供定制产品。专门从事开源情报的公司，仅举几例，有中央全球入口（CENTRA Global Access）、欧亚集团（Eurasia Group）、信息国际联合会（Information International Associates）、信息领域（InfoSphere）和普雷塞专家网（Plessas Experts Network）。许多与政府签约的公司也会从事开源情报工作，因为这项工作正是这些公司国家安全咨询业务的内容之一。

七、开源情报最理想的目标类型

确定哪个目标才是开源情报工作的开展对象，这需要具体情况具体分析。通常，开源情报可以针对大部分目标开展，不论是个人、组织、技术、地点或是政府。在我们这个互连互通程度日益密切的世界里，一切不可能永远被掩盖，因此就某个目标主题而言，其开源信息存在的机率也会大大增加。

　　一个国家的通信基础设施越先进，开源情报的土壤就越肥沃。在数字时代，我们在商业、通信和娱乐活动中会留下越来越多的电子脚印。手机和手机服务价格低廉，在全球范围迅速发展扩张，因此许多国家斥巨资强行升级基础设施。此举令平民百姓能够实现瞬时互连互通，能够使用博客、推特和脸谱网等 Web 2.0 应用程序，正如在 2010 年海地地震和"阿拉伯之春"所展现的那样。

　　再看看不久前的事件，认为开源情报开发工作无法在封闭或专制社会成功开展，这是必须放弃的陈旧观念了。即使在全球最受孤立的国家朝鲜，关于金正恩新政权的许多信息也是出自开源渠道。朝鲜政府明显不愿继续之前秘密发射导弹的做法，于是邀请国际媒体报道发射失败情况，从而提供了大量开发开源情报的机会。朝鲜第一夫人李雪主的身份是通过姓名和照片确认的，但确认方式并不是某个身处高位的秘密来源，而是朝鲜政权自己发布的新闻影片，以及金正日的前私人寿司厨师——这位厨师在拜会金正恩时也见到了李雪主，随后在公开场合宣布此事。

　　在一些严格管控互联网的地方里，操纵信息或禁止用户访问特定网站的做法，往往很难成功，因为民众常常想方设法绕开审查。简言之，在开放社会里，开源情报的开发明显可以发挥最佳效果，即使在非开放的社会，它也可以被证明非常有用。

　　开源情报最擅长提供背景和目标所处氛围，这是一条普遍规律。正如约瑟夫·奈博士经常引用的比喻所暗示的那样，开源情报可以利用背景，对某个情报问题建立框架，让我们运用更加有限的秘密搜集力量去填补情报空白，同时尽可能减少情报搜集的风险。经验丰富的开源分析人员也可以进行预测，从确定何时环境开始变得不稳定及何时有可能爆发暴乱，到精评估何时对方只是虚张声势或武力恫吓。

　　在危机或突发事件中，人们对态势感知的需求是最迫切的，开源情报也是非常重要的。开源情报以数字时代的速度向前发展，是所有情报搜集科目中时效性最强的。开源官的反应速度，通常能够比其他科目的搜集人员要早好几个小时，甚至是好几天。手机的摄影摄像功能已经普及，再加上 Photobucket 和 YouTube 等分发工具，于是造就终极的态势感知工具——连续的实时监控。

最后，高明的开源情报分析可以提供早期预警信号，为其他情报搜集科目提供线索。比如，谷歌能够确定某个国家或地区的流感季高峰，依据就是该国或地区的人们通过谷歌搜索流感症状的情况。这一功能已经广为人知而且备受欢迎，于是谷歌搭建专用在线资源，名为谷歌流感趋势（Google Flu Trends），网址为 www.google.org/flutrends。[1] 谷歌还开发了一个跟踪登革热的在线资源。[2]

总而言之，没有哪条规则规定哪些目标是开源情报最理想的对象。开源信息面临的挑战，并不是确定所需信息是否存在（因为很可能确实存在），而是找出它可能在哪儿。在 2007 年召开的国家情报总监开源大会上，负责开源的国家情报助理副总监宣称：

> 我们必须接受如下事实，那就是人类的知识库存主要存在于情报界的掌控之外，主要在开源渠道才是可用的。我们所要寻找的知识越来越存在于触手可及之地，但我们必须足够聪明，才能发现它们。[3]

八、开源情报的未来趋势

开源情报这个科目在未来几年内很可能会发生重大变化。新信息经济推动去中心化的商业新模式，影响了出版业、新媒体和商业。开源情报也是如此，它很可能不再是中心化的高度结构化的单一活动，而是向下发

---

[1] 原注：Google, "Flu Trends," http://www.google.org/flutrends/about/how.html.
[2] 原注：Google, "Dengue Trends," http://www.google.org/denguetrends/intl/en_us/about/how.html.
[3] 原注：同上。

展,成为离散的专业化的多种活动,就和它们所针对的开源渠道一样。开源情报活动规模更小、专业化程度更高而且回应速度更快,今后的发展将被其支持的行动机构所驱动,并将与这些机构开展合作。

国家情报总监办公室认识到,开源中心无法满足情报界所有人对开源情报的需求,因此调整工作结构,逐渐压缩该中心的资源和人力,并将其工作重点调整为提供职能管理（functional management）。2012年,国家情报总监致函中央情报局局长（他是开源中心的执行主管）,并在信中介绍了这个新的工作重点,指出开源中心应当重点关注"制定、协调和监督情报界相关标准的颁布与执行,以规范开源情报培训和开源情报的手段、上报、需求及评估措施等"。大规模杀伤性武器委员曾经预言:到了最后,情报界将不再需要一个中心化的开源情报单位。情报界使用开源情报的活动,已经愈发成为一体化情报活动中不可分割的组成部分。由此看来,这个预言似乎颇有先见之明。

开源情报科目另一个可能的发展趋势,就是对不同的数据来源进行融合,或是更进一步的瞬时整合。请回想一下将照片上传至脸谱网等社交媒体网站这个普通的动作。用户使用手机,在当地公园拍摄自己或自己朋友的照片,再将这张照片上传网络。手机自带的全球定位系统功能可以提供地理位置信息,随后用户会为照片中的每个人打上标签（tag）。这些标签不但可以通过名字来标识每个人的身份,也会提供一个指向此人脸谱网主页的链接。这个简单动作所提供的开源信息,不但数量空前,而且可以瞬时被整合进一个单一来源。这项技术对开源情报的开发与利用意义深远。

对当今世界的大部分人而言,手机已经成为他们必不可少且寸步不离的伴侣。随着手机技术和底层蜂窝通信基础设施的不断向前发展,我们现阶段对隐私和匿名的预期,在今后将荡然无存。再加上网络摄像头的不断普及,开源情报搜集科目势必吸收新的方法和技术,才能开发照片视频这种经久不衰而又无处不在的来源。

开源情报还有一个变化,就是社交网络工作和技术即将成为主流。社交网络将会成为我们交流的主要手段,用于通信、接收新闻、购物,还可与网友、生意伙伴和姻亲交谈——这一天很快就会到来。社交网络这种媒介能够实现上述功能，也能够加入多层背景数据，这两种功能都将成为未来开源情报开发的关键的工作重点。

吸收社交媒体分析方法，进而使之成为开源情报办公室的基本核心能力，这件事情很快就将势在必行。随着开源情报办公室开始开发社交媒体分析的方法和工具，这种做法将驱动新的搜集方法和分析模式向前发展，并供整个情报界使用。最终，开源情报推动出现的社交媒体分析将变得极其完善，再加上社交网络的影像描述（visual depiction）也将势在必行，这两个因素将针对社交媒体分析所需的浸入式环境，驱动它不断向前发展。使用虚拟现实技术，帮助开源官深入了解社交网络的三维描述，帮助他与之开展互动，这种能力将是未来的发展趋势。

尽管开源情报总是在情报工作中发挥重要作用，但多数观察人士也认为，开源情报的重要性和开源情报产品的质量，都将随着我们信息时代的不断发展而不断提升。最终，随着开源可用且具备可操作性的情报的数量和质量不断提升，全球各个情报机构都将调整自己的战术、技术和流程，以反映开源情报确系首选来源这一愈发明晰的现实。

[第3章]

人力情报

迈克尔·奥尔索夫（Michael Althoff）

一、人力情报的定义

人力情报，通常指通过间谍或线人（human source）以秘密方式搜集和生产的情报。它的基本要素包括秘密的搜集方式、所搜集材料具有机密性质以及人力搜集。尽管本书讨论的其他情报搜集科目（不包括开源情报科目）也在以秘密方式搜集机密，但只有人力情报是以人类作为搜集来源。

在任何一个国家的情报搜集战略中，人力情报都会占据独特的地位，可以将自己与其他情报搜集科目区分开来。在面对别国造成的重大挑战时，它的作用是显而易见的——评估敌方构成的威胁。在认识别国威胁时，其他所有情报搜集科目的作用都很宝贵，但通常只有人力情报才能确定威胁的性质——它是真，还是假？提供人力情报的人力来源，是能够坐在领导人会议或内部会议现场的人，是能够就相关计划、意图或决策作出报告的人。这样的人力情报能够从独特的角度出发，让人了解到一个国家到底想干什么。同样能够做到这一点的，还有人力来源所提供文件中的人力情报，此类情报可以详细介绍国内外、经济、军事或武器研发的计划、意图及其具体执行情况。冷战期间人力情报的例子中，最为人所津津乐道的就是奥列格·片科夫斯基（Oleg Penkovsky）。片科夫斯基是苏联军方情报机构的一名上校，身居高位却郁郁不得志。外界认为苏联的导弹技术已经超越美国，但他提供的证据却打破了这个观点。或许更重要的是，他获取的情报可以说明古巴导弹危机期间苏联领导人的意图，帮助美国制定回应策略，避免了一场核战争。

重要的是，应当了解什么不是人力情报。人力情报搜集常被赋予浪漫色彩，被认为是冒险而又刺激的职业，充满各种危险：有英俊无比的男性，有迷人的蛇蝎美女，还有邪恶而又狡猾的反派。从事人力情报搜集工作的人员，却很清楚这不是詹姆斯·邦德[1]，更不是奥斯汀·鲍尔斯[2]，要说是约翰·勒卡雷[3]小说中英国秘密情报局（军情六处）的特工乔治·史迈利[4]那样倒差不多。大多数人力情报的搜集方式是公开的，并不使用秘密手段。比如，外交部门的日常交流，大部分都是人力情报，但都是公开的。驻外武官的活动也可以说是一样的。关键的共同点在于有人类充当来源，不论是秘密的还是公开的。

找到并操纵愿意出卖祖国（叛国）的人，这方面的工作往往非常困难，而且不被认可，单调、历时长久但又必须坚持。偶尔中断的原因是肾上腺素激增导致的恐惧和危险。风险是真实存在的，2009 年的悲剧便是明证。当时，一名线人在中央情报局驻阿富汗霍斯特市办事处自爆，造成 7 名特工丧生。然而，这种事情只是特例，并非定律。

人力情报也是恐怖组织、贩毒和犯罪集团及合法商业实体等非国家行为体极其青睐的情报搜集手段。用商业术语来表述，或许这是因为潜在成本收益率（cost-benefit ratio）实在是太高了。搜集人力情报并不需要像其他情报搜集科目那样，在基础设施、人力和技术等方面投入资

---

[1] 译注：James Bond，詹姆斯·邦德，英国系列间谍小说及电影主角，代号007。
[2] 译注：Austin Powers，奥斯汀·鲍尔斯，电影《王牌大贱谍》主角。
[3] 译注：John Le Carré，约翰·勒卡雷，英国20世纪最著名的间谍小说家。
[4] 译注：George Smiley，乔治·史迈利，约翰·勒卡雷间谍小说《史迈利三部曲》主角。

金。与投资美元相比，它的投资收益有可能相当高。因此人力情报得到各国传统情报和执法机构的青睐，被视为各国整体情报搜集实力中不可或缺的部分。然而，这一切也有缺点，因为在人力情报领域，如果情报搜集行动出现差错，失败的代价有可能是毁灭性的，会导致有人死亡或给国家带来极大难堪。

中央情报局、军情六处、克格勃（国家安全委员会，如今是对外情报局）和摩萨德的隐蔽活动，旨在获取人力情报，保护本国安全——因为新闻媒体和电影的缘故，这已是众所周知的事情了。联邦调查局、英国安全局（军情五处）、俄罗斯联邦安全局、辛贝特[1]及其他国内执法机构，也在征募秘密的人力来源或使用卧底军官，打入犯罪集团、贩毒集团及恐怖组织内部，获取人力情报。他们搜集到手的情报，可以用来挫败这些组织的犯罪或恐怖主义计划。这些跨国组织不甘示弱，试图逆转这一过程，试图拆穿或收买执法人员，目的是获取他们需要的人力情报，保护自身利益，维持自身生存。

人力情报还包括工业间谍活动，即一家公司为盗取竞争对手机密而采取的行动，不论是在本国，还是在全球经济的某个角落。公司开展隐蔽行动以获取商业人力情报的原因不尽相同，但目的通常相同——了解别家公司的活动，从而在当前和未来保护自己的公司。

外国情报机构或执法机构之间共享人力情报，这是一切人力情报搜集活动的必要组成部分。而当一个国家与另一个国家没有建立正式的关系（比如美国与伊朗和朝鲜），但与之建立联络的伙伴国却拥有此类关系时，这一点就尤为重要。如果某个国家或组织拥有特别强大的反情报（counterintelligence）能力，比如俄罗斯等国或某些恐怖组织，那么与之共享关于某个敌人做法也会大有裨益。如果情报机构互有伙伴关系，那么它们就此类硬目标开展的人力情报搜集工作就是力量增幅器，可以获取价值更高的情报。通过联络关系提供的人力情报活动，可以填补关键空白，

---

[1] 译注：Shin Bet，辛贝特，以色列国家安全机构。

但必须不断接受评估，因为并非所有外国合作伙伴在审查自身人力来源，或者审核自产人力情报时，都会使用相同的标准。应当谨慎对待外国合作伙伴提供的人力情报，因为这些伙伴就某个国家、非国家行为体或主题获取人力情报后，在提供部分或全部情报时，或许会有自己的考虑。

互有联络关系的合作伙伴之间共享情报的价值，可以通过一个经典的案例加以诠释，那就是"再会"档案（Farewell dossier）。1980年，法国国土监控局征募到一名克格勃中校，此人名叫弗拉基米尔·韦特罗夫（Vladimir I. Vetrov），代号"再会"。韦特罗夫向法国提供了4000份文件，详细介绍了克格勃以秘密手段获取西方技术知识的情况。法国总统弗朗索瓦·密特朗（Francois Mitterrand）主动将这份人力情报宝藏提供给美国总统罗纳德·里根。但美国并不是简单地利用这份材料，提高美国防范克格勃活动的能力。相反，国防部、联邦调查局和中央情报局于1982年初，开始筹划一次非对称的反击。通过中央情报局控制的渠道，克格勃"愿望清单"上的西方技术被回传至莫斯科，但清单上的项目都被做了"改进"。这些改动的目的，是让它们可以通过苏联科学家和工程师的验收测试，但最终将在实际应用中随机出现故障。于是，有缺陷的计算机芯片、涡轮机和生产计划，便开始流入苏联的军事和民用的工厂及设施中。关于美国隐身技术和太空防御的带有误导性的信息，也开始源源不断地被写入苏联的情报报告。其结果对克格勃的声誉是一场灾难。同时，韦特罗夫遭遇了一场突如其来的变故，未能善终（间谍的职业危害）。1983年，韦特罗夫陷入一场三角恋，他杀死一名克格勃同僚，并试图杀死涉事女方。在随后开展的调查中，其间谍活动曝光，于是他被处死。在某些情况下，谋杀——特别是激情犯罪——有可能被宽恕，但叛国是不可能被宽恕的。

人力情报也可以来源于叛逃者（defector）。这些叛逃者秘密离开自己的祖国，想把情报共享给新找到的保护者。冷战期间最轰动的一起叛逃事件，就是维克托·别连科（Victor Belenko）事件。他是苏联空军上尉，1976年驾驶米格25型"狐蝠"战斗机逃离苏联，飞往日本。美国对该战斗机进行物料开发（materiel exploitation）（因为别连科还非常贴心地带上了这架战斗机的技术手册),又对他进行长达数小时的盘问,获得了非常宝贵的信息,了解到苏联飞机武器系统的技术现状,以及苏联空军的战术和条令。这架米格-25最终被交还苏联,但部分零件被扣。别连科后来去了美国,并在那里获得公民身份和一大笔慷慨的信托基金。

广受瞩目的叛逃事件处理起来更加棘手,比如1995年萨达姆·侯赛因的女婿侯赛因·卡迈勒(Hussein Kamel)叛逃至约旦。卡迈勒是臭名昭著的人权破坏者,你该怎样处理像他这样的叛逃者?你该怎样审查和使用此类来源所提供的人力情报?比如,他提供了伊拉克大规模杀伤性武器计划的情报,但关于这项情报的价值,至今仍有争议。最终,卡迈勒和他的兄弟(此人也娶了那位伊拉克独裁者的女儿)选择返回伊拉克,随即被其岳父处决。

另一方面,流亡者主动选择离开祖国以后,尽管他们或许会向新的所在国提供机密,但大部分情况下他们是公开提供,而不是秘密告知。冷战期间,来自东方阵营的流亡者都很愿意向西方情报组织透露自己所知道的铁幕背后的社会生活。

这种搜集方法不是秘密的,而是公开的,却也能获取机密的信息或情报,说明人力情报的定义需要扩大,应当加入这种获取秘密的替代方法。还有一种情况,获取秘密的方式是公开审讯囚犯或被关押者,也可以是盘问那些自愿或主动提供情报的个体。比如,它还可以包括一种被称为合法游客的类型。合法游客以公开方式前往那些不限别国公民出入的国家,通过观察的方式公开搜集情报。这些游客只需进入该国的禁入区,其所提供的情况就是非常宝贵的,因为他们发现的是基本的"地面实况"类人力情报,是卫星或窃听天线所无法捕捉的。

因此,人力情报的定义可以扩大,加入公开和隐蔽的搜集活动,但有价值的情报依然是搜集活动的目标,人力也依然是获取这类情报的手段。单纯的"信息"并不是人力情报搜集的目标。当然,信息在一切情报搜集科目都会产生,不过只是副产品,只有机密才一直都是所有科目开展搜集工作时的主要重点。比如,间谍卫星可以提供部队活动或核武器试验研发的图像，这是敌方想要保守的机密。对搜集这些图像的国家而言，这却是非常宝贵的情报。间谍卫星和商业卫星开展的顶空侦察活动，也可以提供非机密图像，比如天气变化或是人口流动的可视化效果。这类图像所提供的情况，或许最终会引起国家安全方面的担忧。但它只是信息，不是情报。

无论如何，情报机构在搜集信息的过程中，确实会产生可观的价值。这些机构通常喜欢搜集公开可用的信息，原因就是风险较低且成本划算。对于关心的国家或主题，情报机构能够公开获取的信息越多，采取的其他搜集模式，特别是人力来源就越少。（参见"人力情报的管理方式"部分对人力情报任务部署的讨论。）在开放的社会里，媒体、大学、研究实验室和商业实体等，都可以提供大量信息。交换学生、访问学者、科学或商务代表团和情报官员，也可以利用自由访问的权利，公开获取本国关心的信息。尽管人力也是搜集手段，但搜集的是对所有人开放的信息，并非人力情报，也不是需要人力获取的戒备森严的机密。

（一）它搜集什么

既然我们已经了解了人力情报是什么——通过人力来源，以秘密或公开的方式搜集生成的情报产品，以及它与其他情报科目的区别，我们就可以讨论它搜集的是什么。对所有情报机构而言，最重要的一个搜集需求，就是了解敌人的计划和意图——不论目标是国家、商业实体、恐怖组织还是犯罪集团。国家层面的情报组织，其使命是保护本国安全，主要关注敌国或潜在敌国在外交、国内和军事政策等领域的计划和意图，以确认这个敌国所构成的威胁。领导人及其心腹顾问的想法、将要采取的外交政策和谈判策略、将要建立或加强的国际关系、将要实施的国内经济和外贸政策，以及将要建立的国防体系（包括最新的武器采购和武器研发），在评估敌方威胁的公式表达中，也只是需要写入的众多关键要素中的几个而已。

帮助评估刚刚独立的爱沙尼亚所带来的潜在威胁，这很可能是俄罗斯对外情报局 1995 年征募赫尔曼·西姆（Hermann Simm）的原因之一。俄罗斯政府希望了解爱沙尼亚独立对俄罗斯带来的威胁，并希望确保俄罗斯边境安全不会受到爱沙尼亚的西方新盟友的威胁。西姆在爱沙尼亚国防部负责国家安全系统，这个职位让俄罗斯对外情报局有可能掌握上述两方面情况。西姆负责爱沙尼亚一切保密性军事文件、有权签发安全许可并且负责该国网络防御系统。2003 年，爱沙尼亚加入北约后，西姆作为间谍的价值大大增加。此后，他获得访问北约军事机密的权限，而这些机密在俄罗斯对外情报局的目标清单中名列前茅，特别是当俄罗斯与北约关系恶化之际更是如此。西姆因其上线草率行事而最终暴露，并于 2008 年 9 月 21 日被捕。但多年来他已经向俄罗斯提供了数千份文件，他也因此成为北约历史上最具破坏力的间谍。2009 年 2 月 25 日，赫尔曼·西姆承认间谍指控。他被判入狱 12.5 年，并被处以大约 170 万美元的罚款，用以更换被他破坏的爱沙尼亚安全系统。

一国面临的威胁不再仅仅来自其他民族国家[1]。如今，一国国土面临的威胁，还来自恐怖组织、犯罪集团和贩毒集团。此外，国家支持的组织或独立的黑客所发动的网络袭击，也将构成威胁。这些敌人各不相同，却都对情报部门和执法机构带来严峻的挑战，因为他们试图搜集相关人力情报，以了解对方的计划和意图，从而化解这些敌人所构成的威胁。征募间谍并针对间谍所在国实施间谍活动，这其实是非常困难的。在打击恐怖分子、犯罪分子或黑客时，这项任务尤其困难，因为意识形态或金钱的纽带会让这些组织内部团结一致。还需要担心的是，如果间谍暴露，他们自己会死，他们的家人也会遭到报复。而另一种方法，即尝试派人打入这些组织，或许问题更大，因为所派卧底的言谈举止必须和组织里的其他人一样。此外，他的背景和信仰也必须让对方相信，不论该组织的道路是什

---

[1] 译注：nation-state，民族国家，是指欧洲近代以来通过资产阶级革命式民族独立运动建立的，以一个或几个民族为国民主体的国家。

么，也不论该犯罪集团是什么，他都会死忠到底。

除了针对敌方的秘密计划和意图搜集人力情报之外，情报部门和执法机构还想通过人力情报了解敌方的实力，特别是武器系统。不论针对的是常规、核、生物或是化学武器，在核实敌方现有及筹建武器所构成的威胁方面，人力情报过去曾经、今后也很可能继续发挥关键作用。人力情报与其他情报搜集科目所生产的情报相互结合，可以为一个国家的领导人和国防机构提供他们需要的一切，从研发武器并拟定反制措施，到阻挠敌方武器系统的进展并保护国家安全等一应俱全。

2007年7月，加拿大海军中尉杰弗里斯·德莱尔（Jeffrey Delisle）走进俄罗斯驻渥太华使馆，主动向俄罗斯军事情报机构（格鲁乌[1]）提供机密信息，俄罗斯意识到这正是保护本国国家安全的大好机会。德莱尔在加拿大新斯科舍省哈利法克斯一个高度保密的海军情报机构工作。在加拿大、美国、英国、澳大利亚和新西兰组建的情报组织"五眼联盟"[2]中，他可以在共享数据库中访问军事机密，这让格鲁乌得以深入了解西方对手的技术能力和威胁。在接下来的4年里，德莱尔将这些机密电脑文件复制到一个U盘上，再将这些文件粘贴在电子邮件中，发给俄罗斯人。2011年9月，德莱尔前往里约热内卢，与他的俄罗斯上线会面。回国后，德莱尔因携带大量现金，以及在被盘问巴西活动时表现可疑，引起加拿大当局的注意。加拿大皇家骑警对他进行了长达数月的监听，并截获了他发给格鲁乌上线的部分信息，于是在2012年1月将其逮捕。2013年2月8日，杰弗里·德莱尔认罪，承认向俄罗斯出售机密信息，被判处20年监禁（但扣除了羁押时间），其从俄罗斯收受的大约11.2万美元也被作为罚金上缴。德莱尔间谍活动的深入程度至今仍被保密，但考虑到他的访问权限，俄罗

---

[1] 译注：格鲁乌（GRU），俄罗斯总参情报总局。
[2] 译注：五眼联盟（Five Eyes），指二战后英美多项秘密协议催生的多国监听组织UKUSA。该机构由美国、英国、澳大利亚、加拿大和新西兰的情报机构组成。这五个国家组成的情报间谍联盟内部实现互联互通情报信息，窃取的数据可在这些国家的政府部门和公司企业之间共享。

斯花出去的钱很可能是物有所值的。此事对加拿大造成的危害不限于情报损失和人力来源面临的潜在威胁，还可能导致伙伴国降低情报共享程度，直到确信加拿大能够充分保护共享秘密。

国家安全面临的威胁也来自敌方的军事和非军事情报机构。反情报人力情报活动可以搜集关于敌对情报组织的计划、意图、能力、需求，以及成功范例这类最重要的情报，这对维护任何国家的国家安全都是至关重要的。因此，每个情报机构最优先的一项任务，就是打入敌方情报机构内部。鉴于反情报人力情报具有极高价值，情报机构需要采取超常反情报的反制措施保护自己王冠上的明珠，因为一旦真的被人打入内部，无疑将给人力情报行动带来最棘手的挑战。这些反制措施包括定期测谎、限制或完全禁止与外国人接触，以及对情报官的活动开展内部监控。不过，在整个冷战期间，无论是通过招募特工还是有人自愿应征，双方只要能打入对方情报机构内部，就可以搜集到很多最有价值的情报。

然而，人力情报活动并不局限于针对敌方或潜在敌方。正如过去几年发生的事件所示，各国通常也会对那些可能被视为"朋友"的国家开展各种情报搜集活动。德国因美国对其总理安格拉·默克尔（Angela Merkel）搜集信号情报的传闻大为不满，土耳其同样因德国对其开展信号情报活动大为不满——这些案例足以说明问题。这种类型的搜集活动可以扩展到人力情报领域。开展此类人力情报活动的动机，通常是为确认意图问题。一直以来，这个问题都是关键的情报需求。即使是友好国家，我们也不禁会怀疑对方的计划到底是什么，或者对方是否可靠——因为这两点对双方均有影响。比如，日本便对纳粹德国彻底隐瞒了进攻美国的计划，并把这个秘密带进了 1941 年的战争。

不过，针对友好国家开展人力情报活动或任何情报搜集活动，其风险远远高于其他类型的搜集活动，这是因为需要考虑行动暴露所造成的后果。比如，20 世纪 80 年代，美国海军情报分析人员乔纳森·波拉德（Jonathan Pollard）主动提出将自己的工作内容透露给以色列（和南非），以色列便通过他针对美国开展人力情报搜集行动。尽管以色列很清楚被识破的后果，但波拉德提供的材料看起来太过诱人，实在无法拒绝。1985年，波拉德被捕。此事导致当时乃至此后美以关系出现重大裂痕，因为以色列一再要求美国释放此人，可美国均拒绝了。（波拉德被判终身监禁，但按照当时审判时的法律规定，他于2015年底便已符合假释条件。）

各国都会为本国情报搜集活动设定限制，人力情报也不例外。比如，"五眼联盟"成员国间不会相互搜集情报。在关于美国国家安全局的种种传闻曝光后，有消息称德国也要求加入这个"俱乐部"，但遭到拒绝。

（二）它为何重要

对一切国家情报搜集计划而言，人力情报不可或缺，因为它和通信情报一样，通常是情报机构唯一可用于确认敌人——不论是国家、恐怖组织、贩毒集团、犯罪集团或是敌对情报机构——真实意图的手段。它可以就国家安全面临的新威胁率先提出预警，然后其他情报搜集科目就可以重点关注这个新的威胁，并加以确认。另一方面，有时人力情报被认为是搜集人员最不愿采用的手段，因为通过人力资源获取情报的工作，时间长难度大。因此，通常做法是，某个其他情报搜集科目获取情报，比如军队调动或核试验，然后向人力情报下达任务，对该情报进行查证，可能的话再加以充实。当人力情报行动推动信号情报或测量与特征情报搜集工作时，当信号情报或图像情报协助人力情报行动时，各个情报搜集科目间的共生关系是显而易见的。

人力情报对保护国家免受威胁非常重要，对支持国家的军事规划、战略制定和武器采购与操作等也很重要。人力情报可以为军方决策者提供宝贵的战略层面的情报，也可以为战场上的行动指挥官提供关键的战术层面的情报，还可以对信号情报和图像情报等手段获取的战术情报进行增强，供战斗机和突击队等使用。本书后面还会讨论到，来自未经审查的来源（特别是在战场或军事行动等威胁性较高的环境下）的人力情报，处理时必须非常谨慎。如有可能，应当要求其他人力来源提供验证，但最好由其他情报搜集科目提供验证，以确定该情报的可靠性。虽然人力情报非常重要，但只有在与其他搜集科目结合时，其价值才会显著提升。

二、人力情报的历史

纵观大部分有据可查的历史，完成情报搜集活动的都是人力情报特工，而非20世纪才开始成为主流的技术手段。对各个帝国、王国及民族国家的政府而言，自古以来人力情报便有两大主要目标：国内安全和了解敌军。古代的商人也需要了解市场、价格、竞争对手及风险等方面的情报，并且广泛使用特工来获取此类信息。[1] 从许多角度来看，直到今天这些主题仍然是（政府或商界）人力情报搜集人员的目标。

因此，情报的早期历史主要就是人力情报的历史。《旧约》记载了一次经典的人力情报行动，摩西派出的间谍带回了关于迦南的信息。摩西给他们下达的任务是"……看那地如何？其中所住的民是强是弱，是多是少，所住之地是好是歹……"[2] 公元前5世纪，中国将军孙武的经典战略著作《孙子兵法》，是已知最早的对人力情报的阐释。大约就在同一时代，埃及法老雇佣间谍来甄别不忠的臣子，也来寻找那些法老可以征服奴役的部落的位置。大约公元前1000年，埃及的人力情报活动，主要关注地区竞争对手（先是希腊，后是罗马）所构成的政治和军事威胁。

同样，希腊和罗马也依靠人力情报活动来搜集政治和军事情报。希腊各城邦会定期搜集人力情报，了解其他城邦的军事实力。罗马帝国依靠庞大的特工网络，支持其在三个大陆的军事行动和统治活动。罗马帝国也在国内开展间谍活动，以确认国内威胁，比如提前掌握公元前44年刺杀尤

---

[1] 原注：Frank Santi Russell, *Information Gathering in Classical Greece* (Ann Arbor: University of Michigan Press, 1999).

[2] 编注：语出《旧约·民数记》第13章，第18、19节。

利乌斯·恺撒（Julius Caesar）的阴谋。但恺撒和他以后的许多国家领导人一样无视情报机构的警告，最终自食其果。[1]

在中世纪，法国和英国等民族国家利用本国外交机构，发展人力情报力量。不过，当时欧洲规模最大的人力情报网络是罗马天主教会操控的。也正是在这个时代，人力情报推动通信情报蓬勃发展，形成的传统一直延续至今。人力情报的情报人员不仅盗窃信息、截获通信，还会偷听官员或商人的谈话。

中世纪晚期，威尼斯开始在外国设立永久使馆，主要目的之一就是搜集商业和经济情报，了解威尼斯贸易伙伴及竞争对手的动向。威尼斯的领导人希望确保其商业垄断地位能够得到保障，确保其贸易不受阻碍。为此，该市的统治者操纵着一个秘密的情报机构，令欧洲羡慕不已。[2] 从此以后，使馆一直被用作搜集人力情报的平台。

以威尼斯模式为基础，欧洲各国王室很快便开始成立自己的秘密机构。其中最成功的，就是由女王伊丽莎白一世的间谍头目，弗朗西斯·沃尔辛厄姆爵士（Sir Francis Walsingham）创立和管理的秘密机构。至少有一位历史学家将现代间谍职业的诞生，归功于沃尔辛厄姆，归功于他一手创立的这个由间谍、密码破译人员和分析人员组成的组织。[3] 他手下的间谍将西班牙密谋推翻童贞女王[4]的消息通报给英国王室。他所采取的隐蔽行动，延迟了西班牙无敌舰队（Spanish Armada）的出发时间。[5]1587年，他对西班牙问题的见解被记录下来，谓之《从西班牙获取情报的计划》。时至今日，这份文件仍然收藏于英国国家档案馆内，它或许是现存

---

[1] 原注：Adrienne Wilmoth Lerner, "Espionage and Intelligence, Early Historical Foundations," http://www.faqs.org/espionage/Ep-Fo/Espionage-and-Intelligence-Early-Historical-Foundations.html#ixzz344TsiI4z.

[2] 原注：John Hughes-Wilson, *The Puppet Masters* (London: Weidenfield & Nicolson, 2004), 60.

[3] 原注：Stephen Budiansky, *Her Majesty's Spymaster* (New York: Viking, 2005).

[4] 译注：即伊丽莎白一世。

[5] 原注：Hughes-Wilson, *The Puppet Masters*, 81.

最古老的情报搜集计划。[1]

19世纪初，在拿破仑战争期间，英法两国都设有专门搜集人力情报的组织。一位历史学家是这样描述拿破仑这方面的努力的：

> 拿破仑获取的信息来自许多机构，源自许多手段，而且还支付了丰厚的报酬。许多信息来自他的外交机构，每位法国大使馆和领事（和欧洲其他国家的同行一样）都拥有自己的间谍网络，手下还有一群机警的低级外交官。这群外交官与那些口风不严的官员交友，偶尔还会和这些官员丰腴的妻子有染。[2]

拿破仑战败后，欧洲的独裁者们开始把目光放在国内，重点关注国内安全，从而催生出现代秘密警察组织。人们普遍认为，约瑟夫·富歇（Joseph Fouché）就是这个概念的创始人。他在法国革命时期、后革命时期乃至拿破仑手下都一直担任警务大臣。富歇精通秘密特工的阴谋和操纵手法，擅长变换效忠对象，先后出卖过的法国领导人包括罗伯斯庇尔、拿破仑和路易十八。富歇成立了中央集权式的警察组织，使用虚假消息、双重间谍、线人、行贿受贿和胁迫手段，全力支持政治领导人，因此有人认可他是现代警察体系的缔造者。

19世纪中叶，欧洲各民族国家之间的竞争愈发激烈，推动了对情报的需求。德国等新成立的国家，也开始在邻国开展有效的人力情报行动。俾斯麦手下的情报头目是威廉·斯泰贝（Wilhelm Steiber）。此人成立了德国的情报部门，并且部署了一个由特工和线人组成的网络。这个网络非常关键，它促成了普鲁士的扩张，也导致1870至1871年柏林在普法战争中获胜。有个故事，讲的是法国首席和平谈判代表抵达凡尔赛宫后，斯泰贝为他安排的住处，正是以前普鲁士设在法国的秘密机构的总部。斯泰贝本

---

[1] 原注：Hughes-Wilson, *The Puppet Masters*, 77.
[2] 原注：John R. Elting, *Sword Around a Throne* (New York: The Free Press, 1988), 115.

人则伪装成管家，在门口迎接这位法国全权代表，并亲自侍奉他的一切需要。与此同时，当巴黎给他下达指示时，斯泰贝也在搜集相关信息，并上报俾斯麦。英国情报历史学家休斯－威尔逊（Hughes-Wilson）是这样评价的：

> 斯泰贝的成就……彻底改变了情报的性质。以前，情报只是国王、大臣和将军们的禁脔；如今，它已成为民族国家官僚体系的组成部分，不论是和平时期还是战争年代。情报不再是私人世界的东西，它已获得认可，融入所有发达国家政治军事的主流世界。[1]

美国在人力情报方面的经历与欧洲各国不同，因为北美面临威胁的性质并不相同。欧洲的帝国、王国和民族国家，面临的是持续不断的国内外威胁。因此，它们的人力情报机构往往一直存在。美国面临的政治和军事威胁，在二战以前几乎为零。因此，美国成立的人力情报组织，只是为了回应威胁，往往会随着威胁的消失而消失。

乔治·华盛顿在美国独立战争期间成立了第一个这种组织。华盛顿在法印战争中的经历，让他非常清楚优秀人力情报源的价值。他意识到美国的军事形势存在天然不足，于是依靠情报扭转对英作战的不利局面。因为内森·黑尔（Nathan Hale）的情报手段业余而且拙劣，所以被捕并被绞死。黑尔任务失败之后，华盛顿便成立了相对专业也相对成功的秘密情报机构。[2] 通常，华盛顿亲自出任情报头目，并亲手制定情报需求，供手下特工照章执行。华盛顿手下特工所使用的许多技术，至今仍在使用，包括可靠中间人（此人可以介于特工之间，居中协助联络，被称为"保险丝"）、情报秘密传递点、掩护身份和安全屋等。战争期间，华盛顿凭借自己的特工网络，掌握了英军的动向和意图。华盛顿也非常清楚反情报

---

[1] 原注：Hughes-Wilson, *The Puppet Masters*, 248.
[2] 原注：Thomas B. Allen, *Tories* (New York: HarperCollins, 2010), 174–175.

的价值——特别是当他发现自己麾下的指挥官之一，贝内迪克特·阿诺德（Benedict Arnold）居然叛变时更是如此。阿诺德的英国联络人是少校约翰·安德烈（John Andre）。此人后来被捕，罪名是伪装平民，刺探情报。英国请求不要绞死安德烈，但华盛顿充耳不闻。

整个19世纪，美国人力情报组织一直都是间歇性存在。美国没有正式的固定情报组织，除非爆发冲突。墨西哥战争期间，共有200多名来自墨西哥社会各个阶层的全职间谍向温菲尔德·斯科特（Winfield Scott）将军汇报工作，这些人帮助他成功发动了一场以少胜多的战役。[1] 此次军事行动的核心是墨西哥间谍公司（Mexican Spy Company），他们是一伙墨西哥犯罪分子，首领是一个名叫曼纽尔·多明格斯（Manuel Dominguez）的强盗。明显是被金钱及美军保护其免受牢狱之灾的承诺所打动，这些拦路抢劫的强盗遍布从韦拉克鲁斯到墨西哥城的各个地方，确保斯科特能够准确掌握墨西哥军的动向。[2] 在墨西哥战争中，美军第一次大量使用外国人充当特工，开展人力情报搜集活动。

美国内战开始时，交战双方都没有成体系的人力情报架构。但在战争期间，这种情况开始改变。北方军最终在东部和西部战场都建立起相对复杂的人力情报组织。尽管南方军也使用间谍和斥候，但似乎并没有北方军那样成功和复杂。起初，北方军任命艾伦·平克顿（Alan Pinkerton）负责人力情报活动。相比人力情报搜集，平克顿更加擅长的是反情报。在支持他的麦克莱伦将军被免职后，他的军事情报职业生涯也宣告结束。最后，北方军在东部战场建立起自己的情报力量，也就是前纽约律师夏普上校领导的军事信息局。军事信息局通过旗下的间谍、审讯、汇报和分析师网络，为波拖马可河驻军提供了南方军在北弗吉尼亚的详细部署和战斗序列。[3] 该局还向林肯政府提供战略层面的情报。这些特工——比如住在里

---

[1] 原注：Brooke Caruso, *The Mexican Spy Company*: United States Covert Operations in Mexico, 145–1848 (Jefferson, NC: Mc Farland & Company, Inc., 1991), 158.

[2] 原注：Caruso, *The Mexican Spy Company*, 154.

[3] 原注：Edwin C. Fishel, *The Secret War for the Union* (Boston: Houghton Mifflin, 1996).

士满的伊丽莎白·万·卢（Elizabeth Van Lew），详细报告了南方政府首都的政治经济形势。[1]

在西线战场，尤利西斯·格兰特（Ulysses Grant）将军命令格伦维尔·道奇（Grenville Dodge）少将担任自己的情报主管。道奇建立了内战期间规模最大的情报网络之一，下辖100多名特工。许多特工的身份至今仍然成谜，因为道奇让他们中大多数人都使用代号和数字。据了解，他的间谍网络覆盖维克斯堡、莫里迪安（Meridian）、塞尔玛、摩拜尔（Mobile）、查塔努加（Chattanooga）和亚特兰大。他成功地在北阿拉巴马州征募到北方支持者，为他提供宝贵的情报。据估计，1862年底至1863年夏，这些特工完成近200次情报任务。[2] 在维克斯堡战役中，道奇的情报对格兰特而言绝对至关重要，可以用来确定南方军彭伯顿（Pemberton）将军部队的实力和计划，还可以用来掌握约翰斯顿（Johnston）和布拉格（Bragg）部队的行踪——因为两人正在拼命设法救援彭伯顿。

和其继任者今后需要面对的困境一样，道奇也面临许多预算和官僚行政方面的阻碍。为绕开美军财务部门的繁文缛节，他向手下许多特工提供的资金，都是缴获南方棉花及其他禁运物资的拍卖所得。来自军方和战争部的上级对道奇的做法大为光火，要求他将这些活动存档，并记录支付情况、消息来源和特工的姓名。道奇表示拒绝，担心这样做会危及手下的生命安全。格兰特显然非常重视道奇的工作和工作成果，对他表示支持。终其一生，道奇一直将这些支付凭据作为私人文件加以保管。[3]

内战结束后，美国的情报组织再度萎缩，至几不可察的境地。但内战刚刚结束不久，美国的注意力便开始转向外部。扩张美国的国际商业利益及其他利益，这需要政治、军事和经济情报，以了解世界各个地区。就军事情报而言，这项需求是由武官（attaché）来满足的。

---

[1] 原注：Elizabeth R. Varon, *Southern Lady, Yankee Spy* (Oxford, UK: Oxford University Press, 2003), 174.
[2] 原注：William B. Feis, *Grant's Secret Service* (Lincoln: University of Nebraska, 2002), 128.
[3] 原注：同上，127–128。

19 世纪初，欧洲各国开始向驻外的外交机构派遣陆军和海军军官。到了 19 世纪中期，大部分使馆至少配备一名陆军或海军武官。这些军官履行许多礼仪性的职能，但众所周知的是，他们的主要任务是获取情报，了解驻在国军队的情况。[1]

19 世纪 80 年代，美国开始效仿欧洲的做法。1882 年，美国海军成立海军情报办公室，任务是观察并报告外国海军的海上活动情况。[2] 80 年代末，美国海军和陆军开始为美国驻外使团配备武官，搜集军事情报。[3] 尽管出现上述进展，但这些情报组织的规模仍然很小，在开展人力情报搜集方面也并不活跃。想要了解外国军队已经公开的情况，以及这些外军对美国可能构成的威胁，主要依靠的还是开源渠道，再加上武官及外交报告作为补充。[4]

一战导致包括美国情报机构在内的大量情报机构纷纷涌现。一战中，各方也纷纷开始将瑞士等中立国当作平台，在交战国境内开展人力情报行动。[5]

在两次世界大战之间，包括人力情报在内的美国情报活动再次全部萎缩。另一方面，20 世纪 30 年代，德国、日本和苏联却在大肆扩充人力情报力量。苏联大力征募数十年表现良好的人力情报人员。

然而，二战突然爆发，迫使美国情报活动摆脱疲软状态。随着战事逐步深入，美国人力情报力量的规模、复杂性和重要性等大幅提升，远远超出之前的水平。曾在特勤组工作过的人员，从当时开始直到冷战期间，一直都是美国人力情报实力的核心。特勤组并没有取得多少情报突破，但它却是无比宝贵的培训基础，培养出了中央情报局的元老。

---

[1] 原注：Col. John F. Prout, "The First U.S. Naval Attaché to Korea," *Studies in Intelligence* 49, no. 1(2005).

[2] 原注：John P. Finnegan, *Military Intelligence* (Washington, DC: Center of Military History United States Army, 1998), 11.

[3] 原注：Prout, "The First U.S. Naval Attaché to Korea."

[4] 原注：同上。

[5] 原注：Allen Dulles, *The Craft of Intelligence* (New York: Harper & Row, 1963), 26.

1945年11月，特勤组解散，成员调入愿意接收他们的机构。比如，间谍人员大都进入战争部，但时间不长，因为在战争期间，特勤组一直都是参谋长联席会议的组成部分。《1947年国家安全法》获得通过，中央情报局随之成立，这两件事改变了美国人力情报活动的性质。尽管该法案并没有明确规定中央情报局是人力情报活动的中心，但中央情报局就是这样做的，部分原因是没有其他机构愿意承担这个责任。这份责任的核心，是中央情报局文官人员控制的计划处，后来是行动处，现在是国家秘密处。然而，自1947年以来，美军各军种一直都很倚重公开和秘密的人力情报力量，其中美国陆军最甚。今天，军方的秘密人力情报工作，主要由国防情报局的国防秘密科负责。

冷战开始后，美国的人力情报工作的规模、复杂性和实力等均有大幅提升，涵盖前文提到的一切领域：计划、意图、武器研发、内在优势与弱点、反情报和反间谍等。由于计划处和后来的行动处负责隐蔽行动及人力情报，因此往往有人认为这两种活动不分彼此，但其目的却截然不同。人力情报的目的是搜集情报，而隐蔽行动的目的，是使用不被察觉的手段，创造对己有利的政治结果。在对可以制造胜利的条件和机会进行评估时，情报搜集与隐蔽行动虽然如影随形，但应被视为截然不同的活动。

军方的需求不断变化，往往可以驱动专业化的人力情报组织向前发展。比如，冷战期间，美国军事联络使团最初的成立目的，是为了在列强在占领德国之后，监控其召开波茨坦会议并签署协议的情况。但它后来发展成为人力情报行动，针对占领德国的苏军搜集相关情报。它搜集到很有价值的情报，掌握了苏军的状况和装备情况。在当前全球恐怖主义泛滥的时代，美军特种部队的独特使命，对人力情报提出新的要求，同时也为人力情报的整体力量提供补充。

三、人力情报的管理

（一）需求与任务[1]

人力情报报告的质量，部分取决于人力情报搜集人员收到的需求的拟定质量。优质的人力情报需求包括以下几个方面：所需情报的细节、潜在来源识别、优先性和时效性。搜集人员最好能够掌握以下情况：是谁需要这项正被搜集的情报，这项情报为何重要，以及如果搜集人员并非被征募人员，就需要关于去哪儿或者由谁来获取人力情报的线索。在制定人力情报需求时，必须准确区分信息需求与现有情报之间真实存在的空白。人力情报搜集工作存在潜在风险，所以如果其他地方已经存在某个数据库，而且相关信息有可能就在其中时，那就一定不要从稀缺的搜集资源处获取。因此，制定人力情报需求的第一步，就是遍历现有的各个数据库，确保这项信息需求确实是现有情报中真实存在的空白，更重要的是，要确认相对技术来源或开源搜集而言，人力情报是满足该项需求的最佳途径。第一步完成后，就可以继续制定情报需求。

不同于其他搜集来源，情报需求的具体性对人力情报而言至关重要。比如，假设我们关注另一个国家可能存在的大规模杀伤性武器项目。信号情报和地理空间情报的搜集人员，可以就该国的大块区域开展大规模的搜集，有可能生成重要情报，帮助我们确定该项目的具体状况。而人力情报搜集人员需要更加明确地指向具体的城市、地址、机构及人员等，因为这些都是有可能获取所需情报的途径。

美国情报界的需求系统结构完备，形式灵活。这个需求系统具备多种功能。它可以识别哪些是适合开展人力情报搜集的情报空白——这种

---

[1] 原注：本节材料主要来自2013年10月15日的采访，采访对象是罗纳德·罗米克（Ronald Romich）先生，他是前情报界人力情报管理办公室第一副主任兼国家人力情报委员会副主席。

需求之前已由决策者或军事行动指挥官明确提出，并得到知识渊博的分析人员和搜集管理官的进一步完善。该系统可以提高这些需求的优先级别，有时可以为其制定时效要求，即必须在某个时间框架内完成搜集。它可以保证可靠性，即派遣特定的搜集人员，这些人拥有必备的相关能力，可以获取所需情报。该系统还可以通过测评和评估等方式提供反馈。这样的评估可以帮助确定需要开发哪方面的新力量、现有力量的价值和水平怎样、如何以最有效的方式分配现有资源，以及如何在预算阶段证明追加资源的合理性。

国家人力情报需求任务中心主要通过《国家人力情报搜集指令》（National HUMINT Collection Directive）的下达过程，管理上述需求系统。在这个过程中，该中心邀请对某个特定主题感兴趣的有关方面提交需求。主要参与方通常都是美国情报界各机构，但也可以是来自政府内部对此感兴趣的机构。该中心将这些需求重新排列组合，归入一个更大集合下的各逻辑子集当中，并为它们分配优先级。优先级的分配依据，是"国家情报优先事项框架"。然后，该中心邀请人力情报界的搜集人员，根据给定的国家人力情报搜集指令，对这些需求进行审核，再请他们根据这些需求做出搜集承诺——对于这些需求，他们拥有或者能够建立起相关力量，足以成功地开展搜集工作。

这个需求系统不是静态的。人们经常对其进行补充和完善。国家人力情报需求任务中心的职责，是在相关人员根据给定的国家人力情报搜集指令开展搜集时，对搜集工作进行全面的审查和复盘，并进行评估。确定新的国家人力情报搜集指令主题后，可由情报界任意机构提交国家人力情报需求任务中心考虑。新的需求可通过提交情报搜集需求的方式，随时添加至某个已经下达的国家人力情报搜集指令当中。此外，如果某项需求极其紧迫、这项需求出现特殊的搜集机遇或是某个需求方的地位极高，那么人力情报搜集人员也可以绕过国家人力情报需求任务中心工作流程，从其他途径领受任务。比如，有权接收总统每日简报的人士提出的问题或是国家安全委员会提出的问题，就会成为高优先级的搜集需求，直接下达给人力情报搜集机构，交由一线搜集人员处理。这些通常都是为了回应迅速发展变化的事件，比如"阿拉伯之春"或据称叙利亚使用化学武器情况。此类需求会在事件发生之后，由国家人力情报需求中心所捕捉。

此类需求的处理流程拥有许多非常明显的优势，虽然存在仅有10年时间，却已得到显著的提升。其职责如下：

1. 提升搜集人员的可靠程度；
2. 实现报告格式和产品的标准化；
3. 为用户提供反馈；
4. 减少所列需求的数目；
5. 降低稀缺搜集资源被重复使用的可能性；
6. 包容性更强，覆盖可以在人力情报领域提供素材的政府机构和政府各部；
7. 仍然保留灵活性，以满足紧急或意外的需求。

（二）搜集

人力情报需求审核完毕并发给一线之后，搜集人员便开始行动。如果该项需求要求秘密开展搜集，将由该国秘密机构的人员牵头实施。相关人员也可以在适当时候联系友方联络机构，以帮助获取所需情报，回应这项需求。

人力情报需求也可以发给全世界的政府机构和军事机构，即所辖特工或联络人有可能响应这项需求的机构，或是其他拥有可能的信息、并且有可能面临求助或询问的机构。此类需求也可以只发给身处一线的特定机构，要求某个特定的被征募人员或特工领受，因为此人能够或可能访问到相关情报，从而回应这项需求。

在此明确一下几个名词。被派出执行征募任务的人员被称为"专案官"（case officer），他们征募到的人员则是"间谍"（spy）。间谍被情报机构称为"特工"（agent），其征募方式被称为"征募流程"（acquisition cycle)，即训练有素的专案官发现、评估、培养并征募此人员的过程。专案官根据分配给各情报站点（比如英国军情六处设在使馆的情报站，俄罗斯称之为 rezidentura）的长期人力情报搜集需求，寻找并发现具备征募潜质的特工——这些人所能访问的机密，可以回应这些站点的搜集要求。然后，这位专案官就要设法与目标会面，这样才能开始评估，判断此人的机密访问权限是否值得继续与之联络。如果确定这位未来特工的机密访问权限正是自己感兴趣的，而他本人也愿意继续与专案官见面，那么这位专案官就会尝试与其培养关系。这个培养阶段需要几周、几个月甚至几年，期间专案官会不断加大向其示好的力度，同时评估此人是否具备特工的潜质。评估的内容之一，就是专案官会尝试确认此人是不是陷阱——另一个情报机构故意安排出现在专案官面前的人，目的是尽可能多地了解专案官所在组织的情报手段及情报需求。比如，情报机构非常渴望了解敌方特工使用的隐蔽通信的类型、安全屋的位置及情报秘密传递点（特工用它来传递所搜集的情报、接收报酬或是接收用来协助搜集工作的新技术设备，也即"间谍道具"）。对诱饵而言，搜集需求也是很有价值的目标，因为通过这些需求，就可以了解敌方情报组织和政府并不掌握哪些情况。其中涉及多种主题，从某个政治领导人在某个外交政策问题（比如针对某个扩散大规模杀伤性武器的国家实施制裁）上的立场，到某种新式武器系统的威力。有了这些信息，情报机构就可以反馈（比如在"再会"事件中那样）错误的或带有误导性的信息，以欺骗敌方。专案官也会寻找这个具备征募潜质的特工的弱点，因为弱点会诱使此人从事间谍活动。弱点可以是反对本国政府或其政策，认为自己被雇主轻视想要报复，又或者只是为了金钱——不论是出于个人贪欲，还是为了满足家人的医疗或教育需要。众所周知，一些国家的情报机构会使用胁迫或桃色陷阱来征募来源，另一些国家的情报机构大都不会采取此类手段——它们更喜欢这个特工主动地或是被某种原因诱发从事间谍活动，而不是让对方感觉自己是被胁迫的。

假设专案官认为目标有权访问所需情报，或许有理由接受征募，就必须提交上级机构审核和批准。当专案官及其上级情报机构决定征募或引诱处于培养阶段的目标时，通常已有一定程度的信心，相信此人会接受引诱，或者即使不接受，此人也不会向自己所属的政府、情报机构、恐怖分子小队或贩毒集团通风报信。任何专案官都不希望因为实施征募行动，而暴露自己所在情报机构的下属部门，制造国际性事件或是可能被杀。冷引诱（即引诱刚刚有过会面的人）有时会成功，但往往更容易触怒此人所属的情报机构或政府。不论是谁，只要受到冷引诱，且只要向相应当局举报，就会被认定为存在能为敌方机构利用的弱点，并有可能被调离所在岗位或开除。这是非常有效的战术，可以用来反击来自敌方机构的主动型专案官。有时，专案官在实施引诱时会带有伪装，其实是为第三国的情报机构工作。比如在阿拉伯世界，如果目标绝对不会为以色列服务，但却有可能同意为另一个阿拉伯国家从事间谍活动，这时就可以使用这种披着伪装外衣的引诱手段。

目标接受引诱之后，特工征募流程的最后两个环节，也就是控制和结束便开始了。通常，控制特工的初始阶段由征募他的专案官来实施，有时在该特工的整个间谍生涯里，这个角色会一直由专案官来担任。不过，通常该名特工及其上线不久后就会变换地址，方便其他专案官在此地对新招募人员开展控制工作。在引诱阶段，专案官已经谈好应当提供给这名特工的资金或其他好处。随后，专案官会规定需要搜集哪些人力情报，以及这名特工开展秘密工作时需要用到的通信类型，比如亲自见面或擦肩而过，或是通过情报秘密传递点、隐写术、卫星或其他隐蔽通信方式进行无人式联络。负责征募的专案官还会教给这名特工一些情报手段，比如约定会面的信号、摆脱监视与他人会面、情报秘密传递点的位置及使用方法、使用各种隐蔽通信设备等。在控制阶段，只要该名特工继续从事间谍工作，该名特工的专案官就会以亲自会面的形式，与这名特工讨论其个人生活的现状、机密访问权限的变化、新的情报搜集需求、之前需求可能产生的后续问题或该名特工已经提供的材料或文件可能带来的后续问题。事务性的细节，比如今后会面的安排及金钱问题等，也会在这种会面时讨论。

一切因秘密搜集而缔结的关系，都会在某个时间点结束，不论双方是否一致同意。如果一名特工在漫长的职业生涯中成果丰硕，那么当此人退休，并且丧失对重要情报的访问权限后，或许就会被迫秘密离开自己居住的国家。如果此人不肯出国，或许会被自己的专案官以友好的方式结束关系。在后一种情况下，或许还会有金钱或其他奖励，比如奖章（可以向该名特工展示，但不得保留），作为对其多年贡献的认可。另外，恢复联系所需的信息也要提供，以防此人真的需要再次联系所属情报组织。被征募特工如果丧失访问机密的权限或从事间谍工作的动机消失，不能完成接受最初引诱时同意完成的任务，也不能改行搜集其他类型的秘密，其专案官或许就会对其工作表示感谢，然后断绝关系。在这种情况下，此人可以接收一些金钱当作报酬，但如果其处境发生变化，也可以选择重新联络自己的专案官。但如果被征募的特工在表现上无法达到预期、被发现欺骗组织或向其他情报机构兜售情报，他就会被立即断绝关系，永不叙用。

专案官不但存在于全球的文官情报机构，也存在于军事组织，比如俄罗斯的格鲁乌等。这些军事情报人员的训练方式与文官如出一辙，但他们主要希望征募拥有军事机密访问权限的特工。这些机密包括敌方的战场计划、意图、战略，特别是现有武器系统的威力和新式武器的研发等。和文官一样，军方专案官优先级最高的搜集任务，便是打入敌方军事情报组织内部。

虽然如今卫星可以提供很多情报，掌握别国公路、桥梁、铁路、机场和港口情况，但武官仍然负责汇报此类基础信息。武官的实地观察，可以核实甚至拓展这些提供给军事规划部门的关键情报要素。在必须部署军队反制敌方的时候，军事规划部门尤其需要这些要素。武官对联合军事演习的观察也是一种机会，可以用来观察参演部队及其指挥官的战略、实施和效果——这些都是了解别国军队战术和战略实力的基本要素。此类情报以及武官的意见，都是技术搜集手段无法获取的，也因此让武官在任何国家军事情报搜集工作中都是不可或缺。

武官作为安插在外国的另一双眼睛和耳朵，价值极大，他们不但可以汇报军事情况，也可以汇报东道国政治和经济领域的情况及所面临的问题。此类实地的事实报告，可以为军方和文官分析人员、军方指挥官及决策者追加新的观察视角。因此，武官必须接受充分的培训，熟练掌握派驻国语言，还必须广泛而深入地了解该国的文化和政治经济系统。武官凭借这方面的知识，以及在武器系统、攻防战略战术和东道国军事设施等方面的军事专业知识，可以履行人力情报搜集任务，为本国安全做出贡献。

人力情报搜集，不论是军方还是文官，也不论是隐蔽还是公开，都需要来自一线和搜集人员所属总部的大力支持。这包括回复消息、传送需求、分发报告、提供技术设备（间谍道具）以协助搜集工作、帮助搜集人员制造或保持其"掩护身份"。生活在外国的人力情报搜集人员，通常需要某种掩护身份或伪造身份，当然，除非向东道国情报机构"公开"其为另一情报机构的代表。究其定义，掩护身份是"情报官在外国生活或出行期间，为隐瞒自己的真实目的而扮演的角色"。[1] 对全世界的情报机构而言，通常掩护身份有两种——官方和非官方。前者可能是别国政府的某个职位，就职者其实就是海外专案官，而后者会是隐藏更深的海外掩护职位，很可能来自政府办事处、商业实体或是某个其他组织。比如，多年来俄罗斯最喜欢以记者和贸易公司作为掩护；另一些国家的情报官常藏身海外商业公司，或是以学生面貌出现在外国大学里。以非官方掩护身份活动的情报人员，在美国和英国的情报机构被称为 NOC（非官方掩护身份 [Non-official Cover] 的英文缩写），在俄罗斯则被称为"非法人员"。2010 年，在美国断裂的俄罗斯"非法人员"链就有大量掩护身份，包括地产中介、记者及金融界和学术界的工作人员。非官方掩护身份必须配备可信度极高的文档资料，以支持特工用以掩护身份的过往历史及所作所为，因为这些人每天都必须以掩护身份生活。不过，保持官方或非官方掩护身份已经变得越来越困难了，原因是生物识别系统的不断发展，以及互联网上可以轻易查到人们如同自传一般的数据。

---

[1]　原注：Joseph C. Goulden, *The Dictionary of Espionage: Spyspeak into English* (Mineola, NY: Dover Publications, Inc., 2012), 43.

有时，情报机构必须扩大掩护身份的范围，不能仅限个人，这样做的目的是开展间谍活动或支持隐蔽行动。因此，他们会成立用于掩护身份的公有或私人公司。中央情报局的"美国航空"，或许是美国情报史上最有名的私人公司。这是一条真正运营着的航线，但也用来支持在整个东南亚开展秘密行动，直到1976年解散。再举最近以来的例子，一些情报机构在别国成立公司，目的是获取禁运的技术、设备和知识，特别是关于核专业知识、导弹发射系统和大规模杀伤性武器的一切信息。另一种私人公司只是"名义上的"——仅名义上存在。其目的是为潜伏的专案官提供真实的收信地址、电话号码及其他商务用品，比如名片和信函抬头。这样做可以增强专案官就业掩护身份的真实度，从而阻挠敌方情报机构为拆穿其掩护身份而开展的调查。名义私人公司也可以用作中转收信地址，这样被征募特工就可以将看似可疑的反情报组织作为合法企业，向其发送信件。

虽然掩护身份是人力情报搜集手段（"情报机构开展活动的手段"[1]）中非常重要的组成部分，但它并非唯一手段。为了面见具备征募潜质的或已被征募的人员，专案官必须使用大量情报手段。一种常见但非常重要的技巧，就是专案官使用各种交通手段（汽车、公交、出租车、地铁和步行）破坏敌方情报机构的监视，完成会面且不被发现。为进一步确保会面是隐蔽的，专案官所属机构的成员可能会使用反监视措施，以检查敌方是否对专案官、征募特工或同时对两人开展监视。专案官还可以使用化妆这种情报手段来确认监视是否存在，并摆脱监视。设置安全屋，或由他人出面租下公寓，并且所租公寓仅用于秘密会面，这是另一种间谍活动技巧，可以更好地保证特工的安全。有时，必须面见特工的不是最初征募他的人员或他的上线，而是他的专案官。此时所用的情报手段中，就需要使用某种形式的身份识别信号，以确保双方的人身安全。这可能非常简单，比如特定

---

[1] 原注：Joseph C. Goulden, *The Dictionary of Espionage: Spyspeak into English* (Mineola, NY: Dover Publications, Inc., 2012), 233.

胳膊下夹着卷起来的杂志或报纸，然后还要对上暗号或者问答，这样就能确定对方就是自己要见的人。多年来，电影电视提供了无数这种互对暗号的例子。

如果不能实现会面，就必须使用无人式通信。目前有多种情报手段可以用来加强通信的安全性，从而进一步确保特工的人身安全。如果必须使用隐蔽方式传递信息，可以使用柠檬汁或其他液体进行隐写，这种方法已经沿用了好几个世纪。20世纪初发明的一次性密码本，使用两个完全一样的密码本，本上是随机选择的字母和数字。传递信息时，发送方使用当天对应的那一页来加密信息，而收件方使用同一页来解密信息。二战和冷战期间，特工使用微点（microdot），将搜集到的情报发给所属情报组织。微点的优势，在于可以将大量信息写在很小的微点上，粘在信件、明信片、报纸或书籍上发出，任由反情报组织百般刺探也无法发现。技术的不断进步，加之互联网的发展和全球扩张，让隐写术成为情报机构所青睐的通信手段和情报手段。数据加密后被插入图片中，这些图片可以公开附入邮件或置于可以公开访问的网站上。除非反情报机构知道该在哪里查找，或是找到后有能力解密，否则通信就是安全的。

要想保护秘密通信和间谍道具，技术上没那么先进但相当可靠的手段就是隐藏式装备。它可以是特工拥有的任何物品（如家具、钢笔、小装饰或牙膏），经过改装后能够藏入一切物品，而不会被反情报专业人士发现。隐藏式装备还广泛用于情报秘密传递点传递搜集的情报。比如，西方情报机构曾使用假的死老鼠和空心石头作为隐藏式装备，进一步减少被敌方情报机构发现的可能性。

人力情报面临一项持续存在的挑战，那就是搜集它的组织有很多，搜集的目的也有很多。虽然这种挑战对技术搜集科目而言并不是那么明显，但人力情报搜集往往必须应付的是官僚机构千差万别、职权重叠和情报共享等问题。保护来源的原则和"有了解的需要"，会让事情变得更加复杂。法律限制或搜集工作的自身特点，要求搜集工作必须区分国内国外，美国、英国、俄罗斯和以色列就是这样做的。但另一些国家却将二者合并，目的是当目标出入本国时可以更好地跟踪。因为军方是最大的单一用户，所以大部分国家都设有多个不同的组织来处理军事人力情报，并进一步将其分为国家层面和战术层面两种。美国国土安全部门和执法机构目前面临的问题，就是无法明确二者的边界在哪里——比如，在涉及恐怖主义的问题上，联邦调查局与纽约警察局会争夺司法管辖权。

（三）处理

根据某项需求搜集到人力情报之后，就需要将其导入一定格式并进行分发，这样做可以保护来源或特工，也可以让情报及时地传递到需要它的人手中。不同于技术搜集科目，人力情报几乎不要求处理"原始"数据。传感器并非有感觉的生物，无法记录观察结果和思想。用户通过技术搜集手段得到的产品，只能是一份标准格式的报告，它回应的是全部或部分情报需求。人力情报报告需要先在多个层面接受审查，然后才能分发。在某些情况下，特别是在涉及恐怖主义的报告或是关于突发事件的情报时，人力情报或许会通过军方或文官情报机构设在一线的站点，直接从一线分发到用户手中。

因为保护情报的来源和搜集方法永远是至关重要的，所以人们也会采用审核的办法来确认人力情报的密级——是用电子的方式分发，还是用更加保密的方式（包括仅使用硬拷贝）分发，并确认人力情报分发的用户范围。报告官（reports officer）或是搜集管理官，有时会将几份主题类似的报告，合并成一份更有意义也更全面的报告，但他们绝对不能为了迎合预先设定的政策观点，在审核阶段"编辑"人力情报，也绝对不能不向政府高官提及敏感主题。报告官必须是专业人士或相关领域专家，品性良好，并最大限度地被排除在搜集行动之外，以保证其客观性。这样做可以确保所分发的人力情报，能够准确传递来源所要提供的意思。此外，居于指挥链上级的人员机构有可能开展更进一步的审核，这样可以减少情报被吹捧或裁剪的可能性，无须考虑用户身份。如果情报机构想要具备相关性，想被来自政府的上级重视的话，情报产品的可靠性和相关性就至关重要。

在被称为人力情报处理的工作中，或许最重要的内容就是对情报源的可靠性进行表征。因为它涉及的是人，相比技术搜集科目，人力情报自身确实存在较大的主观性。如果搜集人员直接观察事件、决策、工作或者武器系统后提交报告，那么通常都是非常可靠的。但因为许多人力情报来自情报线人，而不是训练有素的搜集人员——征募的特工、研发领域的来源、专业联络人、私人联络人、官方联络人或是熟人等，那么他们提供的信息，其真实性就必须仔细审查。这个过程是搜集人员和分析人员都要经历的。

搜集人员收到信息后，如何确保它不是刻意放出的假消息或情报源编造用以获得关注或谋求优待的呢？这些问题，正是来源审查（source vetting）和人员验证（asset validation）需要回答的。在某些情况下，只要对情报来源进行考验就可以确定，具体方法就是向他们提出早有答案的问题。要求他们去获取答案或在行动中对其进行考验，以此评估他们的可靠程度。想要核实信息，也可以借助其他来源，包括从技术搜集人员那里获取的信息。此外，全面评估某个来源提交的所有报告是很有必要的，因为这样做可以确定该来源是否积极回应情报需求，确定其提供的秘密信息是否符合他的信息访问权限，确定该情报是否准确。一段时间内报告的有效性，是检验该情报源是否可靠的最好方法。最后，不论何时，只要有可能，就要对情报源进行测验。不过，对许多情报源而言，特别是来自战场或报告恐怖主义或犯罪活动的情报源，要想确认他们的可靠性，有时只能依靠搜集人员的判断和直觉。如果看似非常重要的情报的提供者是一次性来源、志愿者或"散客"，那就更是如此了。审查并不是一次性的，即使面对最可靠的消息来源，审查也必须是频繁且严格的。

审查来源以求准确性是非常重要的，如果信息来源提供的信息非常重要，将被用作制定政策或开展军事行动的参考，但最后却被发现是假的，那么在这种情况下，上述重要性将表现得最为明显。冷战期间，民主德国的线人提供了大量虚假和带有误导性的报告。这一极端的例子充分说明，如果不对人力情报的报告人员进行审核，或者审核不彻底的话，将会出现怎样的后果。

民主德国被认为是硬目标，因为西方人无法进入这个国家。这样一来，当民主德国人被征募（或许就是在该国各驻外使馆任职时被征募的）或主动要求充当间谍时，他们会被认为是很有价值的人员，因为他们能就本国内情况提供自己的看法。因为出入民主德国的限制很多，也因为该国情报机构（斯塔西[1]）出色的反间谍能力，所以民主德国的情报线人不能频繁地参与会面，于是需要通过隐蔽通信来下达任务，以及接收情报报告。同样，行动考验极少或根本不可能实施，更不要说测谎了，原因就是即使真的可以见面，机会也是寥寥无几，何况也没有太多的时间可以面谈。这些特工提供的情报，尽管参考性不是很强，但看过它的分析人士和决策者也会认为很有价值，主要原因是可看的只有这些。除了这些民主德国情报线人提供的情报报告外，没有其他任何东西可以证实或证伪他们报告的情况。尽管美国情报界内部有人质疑，认为过于倚重这种受限的情报，但这种情况一直持续到柏林墙倒塌。那时，人们才发现几乎所有提供报告的民主德国情报人员，要么是诱饵，要么已被斯塔西发展成了双面间谍。因此，所有民主德国人员生产的情报，特别是柏林墙倒塌前最后10年的情报，全都被认为是经过篡改的，即使并非所有都是彻头彻尾的假情报。有些报告非常准确，可以帮助确定该情报线人的可靠性。更有甚者，当其他被斯塔西控制的民主德国人员汇报类似情况时，它们可以帮助确定这些人是可靠的。这件事的教训就是，虽然因为目标是禁入区，且情报人员数量有限，所以对报告进行核实是极其困难的，但并不能因此减轻搜集人员核实这些级人及其报告真伪的责任。事实上，民主德国报告的教训应该会让搜集人员和分析人员变得更加谨慎。

最近以来，有个更加引人瞩目的例子，情报线人是一名生活在德国的

---

[1] 译注：斯塔西（Stasi），前民主德国国家安全部，全称是德意志民主共和国国家安全部，被认为是当时世界上最厉害的情报和秘密警察机构之一。

伊拉克侨民，代号"弧线球"（Curveball）。起初，当这名情报线人开始引起德国情报机构关注时，其所提供的情报描述了伊拉克是如何打造流动实验车以便生产化学武器的。这条信息完全符合美国情报界和决策部门某些人预先设定的看法。尽管有专业分析人士提供简报对此表示怀疑，但"弧线球"提供的信息仍被当时的国务卿科林·鲍威尔（Colin Powell）在联合国使用，以支持对萨达姆·侯赛因政权开展军事行动。不幸的是，这条信息是"弧线球"编造的，因此完全是虚假的。

报告官对一个人力情报源的定性，可能会导致该名报告官与分析人员关系紧张。尽管"该线人可靠"、"该线人的访问权限已知"和"该线人的可靠性尚不确定"等评语，全都是用来帮助分析人员评估该线人及其提供情报的价值，但这些评语也可以为该线人提供掩饰——如前所述，理由是保护该名线人的身份。因此，分析人士或许会认为，自己还是无法确信该线人的最终可靠性。事实证明，这正是"弧线球事件"存在的问题之一。分析人员可以认可或否定该条情报，但却没有可以这样做的实质性依据。另外还必须认识到，有时某个情报机构的人力情报部门，或许会对某个来源有着既得利益，原因是征募此人时已经投入大量时间和精力。相比收到这条情报的分析人员，人力情报的管理人员和搜集人员或许更愿意相信这位情报线人的价值。因此，报告官必须与分析人员建立稳定的沟通渠道，避免分析人员对情报线人的可靠性产生误判，因为情报线人的访问权限和掌握情况各不相同，可靠性也各不相同。

四、各国人力情报搜集概况

如前所述，所有情报机构都在利用人力来源搜集情报。美俄等国的人力情报搜集人员，遍布全球各地，搜集需求的范围极广。英法等国的人力情报搜集人员，尽管精通业务，但全球部署数量有限，人力情报的搜集重点也更少，主要集中在能够影响本国安全利益的事务上。下面简单介绍一下这些情报机构的工作模式，以便读者简要了解其他国家是如何使用人力情报搜集人员的。

（一）俄罗斯

对外情报局负责搜集俄罗斯领导人关心的外国人力情报。除政治、经济和科学等传统的搜集主题外，目前对外情报局还重点搜集恐怖主义主题，因为国内外恐怖主义组织对俄罗斯构成威胁。对外情报局的前身是克格勃第一总局，目前仍然继续克格勃的工作，即征募和管理奥尔德里奇·埃姆斯（Aldrich Ames）和罗伯特·哈森（Robert Hanssen）这样的间谍，管理由"非法人员"（比如2010年6月因安娜·查普曼 [Anna Chapman] 被捕而曝光的人员）构成的网络。对外情报局负责在俄罗斯各驻外使馆部署情报站，负责与其他情报机构的联络关系——特别是在涉及恐怖主义组织的问题上更是如此。和美国同行一样，对外情报局的情报官也负责搜集尽可能多的开源情报，以减少对人力情报人员的征募需求。

联邦安全局源自克格勃第二总局（负责反情报），目前负责国内反情报工作及安全事务，任务包括挫败其他情报机构针对俄罗斯采取的人力情报搜集工作。或许因为俄罗斯总统弗拉基米尔·普京曾经担任过联邦安全局局长，又或许因为该局在获取人力情报以支持俄国内反恐工作时所发挥了重要作用，如今，联邦安全局似乎已经成为俄罗斯最重要的情报机构。

格鲁乌是俄罗斯军方情报机构。苏联解体后，它并没有改变名称或任务。格鲁乌负责搜集军事和科技领域的人力情报，但也拥有信号情报和图像情报搜集力量，可以根据俄罗斯文官和军方领导人的需求，搜集更广义上的军事情报。格鲁乌还在俄罗斯各驻外使馆内，安插有军官身份掩护的情报人员。

（二）英国

军情六处类似美国中央情报局，主要负责对外搜集关于国家安全威胁的人力情报。

军情五处类似美国联邦调查局，负责英国国内安全。它主要关注英国本土面临的威胁，不论是爱尔兰反政府军、恐怖分子小队、扩散大规模杀伤性武器的势力、有组织犯罪、毒品走私还是外国情报机构。军情五处和联邦调查局一样，都在尝试征募情报线人，或在这些组织内部安插内线，搜集必要的人力情报，以挫败他们的计划。媒体曾有关于军情五处在英国逮捕并摧毁恐怖分子小队的报道，这些通常都是此类人力情报行动的成果，有时也因为军情六处或盟国情报机构人员在海外获取的人力情报提供了帮助。

（三）法国

对外安全总局是法国的对外情报机构。尽管对外安全总局隶属法国国防部，但其人力情报业务并非仅限于军事领域，而是涵盖法国文官和军方领导人所提出的一切需求。对外安全总局在法国各驻外使团安插情报官，目的是搜集人力情报、征募情报人员，以及与外国情报机构特别是欧洲和许多前法国殖民地的情报机构保持良好关系。法国也会利用来自各行各业的法国平民或"荣誉记者"，让他们在从事商业、学术或其他职业活动及出行时获取人力情报。除获取人力情报外，对外安全局还负责向法国用户分发情报，负责为法国情报界提供成品分析产品。

一直以来，对外安全总局特别擅长处理恐怖分子对法国本土及其全球利益构成的威胁。2014年5月12日，国内安全总局取代国土情报总局之后，对外安全总局便开始与其开展合作。2008年7月1日，领土监控局和情报总局合并，成立国内安全总局。国内安全总局隶属内政部，不出所料的是，其人力情报搜集工作主要集中在应对恐怖分子小队、犯罪集团、网络袭击、经济间谍和外国情报机构对法国国内的威胁。由于法国频频在国内及前殖民地挫败恐怖分子活动，经验丰富，所以国内安全总局与国内其他情报机构及欧洲邻国执法机构关系密切，共同打击21世纪的恐怖主义。

五、理想的目标

正如本章第一节"它搜集什么"讨论的那样，对很多主题而言，人力来源可以提供最好的情报，但却不一定是决策者和军方领导人唯一需要的情报。以下是情报主题清单，尽管并不详尽，却可以展示人力情报所能处理问题的广度。

（一）计划和意图

它让人力情报不同于其他情报搜集科目，因为只有借助人力来源，情报人员才能查清这些具体的人类思维。这项任务或许涉及以下计划和意图：

1. 一国领导人在外交、国内、经济或军事政策方面的计划和意图；
2. 一国负责战略或武器研发的国防机构的计划和意图；
3. 恐怖分子或网络攻击者在袭击地点、方式及执行者等方面的计划和意图；
4. 贩毒分子扩大生产或改变供货模式及地点的计划和意图；
5. 情报机构针对敌方，准备加强进攻性和防御性反间谍行动的计划和意图。

（二）恐怖主义

人力情报可以提供恐怖组织成员姓名、活动、使命、资金来源以及人员征募方式和通信方式。人力情报还可以推动信号情报和图像情报开展进一步的搜集工作。

（三）武器研发和扩散

借助人力情报，人们可以识别新式武器——不论是化学、生物、放射、核或常规武器，甚至无需等到试验之后再由其他搜集科目识别。此类情报极其宝贵，因为它可以针对敌方的新式武器系统，制定有效的反制措施。人力来源还可以就这些新式武器可能的运送地点提前发出警告，便于其他情报搜集科目开展跟踪，进而可能推动各方针对这些新式武器颁布禁令。

（四）反情报

打入敌方情报机构内部的人力来源，可以提供该机构的情报手段、搜集需求、重要目标、士气高低、通信方式、弱点漏洞，以及己方或盟友机构成功征募人员等情况。人力情报还可以帮助信号情报搜集科目去搜集其他情报组织的通信情报。

（五）为作战人员提供战术和战略情报

战争期间，军方及文官人力情报搜集人员最重要的工作，就是向军方领导人提供战术和战略层面的实时情报，方便他们据此制定战场决策、了解敌方目标，以及完成保护前线士兵这个最重要的任务。所获取的人力情报可以来自直接观察，也可以是友方平民提供的情况、被征募人员提供的简报以及审讯敌方人员的成果。

（六）外军战斗力

人力情报人员可以通过观察了解其他军事组织的实力，这是获取这种人力情报的手段之一。另一种手段就是通过被征募的人力来源获取相关文件，以了解敌方军事演习的情况及文件附带的评估意见。这些可以抵消敌方针对卫星搜集平台所采取的拒止与欺骗努力。

（七）网络威胁

线人打入国家资助的黑客或独立黑客的内部，可以弄清黑客的组织情况、领导人、实力，最重要的是获知其攻击目标。此类人力情报可以让信号情报搜集工作更有针对性，可以据此实施反制措施，挫败此类袭击。

（八）政治局势

征募的线人或志愿者所提供的情报，通常是一国不稳定局势加剧的最早期指征之一。人力情报向本国决策者或利益攸关的外国政府发出预警，提醒可能发生的或正在进行的政变，这种预警至关重要，因为它有助于确定应对局势的最佳方案。

（九）经济稳定面临的威胁

在预警国土、政府、通信基础设施或经济遭到威胁方面，人力情报可以发挥重要作用。在今天的全球经济中，关于某国经济因遭受袭击而可能崩溃的人力情报至关重要，因为它可以阻止该国或者全球金融体系遭受损失，抑或减少损失。

（十）新兴和颠覆性技术

人力情报的预警能力同样很重要，可以在其他搜集科目尚未发现任何指征之前，识别别国政府或非国家行为体正在研发的新技术。

（十一）跨国有组织犯罪

通过打入犯罪组织内部得到的人力情报，可以提供其领导人、内部结构、通信、同其他组织的关系以及非法货物的运输路线等情况。所获取的人力情报，通常可以帮助信号情报和地理空间情报的搜集人员跟踪这些罪犯，也可以让这些搜集人员协助执法机构阻止犯罪分子运输毒品、武器或人口。

六、未来趋势

（一）数字世界的人力情报

互联网时代和社交媒体的爆炸式发展，为人力情报的搜集创造了机遇和挑战。从特工征募到生成需求再到将情报及时分发给用户，如今的情报机构必须在数字世界中活动，因此也正在适应数字世界。这并不是说它们已经放弃了传统人力情报传统的来源和手段，放弃了对计划、意图和威胁预警的需求，或是放弃了人力情报的处理和分发模式。情报机构仍然保留人力情报的传统手段，但也在自我调整适应，因为它们必须保持相关性、保护各自国家的国家安全。

比如，特工征募流程的初期环节——发现、评估和培养，如今在某种程度上可以通过互联网来完成。对于拥有特殊技能的个人、已经拥有或将可能拥有机密访问权限的个人，甄别手段可以是求职网站上的简历、对招聘广告的回复或是专门讨论某个情报机构的主题聊天室。有意提供情报的志愿者，已经无需以身犯险，他们不必走入外国使馆，不必通过留言隐蔽地表达意向，也不必亲身面见专案官。他们只需要向情报机构的网站发送一封电子邮件，就可以启动这一流程。情报机构也不必通过监控社交媒体的方式，甄别哪些拥有访问权限的来源身上存在可以开发的弱点了。

在网络征募流程之外，如果遇到紧急需求，还可以借用互联网来帮助下达任务和回应需求。利用互联网实施安全、加密、隐蔽的双向通信，可以减少线人（及专案官）因亲自会面或使用情报秘密传递点而被暴露的风险。搜集、处理和分发人力情报时，特别是在瞬间万变的形势下，必须以迅速且尽可能安全的方式进行，以满足政治和军方领导人的要求。这将是非常严峻的挑战，因为现今是24小时新闻网络和全球化通信的时代。

数字世界带来新的挑战，专案官将更加难以伪造有效的掩护身份。假扮一个不是自己的其他人，这件事比以往更加难办。过去，名义上的私人公司里有人接听假冒的办公电话，再加上一张名片，至少足以用来提供有效的简易掩护；但如今，这样的日子已经一去不返。特别是拥有明显数字脚印的年轻人，如果反情报机构锲而不舍，并且擅长使用信息技术，那么他们就很难隐藏自己的真实身份。讽刺的是，如果数字脚印不太明显，也会惹人怀疑。生物识别技术价格低廉，又足够复杂，这种技术问世之后，情报人员在人力情报搜集行动中，使用伪造身份时的困难变得更大。

情报机构承认互联网和社交媒体的优势，但也很清楚它们天然的反情报风险。比如，情报机构可以在互联网上冒充志愿者，用这种方法占领敌方情报机构的网站，令其无法找到合格的志愿者或与这些志愿者开展合作。遏制敌方情报机构的资源，这是一切有存在价值的情报组织必然的反情报目标。情报机构也可以利用社交媒体，误导能对本国国内政治稳定构成威胁的反对派人员，或是假意对其事业表示同情，以此挖出该组织的所有人员。与以往不同的是，网络世界高速发展且不断壮大，通过网上来源所获取的人力情报，必须置于适当的背景下处理，分析人员和决策者使用它时也必须保持审慎。

（二）加强人力情报与其他情报搜集科目的互动

如前所述，人力情报往往可以推动其他搜集科目更好地发挥作用。因此，借用人力情报确认核材料可能的运输路线，然后在该路线上放置传感器，就可以为测量与特征情报的搜集人员提供帮助。同理，人力情报确定生物或化学实验室的大致位置后，可以帮助地理空间情报部门调整卫星对准这个区域，也可以帮助图像分析人员缩小关注范围。信号情报将继续使用获取的人力情报，来了解一国的通信情况、恐怖分子组织或犯罪集团，以进一步完善相关搜集工作。在未来，这种趋势很可能仍将继续，更有可能进一步发展壮大，因为各国都在加强拒止与欺骗技术，以隐藏自己的政治军事计划、意图、武器研发和其他一切不希望被技术搜集平台探测到的东西。

因此，人力情报搜集将面临挑战，今后需要进一步使用技术搜集的力量。越来越多的国家开始使用生物识别技术来监控旅行人员，越来越多的情报机构开始扩大视频监控的范围。因此专案官与具备征募潜质或已被征募特工会面的机会也将越来越少，越来越难。此外，会面也需要花费更多的时间来策划和实施。一个情报机构的反情报部门可以监听通信，也可以对会面地点拍照，这正是信号情报和地理空间情报可以帮助人力情报搜集工作的两种方式。这两种方式也将变得越来越重要，因为人力情报搜集工作越来越重视非国家行为体，比如恐怖组织、犯罪组织或是扩散武器的势力。

（三）重建信任

西方特别是美国的情报机构，已经不再被公民、盟友机构和被征募的特工所信任，原因是此前发生多起泄密事件，比如爱德华·斯诺登（Edward Snowden）和维基解密等事件。事实上，这种趋势已经持续数十年之久，因为印刷和电子媒体都在刊登耸人听闻的报道，介绍各个情报组织搜集到（或错过）的人力情报。这些故事往往导致公众开展激辩，讨论人力情报获取手段的合法性，甚至讨论情报的准确性，结果就是公众不再信任那些负责开展人力情报搜集活动的机构。

保密性的人力情报被泄露给媒体，将导致友方机构丧失信任，因为它们看到己方提供的共享情报在报纸头版上刊登、在无线广播中公开或是像今天这样在网上发布。尽管提供人力情报的机构得到这些情报会被妥善保管、不会被泄露的保证，但它只能将这种泄密事件视为破坏信任，并被迫考虑今后是否继续与泄密机构共享情报。当全球恐怖主义、武器扩散及国际有组织犯罪等问题出现，需要全球情报机构增进而非减少情报共享程度时，人力情报共享中的信任丧失，将会造成严重的后果。

当线人得知自己提供的情报已被泄露给媒体后，也将不再信任该情报机构，因为该机构让人看到的，是它没有能力保守秘密。人力情报遭到泄露，将对线人带来毁灭性后果，其程度远甚于内容泄露造成的后果，因为被泄露的人力情报有可能暴露线人的身份。能够访问这条人力情报的人数越少，反间谍组织就越容易查出这个线人。因此，一个情报组织泄露的情报越多，新特工就越不可能同意被其征募，因为该机构泄露自己身份的风险也会越高。不论是现在还是将来，情报机构必须保护手下人员不会因为泄密而暴露身份。而且，当打入恐怖分子小队、黑客团伙或犯罪黑帮内部的线人获得具备可操作性的人力情报后，不论何时，只要情报机构使用这条情报来挫败敌方活动，就必须保持高度警惕，精心保护情报线人。

首先，如果想要重建信任——至少与友方联络机构间的信任，特别是与具备征募潜质或已被征募的特工间的信任，就必须扭转泄露人力情报的趋势。这需要对泄露涉密人力情报的人员施以更严厉的惩罚。其次，对于批准人力情报访问权限的流程，必须重新审查；对于确实存在情报需求的人员，必须减少数量。此类措施将与信息革命背道而驰，因为信息革命所强调的，正是要让更多的人每天都能获得更高的访问权限，接触更多的信息。或许需要背离的还有一种趋势，即要让更多的军事人员获得更高的权限，以加强对战斗人员的支持。最后，虽然减少泄密有助于重建特工及有联络关系的伙伴的信任，但在一个国家里，重建公民信任的方法只有一种，就是坦诚地讨论国家安全中保密工作的重要性。一旦民众理解了保密的需求，认可这是保护情报搜集来源和手段的唯一方法，或许某种程度的信任就可以重新建立。

（四）搜集人员和行动地点的变化

情报机构在20世纪末至21世纪初所经历的这种趋势，是与依靠传统行动和人力的人力情报搜集工作相背离的。然而可以预见的是，这种趋势将继续存在，而且愈发普遍。这便需要重新评估开展搜集人力情报的场所和人选。情报需要回应的需求，是关于恐怖分子、扩散武器的势力、国际犯罪集团或者网络黑客所造成的威胁。但获取这些情报时，情报人员不太可能继续使用当下最常见的身份掩护。相反，应当更多地使用更有创新性的、与政府官方职位无关的新掩护。这可能会给专案官带来更多的风险，因为他们中越来越多的人将在没有安全措施的条件下开展活动。

同时，对专案官而言，他们必须面见那些能够访问上述团体内部机密的人员，必须与之建立关系，但如今他们也必须有所改变。专案官的言谈举止必须与之相似，必须拥有足够的文化和技术背景，这样才能打入这些非常"硬"的目标内部。因此，必须投入更多的精力，征募具备这种民族和宗教背景或技术的专案官，因为在针对非传统目标开展的工作时，这些素质可以提供帮助。不论是现在还是可以预见的将来，这些非传统目标都正是情报机构的工作重点。美国在这方面拥有显著优势，因为美国人就是多种族多民族的。不过，为了能够彻底利用这一优势，美国需要对现行的安全措施和政策进行重大调整。调整的结果就是多样化，它不但能够充实情报组织，还能增加这些情报组织成功解决人力情报搜集难题的概率。

（五）组织和资源的挑战

因为预算面临更加严格的审核，以及在某些情况下，开展情报搜集工作所能动用的美元有可能大幅减少，所以许多重要的问题必须得到解决。在不久的将来，美国到底需要多少人力情报，又能负担多少人力情报，这类问题美国将如何判断？为应对后伊拉克和后阿富汗时期的任务，人力情报界的最佳组织方式应当是什么？总统和高级文官决策者提出的需求侧重战略，军方指挥官提出的需求侧重行动和战术且更详细，如何才能以睿智有序的方式，更好地在两者间把握资源平衡？这一代专案官的培训背景，是一个充斥肾上腺激素的高速运转的世界，充斥战术情报搜集活动的世界，对此情报界又有哪些措施？这些问题没有简单的答案，但如果能够得出答案并加以执行，将在很大程度上改变未来10年美国人力情报力量的规模、实力和发展方向。

　　纵观历史，人力情报曾经影响许多帝国和民族的命运。它曾被无数的书籍、电影和电视剧所赞美和抨击。以前，人力情报非常重要，因为它可以找出别人重要的秘密和弱点。但技术搜集科目的出现，却削弱了人力情报在这方面的重要性。不过，一直以来的科技进步，并没有取代历史悠久的人力情报获取手段，而是让它变得更加强大。因此，专业、先进而又灵活的人力情报力量，仍是一切强国安全体系中不可或缺的组成部分。

[第4章]

信号情报

威廉·诺尔特（William M. Nolte）

信号情报，指以电子方式发送的各种形式的数据和信息，被搜集和处理后的一类情报。这里的"形式"，是使用人类语言素材的通信活动（通信情报，COMINT）；这里的"数据"，来自电子发射装置，主要来自雷达（电子情报，ELINT）。在某些情报机构里，对遥测及其他仪器信号（外国仪器信号情报，FISINT）的截获活动也属于信号情报搜集。为此，必要时我们会将外国仪器信号情报归入信号情报的范畴。[1]

以演化的观点来看，密码术（编写和破译代码、密码）与信号情报的关系，就是一种重要的演化过程。最重要的是，这种关系并不是前任与继任的关系，而是一种持续不断的过程，这一点将在本章中反复强调。即使到了今天，新闻媒体还是常常将美国国家安全局和英国政府通信总部（GCHQ）以及其他类似组织，称为各自国家的"密码编写和破译"机

---

[1] 原注：容易混淆的是外国仪器信号情报和测量与特征情报之间的区别。区别相对简单：在外国仪器信号情报中，所搜集的信息来自刻意放置于发射载具等平台上的仪器，这些仪器可以发出各种信息（高度、速度或轨道），而接收方则是控制这一行动或活动的人员或组织。在测量与特征情报中，数据或信息并非此类传感器所生成，而是某个过程、机器或其他现象自然生成的信息（热量、辐射或振动）。

构。这种说法仍然正确；不过，已经不再完全正确了。在这些机构中，实际从事代码和密码的编写或破译工作的雇员，所占比例相对较小——远远小于 20 世纪 30 年代或 40 年代，在这些前身组织当中能够参与这种核心职能的人员所占的比例。这种变化与通信和信息的生成和存储技术关系极大，并且是上述过程中的一部分。不过，首先必须强调的是，信号情报并不是单指密码术的历史、概念或方法，而是将所有这些纳入一个涵盖范围更广的过程中。随着时间的推移，这个过程愈发强调信号是如何在通信中发送的，强调如果相关人员对所发电文或数据的内容进行开发的话，能够掌握哪些信息，以及强调他们能够从这种通信过程本身发掘出哪些信息。[1]

　　密码术有两项任务，那就是编写和破译密码，这会产生一个重要的问题，也需要我们以演化视角进行回顾时加以介绍。究其根本，密码术具有进攻和防御两项任务。在大多时候，防御任务意味着制定一种方法来保护一国通信，它通常被认为是更加重要的。这是可以证明的：如果一个国家必须在保护本国保密信息和通信，与寻找别国密码弱点之间做出二选一的选择时，它会选择哪个？几乎可以肯定，在大多数的时间和地点下，它都会选择前者。对战后征募和培训的几代密码破译人员而言，在美国的威廉·弗里德曼（William F. Friedman）等先驱的影响下，几乎肯定一直都是这种情况。当时的培训非常重视这两方面的任务，而密码破译工作最重要的目标之一，就是掌握敌方（或潜在的敌人）的密码编写技术，了解敌方是否成功突破己方密码工作体系。如果有人能够获取有用信息，掌握敌方是否计划采取行动，比如宣战、发动突然袭击或其他恶意行为，那么外交官员、政治领导人和军方高官等需要反制此类行动的人员，肯定会认为该项信息非常重要，但反制行动本身却并不是密码破译人员的专业关注重点。

　　二战盟军通信情报取得极大成就，它所导致的一个结果，就是攻防任

---

[1] 原注：密码破译员能够区分代码与密码。如果读者对这种区别有兴趣，并有足够的兴趣继续探索这个主题，可以从以下著作入手：戴维·卡恩（David Kahn）的《破译者》（The Codebreakers）（1967 年版）。上述区别在该书中有所阐述，甚至是全面阐述。

务间的平衡发生转换，这一点在当时便已为人所知了。防御任务仍然继续由国家安全局等美国密码类情报机构负责，但国家信号情报局除外。不过随着时间的推移，预算和关注的重点开始聚焦信号情报的作用。其防御作用，在通信安全（COMSEC）或信息保障（IA）等领域仍然非常重要。毕竟，如果知道冷战期间核武发射密码无法篡改的话，还是让人比较放心的。但 20 世纪 50 年代至冷战尾声的这段时间里，相关工作重点已经发生显著变化。在我们讨论当今信息革命对信号情报和通信安全等任务所造成的持续影响时，我们必须讨论随之而来的（重大的）再调整，也就是在进攻和防御领域再次调整工作重心——在信号情报组织应对网络环境时，这种再调整将一直继续下去。在过去的三四十年里，信号情报已经为人所熟知，它会被纳入更广义的网络模式当中吗？这个问题会在概念方面造成影响。另外，如前所述，它也会对美国现有的情报组织形式造成重大影响，因为在现行模式下，美国网络司令部和国家安全局听命于同一个领导，但却是两个互不相干的组织。再以美国为例，即使这样的安排，也为涉网工作的总体协调以及国土安全部等组织发挥的作用带来不确定性。此举无法解决此类问题，甚至无法预测结果。最多它只能针对 21 世纪复杂的国家安全问题，提供一个总体概述。

一、信号情报：以密码术为基础

戴维·卡恩（David Kahn）的《破译者》（*The Codebreakers*）首次出版后，到现在已经过去 40 多年，但该书仍是一部影响深远的作品，它让公众开始了解长期以来一直秘而不宣的代码和密码的世界。数百年来，如果有人提及这个主题，讨论的也都是机密、"黑室"[1] 甚至神秘学等。在史

---

[1] 原注："黑室"（black chamber）一词历史悠久，指从事通信截获和密码破译的组织。最早的这类机构，似乎是法国国王亨利四世于 1590 年成立的"小黑屋"（cabinet noir），其任务是拆封、阅读并复原具有情报价值的信件。

书和语言中，偶尔会有间接指代出现。不过，即使是在语言中，此类指代通常也很含糊，以隐匿其在秘密通信世界的来源出处。"解读墙上的文字"[1]是人们常用的比喻，但至少在《破译者》出版之前很少有人，能够查到它出自《但以理书》(*Book of Daniel*)，书中的先知但以理能够解读出伯沙撒王的密语"Mene, mene, tekel, upharsin"[2]，卡恩也因此称但以理是世界上"首位已知的密码破译员"。[3]

它最基本的用途，是使用代码或密码来保护信件，不让作者和收件人以外的其他人无意看到，但这并不会带我们走进信号情报的世界。在"明语"（未加密）形式和加密形式书写的信件中，人们使用的字母和字符确实都是符号。但信号发送（signaling）尚未问世。不过，随着时间的推移，在类似旗语系统（陆地及海上）这样的简单形式中，通信过程需要至少经过一段时间或路程才能送达。即使悬挂三角旗以表明船只国籍的做法，也只是某种形式的信号发送（悬挂"假国旗"以获取优势的做法，是信号欺骗的一种简单形式。）

中世纪和19世纪依次出现两项技术——电报和无线电，后者在刚开始被称为"无线电报"，它们极大地改变了"信号发送"在国家安全事务（及商务和其他领域）中的性质和使用频率，导致保护信号及其所传递的内容和挫败此类保护措施这两项工作的情报价值发生变化。

二、从莫尔斯码到一战

1844年，塞缪尔·莫尔斯（Samuel F. B. Morse）展示了首次成功发送的商业电报，内容就是著名的"上帝创造了何等奇迹！"用戴维·卡恩的

---

[1] 译注：see the writing on the wall，意为"得知大难临头"。
[2] 译注：意为"弥尼，就是上帝已经数算你国的年日到此完毕"。
[3] 原注：David Kahn, *The Codebreakers: The Story of Secret Writing* (New York: Macmillan, 1967), 79–80.

话来说，莫尔斯和他的电报"造就了今天的密码术"。与密码术和信号情报在今后发展过程中遇到的情况一样，这项成就同样涉及物理科学（能够远距离输送可以携带信息的电流），以及流程上或概念上的进步（它能产生与物理科学的相同效果）。以电报为例，成果之一就是莫尔斯码。它的发明者认为，英语中有些字母的使用频率要高于其他字母，于是设计出能够有效应用这种理论的系统，并使用加密符号来对应字母和数字。直到21世纪，频数统计法仍是密码术的工具之一。

在商业应用中，使用莫尔斯码支持经济活动具有两个目的：传递文字和保密。这两个经济目的在商业和军事领域同样适用[1]；莫尔斯发送那封著名电报不久之后，保密目的就变得格外重要。当然，事实上莫尔斯码以后会被密码破译人员称为"明码"，它由点和划组合而成，普通民众可以随意使用（每一代男女童军都会学习）。

使用电报的各国和各国军事机构，几乎立刻意识到必须进一步对通信进行加密，增加符合自己需求的保密措施。以美国为例，这一点在内战期间非常关键，因为南方军和北方军千方百计保护自身通信，同时也在试图破坏或开发对方的通信。即使在这样的早期阶段，人们已经开始采取一些措施，逐步从密码术（编写和破译代码、密码）转向更广义的信号情报活动及21世纪的信号安全行动。

举一个简单的例子，在19世纪末的任何一场战争中，如果一支军队遇到敌军使用的电报线路，就必须立刻做出选择。他们可以切断这条线路，破坏敌军通信，或者利用这条线路，希望可以截获敌军的往来电文，并利用通过这种来源所获取的信息。后面的几代人将会发现并将反复发现，在这样的情况下，这个决定并不总是可以轻易做出的。发现及开发这条线路的事能否被保密？敌军使用的代码或密码能否被破译？甚至是否应

---

[1] 原注："电报英语"所追求的简洁有可能会带来幽默效果，演员加里·格兰特（Cary Grant）的例子就常常被提及。有记者使用电报询问加里·格兰特的年龄，电文写道："加里·格兰特多大岁数？"（How old Cary Grant?）格兰特回电称："老加里·格兰特很好。你好吗？"（Old Cary Grant fine. How you?）

当考虑一下，敌军是否希望这条线路被人发现，以传递欺骗性信息？这些问题，有的哪怕过了整整一代人的时间，也无法弄清所有答案，但电报确实是信号情报发展史上的一个重要事件。

1897 年，古列尔莫·马可尼（Guglielmo Marconi）在获得了"改进电脉冲和信号的传输方式"这项英国专利后，在怀特岛建立了首个无线电报站。以前电报必须在各点之间连接电缆，但这种不便突然就不复存在。如今，通信可以同时"广播"给多个接收者，在商业、娱乐及其他领域开辟出无穷的机遇。然而，从安全角度来看，没有电缆确实是广播的缺点。一项现有技术的缺陷，居然会直接成为它的优势，这种事也不会是最后一次。

在国家安全领域，正如最后人们了解的那样，无线电报或者无线电为海军提供了无数的机会。因为以前通过电报电缆，基地与其他设施之间被连接起来，海军和社会其他行业一样可以享受便利，不过出海后这种便利便无法继续。而无线电打破了这个屏障，很快海军和商船便开始配备无线电设备和操作人员，使用的正是熟悉而又可靠的莫尔斯码。（无视距离使用语音通信需要带宽和电力，这些还要很多年以后才会出现。）到了 1903 年，国际无线电报大会在柏林召开，充分说明这项新技术已迅速确立起自己的地位。[1]

如前所述，在传统军事领域（地面战和海战），有线电报和有线电话发明之后，海军享受的便利并不太多。但无线电技术绝对算是一大惊喜。因此到无线通信出现后，海军（包括商船）迅速做出反应，着手摸索这种新媒介的利用前景。电报迅速被广泛接受，成为标准的船载通信设备，可以用来执行各种任务，包括开发出用于发出遇险信号的标准电码。

军事应用也在迅速发展，各国海军大都制定出无线通信的使用流程和条令，也制定出相关流程，确认其自带的"广播"性质是存在风险的。正

---

[1] 原注：1903 年的这届大会成果丰硕，但将 SOS 定为国际无线电遇险信号，也就是无线电发展史上最有名的程序信号，却并不是在这届大会，而是 1906 年召开的第二届大会。

如数百年来密码术所经历的情况一样，在信号情报这一新兴领域，几乎马上便出现了敌我双方的互动，一边是为保护己方通信而不断发展进步，另一边是借助己方进步，针对敌方通信可能存在的保护不力进行开发利用。和密码术一样，信号情报几乎从诞生之初起，便一直在进攻与防御之间制造矛盾。

尽管这项技术本身尚处于早期形态，但信号情报活动——不论是进攻还是防御，在马可尼无线电报问世之后的10年间，早已开始向前发展。俄日战争（1904—1905年）期间，英国皇家海军截获（并破译）了沙皇俄国海军驻太平洋部队的通信。此事反映出的问题，是至少在沙皇俄国内部，在无线通信的部署与无线安全领域的发展之间，是存在时间差的。此类活动仍然处于初级阶段，同时人们也才刚刚发现，这个时代的另一项技术奇迹——飞机是可以用于军事领域的。无线电和飞机都将在1914年8月以后，骤然加速发展。

三、一战期间

一战期间无线通信（无论如何也不能将有线通信排除在外）的应用和发展，与同时期空中力量的应用与发展几乎同步。1914年8月，也就是一战开始的时候，无线电这项新兴的、充满潜力却定义模糊的技术，将在随后4年时间里，成为军事和海上行动不可或缺的组成部分。

一战中，通信领域的许多方面都涉及信号情报中最核心的密码类子科目。1914年的交战各国，再加上1917年参战的美国，拓展了密码活动中进攻和防御这两个方面。如前所述，严格来说，信号情报只能处理此类活动中**进攻**部分，但就本书目的而言，如果不在回顾中讨论安全和反情报的发展，几乎没有意义。毕竟，它们是互补的，是互为一体的，而非根本互不相融的。

比如在进攻方面，英国在战争初期的重点是切断德国的海底电缆，迫使德国要么依靠包括英国在内的别国有线系统，要么转而采用无线通信。无论哪种选择，自那时起德国的通信安全，便要依靠德国人设计本国的代码和密码技术，同时也要取决于协约国人员破解这些密码系统的技术。就在切断电缆的几天之后，英国海军下令艾尔弗雷德·尤因（Alfred Ewing）爵士成立后来被称为"40号房间"（Room 40）的机构，虽然皇家海军这个密码部门后来搬离最初的工作地点[1]，但这个名字在很久以后仍得以保留。

当时，英国盟友的情报机构也出现类似的进展，同盟国也是如此；另外还有步伐更慢的，就是当时仍然保持中立的美国。[2] 不论在哪里，这方面的进展既体现在密码编写和破译这样的传统领域中，也体现在密码术使用范围的扩大上，即针对通信（不论是否加密）在各个终端之间的传递方式，推动传递手段的发展，并对其进行开发利用。一战初期，这个领域的概念也正朝着信号情报的方向逐步发展演变。战争期间，英国在密码术方面最令人惊叹的成功，将在如下文本框"齐默尔曼电报"中加以介绍。

齐默尔曼电报

1917年1月，美国仍在一战中保持脆弱的中立立场。德国外交部考虑到战争已经胶着两年有余，德国资源正消耗殆尽，因此提议与墨西哥缔结军事同盟，其条件是将19世纪被美国占领的土地交还墨西哥。

英国截获这封电报后，"40号房间"的分析人员迅速将其破译为明文。相对而言，这只是这个问题中比较容易的部分。真正

---

[1] 原注：位于白厅（Whitehall）的海军总部。
[2] 原注：一些交战国在适应新环境时遭遇惨败。沙皇俄国将密码术作为国家安全工具的历史相当悠久。战争最初的几个月里，俄国没能将这方面的经验用于新的无线环境，于是造成灾难性的后果。比如在1914年8月的坦能堡战役中，许多军事指令以毫不设防的方式在空中发送，因此遭到德军截获。德国利用这些情报，制造了战争初期的一场战略性胜利。

> 的难题在于如何在不泄露来源的前提下，对这一成果进行开发利用。最终，他们编了个故事来打掩护，说他们通过"手工搜集"——也就是在墨西哥实施盗窃的方式，得到这一封电报。虽有这个故事作掩护，但英国也不是没有担心，不过还是将这封电报交给美国，同时也一直担心德国会看穿这个掩护。
>
> 齐默尔曼电报本身就是重要的事件。它出现的时机，正值美国讨论是否参加一战的激辩进入最后阶段。它说明除了编写和破译代码及密码之外，保护其来源和获取方式也是信号情报与信息保障的重中之重。

在很多情况下，这包括简单的截获敌方信号"广播"，然后将截获的材料交给训练有素的密码分析人员，"破解"并开发其中的信息。在其他情况下，这意味着从通信本身的其他方面搜集信息，或搜集通信材料的其他特征，但不包括电文隐含的内容。在前一种情况下，测向能够跟踪所截获信号，能够使用两个或更多的接收装置来"确定"信号的发射源，它很快便成为交战各方的标配。在两次世界大战之间，相关技术或许也有进步。观看二战电影的观众们都会注意到以下场景：配有特殊装备的汽车在某个城市的街道上穿行，头戴耳机的操作员操纵一个小圆盘，控制车顶天线的转动。这就是测向工作中最基本却十分有效的一种方法。二战中的"电波之战"，其实早在上一代人的时候就已经开始了。

在信号情报从密码基础阶段向前发展的过程中，或许更加重要的一件事，就是人们发现即使未能破译保护电文的密码，也可以从电文往来的"外部项"中获取（和开发）有用信息。在此，外部项是除加密电文中明文内容外的一切信息。根据姓名或地址进行分析——如果真有情况的话，能从电报的收听方中发现哪些情况？能否看出每个通信发起方是否有权向其他收听方发起通信？能否看出一个通信发起方是否可以向多方发起通信？

在很多情况下，从这些问题中获取的信息都只可能是推测的。比如，如果能够发现一个通信的发起方正在与多方通信，各个收听方都会回复，但收听方相互之间很少发起通信或很少主动向发起方发起通信，那这种通信模式能否反映出通信各方的结构关系？它是否为一种等级关系，其中发起方是总部，其他收听方为下属部门？这可能只是推测，但结合其他信息，就可能成为有用的推论，并在得到证实之后，源源不断地提供信息，内容包括部队动向、参与通信的部门扩张（或收缩）甚至还有军事行动。

同理，即使和假设一样，承载明文内容的密码系统未被破译，那么通信中信息流的总量又有什么用处？如果对通信模式进行详细的记录和研究，那它能否与敌方活动一一对应？比如，敌方在发动进攻前，信息流是否增加——比如在进攻前的 24 小时前激增，然后在最后一天大幅减少？

二战期间，美国和英国的密码分析人员，在密码分析工作中取得辉煌成就，赢得（也理应得到）巨大声望。然而，就本书目的而言，在一战中，分析电文往来的早期技术的发展进步也是重大成就，或许和二战时同等重要。20 世纪的密码系统已经变得愈发复杂，也愈发难以开发利用，所以对电文往来进行分析，可以让新兴的信号情报机构掌握新的能力，也就是作为其前辈的黑室基本上无法具备的能力。即使不能"解读墙上的文字"，密码组织也能够向军方或文官用户提供符合需求也具有价值的信息，供其了解敌方或潜在敌方的实力和意图。这方面的成就直到 21 世纪也仍有用武之地，因为对电文往来的分析已经演化"网络分析法"（network analysis）。

四、信号情报进一步发展：两次世界大战之间

一战结束后，各国国家安全机构的数量锐减，其下属的密码部门同样缩水。或许这一次减少的数量，远远超过战后的多数时间，20 世纪 20 年代曾有人希望 1914 至 1918 年的这场大屠杀，能够迫使全世界真的将其变

成"制止所有战争的战争"。当时甚至真的存在这种可能性。当然，天不遂人愿，因为苏联和纳粹这两大政权（以及日本军国主义政府），最终为美国及英法这两个前盟国带来无法忽视的挑战。

不过，20世纪20年代，各方对一战造成的巨大破坏深恶痛绝。因此，他们共同努力以求消灭冲突，于是便有了国联（League of Nations）以及一系列军控协议，这些协议主要是限制各国海军支出的。美国在裁减国家安全机构后，只保留一个规模很小的海军密码部门，以及战争部和国务院共同资助的很少量的工作。这个部门完成了那个时代相当伟大的一项密码成就：它破译了日本在军控谈判中使用的密码系统，让美国在限制日本海军力量时掌握了极大优势。牵头完成这项成就的，就是美国最伟大的密码学家之一，赫伯特·雅德利（Herbert Yardley）（另一位是威廉·弗里德曼）。这是两次世界大战之间密码工作的最高成就。[1]

20世纪20年代，密码工作还有一项重要进展，就是密码工作首次在各国国内开始使用，特别是在执法部门。（参见如下文本框的"朗姆走私犯"）

朗姆走私犯

2001年9月恐怖袭击发生之后，美国（及其他国家）更加重视国土安全。当然，事实上国内安全从未遭到彻底忽视。其结果是，部分信号情报（及密码）力量开始进入国内安全机构的考虑范围。有人怀疑，电话发明之后，人们便意识到电话是可以被窃听的。在美国，执法机构实施这一做法后，立即激起争议，并因公民自由这个理由面临挑战。再以美国为例，到了20世纪20年代，这方面的争议基本得到解决，因为法庭判决称，国内执法机构实施电话窃听时，需得到法庭出具的命令。为获取外国情报或出于其他国家安全目的，必然需要使用电话窃听手段，但这种难

---

[1] 原注：雅德利被认为是最后一批传统密码编写破译者之一。弗里德曼的工作则引领了一个完全不同的时代，他的理论和弟子将发挥极其重要的作用。

> 题直到 20 世纪末也没有解决。
>
> 　　在美国立法禁止酒类生产的这段时间里，非法酒类的供应商常常使用密码（其他走私犯也是如此）来沟通计划和行动。美国财政部（当时海岸警卫队还是其下属机构）保留了一个密码破译部门，以处理这方面的案件。该部门的领军人物便是威廉·弗里德曼的妻子，伊丽莎白·弗里德曼（Elizabeth Friedman）。因为她在多起审理朗姆走私犯及其他罪犯的案件中出庭作证，所以多年以来，弗里德曼夫人一直都是美国密码领域最有名的公众人物。

　　1929 年，候任美国国务卿——退伍军人出身的政客亨利·史汀生（Henry Stimson）下令关闭雅德利的黑室，理由是绅士不会偷看别人的信件。在很短的时间内，美国陆军便让新成立并由威廉·弗里德曼领导的信号情报局取代了雅德利的黑室。与此同时，英国也调整了本国的密码力量，于 1919 年成立政府密码学校，将一战期间陆军和海军的相关部门合并。尽管战后一片乐观，但所有大国安全机构下的密码组织全都继续正常工作。苏联在建国初期便成立了契卡（Cheka），他们打造这方面力量的基础，带有强烈的沙皇主义传统。早在希特勒崛起之前，魏玛共和国早已成立了阿勃维尔（Abwehr，谍报局），其中就有负责无线电截获和密码活动的部门。

　　在政府之外，在两次世界大战间隙，众多天才的商业发明家令密码设备得到长足的进步。美国人爱德华·赫本（Edward Hebern）、瑞典人鲍里斯·哈格林（Boris Hagelin）[1] 和阿尔维德·杰勒德·达姆（Arvid Gerhard Damm）以及德国人阿图尔·舍尔比乌斯（Arthur Scherbius），发明了面向商业市场的设备。随后人们发现，这些设备显然也可用于军事和外交。包括舍尔比乌斯的恩尼格玛密码机（Enigma）在内的所有设备，全都采用转子变化或接线转子技术。

---

[1] 原注：哈格林是瑞典人，但血统为俄罗斯。

在两次世界大战之间，雅德利令密码学变得声名狼藉。他因自己的黑室被关闭而愤恨不已，于是在 1931 年出版《美国黑室》(*The American Black Chamber*) 一书，泄露了 20 世纪 20 年代美国成功破译日本密电一事。该书引起巨大轰动，导致雅德利再无可能被美国政府雇佣，也导致日本开始彻底审查本国的密码安全。

除了密码编写和破译这些密码术传统领域之外，大部分军事机构也在不断研究相关技术，比如无线电的通信、安全指南、测向和电文往来分析。几乎所有大国的科学家都在研究无线电信号的用途，其目的不是用于通信，而是用于确定目标的距离和方位。雷达将成为信号情报发展史中的重要组成部分，它不但是传统密码术的延伸，同时也是后来电子情报的延伸。二战将成为无线电发展史的重要阶段。

五、信号情报的演化：二战时期

在近 30 年的时间里，在相关史书记载中，情报在二战中的作用一直处于次要地位。这一切在 1972 年开始改变，当时约翰·塞西尔·马斯特曼（J. C. Masterman）出版《双十字系统》(*The Double Cross System*)，详细介绍了二战初期英国成功围捕国内德国特工的情况。[1] 两年后，弗雷德里克·威廉·温特博特姆（F. W. Winterbotham）出版《超级机密》(*The Ultra Secret*)，披露了密码术在击败纳粹德国中的作用。[2] 最后，1978 年，优秀作家雷金纳德·维克托·琼斯（R. V. Jones）出版《最秘密的战争》(*Most Secret War*)，主要介绍英国情报科学发展在战争中所起的作用，特别是在打赢"电波之战"中的作用——而"电波之战"，从许多角度来看

---

[1] 原注：J. C. Masterman, *The Double Cross System* (New Haven, CT: Yale University Press, 1972).

[2] 原注：Frederick W. Winterbotham, *The Ultra Secret* (New York: Harper and Row, 1974).

都是世界上第一次电子情报战。[1] 正是琼斯和温特博特姆等人书中讲述的故事，让我们有兴趣在这里继续探讨这一话题。

二战期间，情报的故事，特别是信号情报（现在我们可以称之通信情报和电子情报的综合体）的传奇故事，在1939年战争爆发前就已开始了。在通信情报领域，继美国黑室关停之后，美国陆军的密码破译人员和海军的同领域专家（隶属部队代号OP-20-G，即海军作战部第20处G科）开始针对日本所使用的密码系统开展工作。在大西洋彼岸，法国和英国的专家们正在努力破译和开发德国的密码系统，其中就有机器密码系统，也就是后来广为人知的恩尼格玛。波兰的密码破译人员利用手中有限的资源（和有限的时间），也在针对恩尼格玛开展工作。

除密码破译外，电文往来分析及被英国称为Y局（Y Service）的其他部门也在不断取得进展。另外，人们也在紧锣密鼓地工作着，希望能将雷达试验的成功，转化为有效的早期预警系统。时间的紧迫性已被两个特殊事件所证实。第一件事，1939年7月，波兰密码局在波兰主持召开了有英法代表参加的大会，期间波兰人向来宾展示自己在破解德国恩尼格玛系统方面取得的成果。几个月后，波兰的密码破译人员就会逃往欧洲各地，躲避德国的追捕。要不是这位注定战败的盟友意义重大的慷慨行为，后来英国即使能够成功破解恩尼格玛，至少也会推迟很长时间。[2]

第二件事，1941年，虽然美国的官方表态仍保持中立，但4名密码破译人员组成的美国代表团来到英国，交流大量信息。美方领队是弗兰克·罗利特，他正是1930年弗里德曼雇佣的初级密码破译人员之一。美国的这个代表团成功破解了被美国人称为"紫密"（Purple）的日本机器加密系统。（不同于恩尼格玛，"紫密"工作时依靠的不是有线转子，而是"步进"式处理过程，使用的是常规电话交换装置。）在这几天里，美国人用他们在"紫密"上的发现，换取英国在恩尼格玛及其他德国密码

---

[1]　原注：Reginald V. Jones, *Most Secret War* (London: Hamish Hamilton, 1971).
[2]　原注：Jozef Garlinski, *The Enigma War* (New York: Scribner's, 1979).

系统上的发现。"魔术"（Magic）是破译"紫密"的项目名称，"超级"（Ultra）是处理恩尼格玛的系统，它们迅速成为英美手中两个最大的秘密。1年后美国才会参战，两年后英美两国才会正式部署，在密码破译方面开展合作。[1]

珍珠港和中途岛：密码破译的成功与信号情报的成功

1941年12月，美国与日本的外交危机加剧，日本向派往华盛顿的谈判人员发送一份最后通牒式的外交照会，发送时间是经过精心选择的，目的是想在偷袭珍珠港之前中断谈判。12月6日至7日的那个晚上，日本驻华盛顿使馆的密码工作人员竭力处理这份长达14段的电文，希望能赶在日本大使会见美国国务卿之前完成。双方会面的时间定于（华盛顿时间）12月7日下午1时。

就在几英里外，美国的密码破译人员[2]也在全力破译这份电文。它是由被美国人称为"紫密"的外交密码系统加密的。12月6日晚上9时刚过，他们便将除最后一段之外的全部电文发至白宫，令总统罗斯福判断"这是宣战"。第14段也就是最后一段电文，送到参联会主席乔治·马歇尔（George C. Marshall）手中的时间是12月7日早上，当时距离偷袭发动还有好几个小时。马歇尔本可以通过加装"扰码器"的安全电话致电夏威夷，但他希望能更加安全一些，最后决定使用加密电报。由于出现各种延误和小事故，电文发至珍珠港指挥官手中的时间是上午11时45分，也就是空袭结束的两小时之后。

---

[1] 原注：Jozef Garlinski, *The Enigma War* (New York: Scribner's, 1979).

[2] 原注：这份14段的电文，是由陆军和海军的分析人员同时处理的。根据"魔术"的处理分工，两军种按天轮流处理所截获的往来电文，并共享包括语言专家在内的部分其他资源。信号情报局和海军作战部第20处G科，已在情报流程的末端前段形成战斗力，在美国本土、夏威夷和菲律宾（后来还有澳大利亚）设立少量的前线截听站。但在末端后段——也就是处理和分发环节，仍有工作不到位，无法形成完全成熟的信号情报系统。

> 从某种意义上讲，珍珠港事件是密码破译领域一次出色的成功，也是信号情报领域的一次失败。区别在于，如果说密码破译的目的是取得明文，那么信号情报的作用就必须以更广义的方式来判断——获取足以改变军事或外交形势走向的信息。
>
> 1942年6月，美国海军在中途岛战役中获得胜利，其中密码破译所发挥的作用一直被人们反复提起。在这里需要简要强调一下，此次战役所体现出的发展动向，是以获取信号情报为目的，综合运用搜集、分析以及随后开展的信号欺骗等手段——所有这些活动，都将用于保障重大军事行动取得胜利。
>
> 1942年初，美国无法确定日本下一步的动向，有可能是侵略阿留申群岛，又或许是进攻中途岛。后来，美国海军通过"魔术"截获电报得知，日本接下来的攻击目标代号为AF。夏威夷当局为了掌握日本的计划，要求位于中途岛军事基地使用不加密的方式播发电报，内容是中途岛的淡水补给告急。几天后，日本便收到情报称AF淡水短缺。欺骗奏效了，美国掌握敌军意图，但又没有暴露自己掌握情况的事实，并在这种有利条件下采取措施，截击日本侵略部队。
>
> 尽管在密码破译方面获得成功，但正如已故作家罗纳德·卢因（Ronald Lewin）指出的那样："这场战争就是（信号情报带来的）回报（The battle is the payoff）。"虽然并不是信号情报工作**打赢**了中途岛之战，但它让海军飞行员出现在恰到好处的位置上，通过自身超凡的英雄主义和自我牺牲精神，改变了太平洋局势的走向。从这种意义上讲，它是信号情报发展过程中向前迈出的一大步，它以密码破译为基础，但又超越了密码破译的范畴。

美国在"紫密"破译方面不断取得的成功，最终成为中途岛战役的一个决定性因素（参见如上文本框"珍珠港和中途岛"）。

最后，在整个二战期间，美国和英国的合作关系集中在德国身上（对意大利的重视程度稍逊）。1941年底至1942年初，英国麾下的东亚帝国基本覆灭，只剩中国—缅甸—印度战区，令英国对抗日本的力量大为削弱。美国参战后不久，美国密码破译人员进驻英国的政府密码学校，即位于伦敦和白金汉郡布莱切利庄园（Bletchley Park）的两个工作站。在包括美国数学家艾伦·图灵（Alan Turing）在内的英美顶尖科学家通力合作下，多种重要的技术装置研发问世。其中最重要的当属"炸弹"（bombes），它是体积庞大的电机"计算机"，能够大大提升当时密码破译人员破解恩尼格玛的计算能力。

《超级机密》出版后，二战密码破译的故事开始广为流传。这本书使用大量篇幅，重点介绍"超级"的故事，也就是欧洲战场上的密码破译工作。时至今日，这仍是一个意义非凡的故事。自然，故事里少不了数学和工程学的大量成就，但也介绍了用来保护这个绝密战略信息来源的种种手段。正是这些手段的不断发展，再加上同时代使用雷达及其他电子装置过程中所取得的成就，使之最终演化成真正意义上的信号情报。

一代又一代的情报人员，如今再加上许多大学里情报研究项目的学生，几十年来已经非常熟悉情报处理过程。这个过程有时也被称为情报流程（intelligence cycle），虽然可能并没有开始实施。首先由情报用户给出情报需求的定义，然后通过大量手段开展搜集，然后进行处理（包括信号分析、解密和翻译），再对被泄露的信息进行分析，最后反馈给发起最初步骤的用户。这个流程及各种衍生流程，正是用以定义各种现代情报源的核心所在。这些情报源中最重要的就是人力情报，以及包括信号情报在内的各种形式的技术情报。

这个流程中的许多步骤，在二战中众所周知。早在通信情报这个术语流行之前，它便已是非常重要的情报工具。使用雷达及其他设备的信息获取军事行动，正是后来的电子情报的核心，其存在也开始为人所知——有时还相当抢眼。但二者还没有合为一体。但无论如何，很明显，密码的编写和破译，也就是传统密码工作的核心，如今已经因为新出现的或是已改进的技术，而增添了许多新的科目。

事实证明，对于二战所有参战方而言，电文往来分析是英国 Y 局及其他国家类似机构的关注重点，它在二战中的价值和在一战中同等重要。使用无线通信的做法，已经成为 21 世纪战争的主流，这对保障友方通信的安全，以及另一方面对敌方通信的开发，都提出了新的要求。对通信的"外部项"进行有效分析，除了可以解读出发送电文中已被加密的明文外，这种做法还是一种非比寻常的武器，可以用来确定敌军的位置、活动或者战斗序列。

盟军破解了德国和日本的密码系统，在密码破译领域获得巨大的成功。但这也掩盖了另一项同样重要的成功，那就是二战期间密码组织中"密码编写员"的成就。罗斯福和丘吉尔会因"魔术"和"超级"源源不断地提供情报而大为惊叹，但很少会想到为保护自身通信而投入的努力。[1] 这种不平衡，或许正是盟军密码部门中负责防御的人所致。然而，即使是在将信号情报视作进攻工具的章节中，也有一点是必须强调：进攻与防御两种力量之间的平衡甚至合并极其重要，必须加以考虑。关于这一点，在我们后面讨论 21 世纪初的密码工作和信号情报时，也会加以阐述。

在密码破译和信号情报工作中，研究所占的比重变得越来越大，范围也越来越广。虽然对密码和加密数学的研究仍然非常关键，但旨在推动情报搜集技术精益求精的研究，以及对雷达等工具的能力研究，令研究工作成为整个情报流程中愈发重要的组成部分，也让研究工作能够在通信环境发生重大变化的情况下一直向前发展。在经历了短到几乎无法察觉的时间之后，二战中密码领域所取得的进展将再次投入使用，迎击各不相同的敌方。

---

[1] 原注：已故的弗兰克·罗利特（Frank Rowlett）是弗里德曼在美国陆军信号情报机构雇佣的首批专家之一，即使数十年后，他仍然对恩尼格玛，在他看来已被彻底开发的机器获得的重视表示愤怒，对他帮助研发的同类加密系统相对不受重视一事表示愤怒，因为他们的系统虽然从未遭到破解，但却籍籍无名。

六、冷战中的信号情报

二战过后不久，世界进入冷战时期，情报和密码界面临自苏联及其盟友、客户的新挑战。冷战最初几年，人力情报和图像情报对苏联与共产主义中国（1949年后）内部的访问极其有限。因此，决策者非常重视信号情报，并需要它回答以下问题：在这些政权内部，情况究竟是怎样的。（参见如下文本框"维诺那计划"[Venona]。）然而，后来这方面的工作变得更加复杂，因为美国在苏联征募的特工，也就是中士威廉·韦斯班德（William Weisband）的间谍活动曝光，导致美国无法继续访问苏联的加密系统。

维诺那计划

即使是在二战期间，美国陆军在英国和澳大利亚的支持下，一直设法破解苏联特工的通信系统。苏联的加密方式是使用一次性密码本。一次性密码本的安全特点简单至极：不得再次使用同一个密码本。但苏联人没有遵守这一规定，这让美国陆军密码破译人员有机可乘，得以缓慢地对其开展破解。这正是20世纪90年代"维诺那计划"曝光的原因。[1] 尽管在"维诺那计划"曝光的信息中，仍有些情况一直存在争议，特别是20世纪40年代末至50年代初，阿尔杰·希斯（Alger Hiss）、埃塞尔（Ethel）和尤利乌斯·罗森堡（Julius Rosenberg）等化名所牵涉的许多重大间谍案件。但"维诺那计划"确实改变了冷战初期的历史，它提供的证据表明苏联大举发动间谍活动，并成功地打入华盛顿政府内部，以及"曼哈顿计划"等重大项目。

---

[1] 原注：National Security Agency, "The Venona Story," www.nsa.gov/about/_files/ cryptologic_heritage/publications/coldwar/venonastory.pdf.

令冷战初期的复杂环境变得更加复杂的，是1945年德国和日本投降之后，美国及其盟国不出所料地迅速裁减情报部门。总统哈里·杜鲁门致力于让美国政府遵循"经济和效率"的原则，采取的措施包括几乎立即停止《租借法案》。这个决定加剧了英国的金融危机。虽然这场危机是在战争胜利后出现的，但却令英国几乎破产。此外，在英国、美国以及刚被解放但满目疮痍且萎靡不振的欧洲，人们都在期盼或者说等待一场长久的和平。

然而，到了1947年，因为不满苏联在中东欧的所作所为，杜鲁门开始重建美国国家安全框架。根据《国家安全法》，美国成立国家安全委员会和中央情报局，设立国防部长一职（国防部于1949年成立），并命令空军独立成军。没过多久，国防部长命令美国陆军的密码部门（改名为陆军安全局）、美国海军的通信情报部门（即将成为海军安全大队）和空军新成立的安全部门合并为一个机构——美军安全局（Armed Forces Security Agency）。这个新成立的机构，几乎没有权力指挥各军种下属的情报机构，但作为有限的"公寓式"综合机构一直延续到朝鲜战争后期。[1]

美国对通信情报在国家安全环境中所能发挥的作用并不确定，这种不确定的态度在其他方面也表现得极为明显。自中央情报局成立以来，美国的情报工作便一直接受美国情报委员会（USIB）的协调，而该委员会的负责人正是中央情报局局长。与美国情报委员会平行的还有一个美国通信情报委员会（USCIB），这反映出美国对信号情报资产的使命和使用所持的不确定态度。

1949年，苏联对欧洲的威胁愈发明显，而在中国蒋介石政权也被共产党打败。1945年所设想的和平世界，已经让位于某种更加危险的局面——特别是核武器的扩散更是如此。中央情报局开始派遣特工打入苏联内部，同时空军和海军斥巨资启动相关项目，派出飞机沿苏联和中国的边界飞

---

[1] 原注：历史学家克里斯托弗·安德鲁（Christopher Andrew）指出，由于美国只有2个密码机构，从而在珍珠港遭遇了战略突袭，并在朝鲜战争中也遭受失败，这说明美国需要4个密码机构。

行。[1]这些飞行活动，日后将成为冷战期间许多情报搜集的特色活动。但在当时，它们也执行了各个情报搜集科目的无数工作，即搜集信号情报和测量与特征情报。这些活动以及其他许多情报搜集活动，都是为了突破美国（及后来的北约）情报机构在对苏活动时面临的一大障碍：苏联国土面积过大。令这个严峻问题愈发严峻的，是苏联控制信息的效率——其高效而又复杂的程度，远超二战期间美国及其盟国突入欧洲被占领土时遇到的情况。而且，西方盟国在情报搜集方面同样面临严峻的问题。

技术推动信号情报完成了20世纪的整个发展进化过程。信号情报始现于二战期间，而当时的通信情报和电子情报都是发展完善的子科目，但尚未彻底整合。导弹的出现，特别是洲际弹道导弹及大型武器系统[2]的出现，令射程、有效载荷容量及其他参数等情报需求成为情报活动的工作重点。这些数据对所有研发导弹的国家而言都是重中之重，搜集这些数据需要在导弹上安放测量装置（或使用遥测装置）。这些数据被外国情报机构截获后，便成为遥测情报（或电子情报），后改名为外国仪器信号情报。

在经历了相对短暂的时间之后，全球各个技术情报机构，特别是大国的技术情报机构认识到，信号情报是通信情报、电子情报和外国仪器信号情报等科目发展后的混合体。密码破译以前一直是（现在仍然是）这些情报机构的核心力量，但已被纳入一个更广义的模式当中，即搜集、处理、分析和报告技术的技能集合。负责这些职能的机构，当然可以称为"密码机构"。但事实上，到了20世纪后期，在上述模式的各个环节中，都只有相对较少的部分人员仍然从事代码和密码的编写及破译。这时，"密码破

---

[1] 原注：多年来，多架飞机被击落，飞行员损失惨重。纪念这些飞行员的地方，是位于马里兰州米德堡的国家密码博物馆（National Cryptologic Museum）和国家侦察公墓（National Reconnaissance Park）。

[2] 原注：事实上，将核武器安装在导弹上的做法，是冷战期间战略武器造成的典型挑战。在二战末期，德国已经率先实现了对导弹的有效使用，但对盟军而言值得庆幸的是，这些导弹装备的常规弹头虽然是一种强大（因为没有反制措施）、精确和致命的武器，但并不具备战略威力，至少在二战当时是这样的。

译人员"基本上已成为可以随意使用的大众化名词，用来指代该领域所有工作人员的专业身份。

在书写冷战信号情报史的时候，如果想要确定哪个国家最擅长打入别国内部，或是当时哪个事件受信号情报活动成败的影响最大，即使许多年后也是很难做到的事情。毕竟，"超级"和"魔术"的秘密曝光时，已是德国日本投降的30年之后。有可能——尽管不是很有可能，冷战期间信号情报所有的或大部分秘密都将于2020年公开，因为从苏联解体算起，到今天时间差不多也有30年了。

无论如何，正是在这个时间点，情报流程开始应用于信号情报，因为从许多方面来看，20世纪后半期都是技术情报的"黄金时代"。毕竟，正是在这段时间里，信号情报需要适应至少一个新的国家安全领域——太空，而且还要开始准备适应下一个领域——网络空间。适应网络空间的过程仍在继续，我们也将在后面详细讨论。还有一项进展需要介绍，以便准确评价这个时代的信号情报发展历程。那就是信息革命（更准确地说，是历经数代的信息革命），其核心是电子计算机及其应用。在20世纪末，它还包括互联网及互联网对全球事务的一切影响。

从许多方面来看，至少在冷战期间，通信情报仍然是信号情报活动中的核心子科目。截获两个个人或多个个人之间，或是指挥中心向下属机构发起的通信，仍是重要的情报目标。其原因显而易见：这种形式的通信是不可或缺的手段，因为国家、军队、企业、恐怖组织及其他实体都要在行动和指挥链中，以此向上（或向下）传递信息。从这个意义上讲，通信情报在战略和战术层面各有用途，主要取决于通信是发生在两位国家元首之间，还是两个排长之间。（应当强调的是，这句话应当被视作一般情况，但并非绝对真理。比如，发生在"战术"层面的低级别通信，如果是为了通知对方发动先发制人的战争，或是批准暗杀某个重要的全球知名人士，就有可能具备战略影响。）

电子情报仍是重要的战术级子科目，如果有部队使用能够发射雷达或其他信号的设备，它就可以确定这些部队的位置、编成和活动。在一线战术层面，电子情报可以警告飞行员，通知他们已被敌方防空系统发现，也可以通知他们防空雷达已经退出搜索目标的工作模式，进入发现目标准备开火的模式。从更广义上讲，电子情报分析可以利用发射信号的装置，比对出与该发射装置匹配的武器平台。这一点非常重要，它可以确定电子战斗序列，向部队指挥官（或潜在部队指挥官）通报关于潜在敌方战斗力的重要情报。

如前所述，外国仪器信号情报可以通过遥测装置和其他能够测量导弹和其他武器性能参数的装置，提供截获的信息。起初，外国仪器信号情报用于监控敌方军工计划的技术进展和使用情况。后来，事实证明，在冷战后期和后冷战时代，它的作用非常重要，可以监督裁军协议的执行情况。假如想"信任但需验证"敌方是否遵守此类协议之规定，那么它正是能将其变为现实的科目之一。外国仪器信号情报的重要性，还体现在能够跟踪武器研发和扩散的情况，特别是就那些将拒止此类项目信息的工作视作优先且重要的国家安全任务的国家，比如朝鲜和伊朗。

（一）需求

确定信号情报的需求是一项复杂而又艰巨的任务。部分原因在于，与地理空间情报和测量与特征情报这两种其他形式的技术情报科目一样，在很多情况下，提出情报需求的官员并不熟悉信号情报的能力（及弱点）。这种局限性在人力情报中并不存在——特别是当潜在用户会因为某种原因，相信这种情报流程是无所不能的时候。[1]但信号情报需要相对复杂的过程来确定需求，这样才能将通常使用经济、政治和法律术语表述的信息需求，转化为信号情报系统中的技术能力。不论是对信号情报还是对其他

---

[1] 原注：持此类观点的用户，通常既认为情报是廉价的、容易获取的而且是无所不能的，所以会提出"我想知道南加州佛雷多尼亚市的一切"这样的需求；同时又坚信情报无法满足他们的需求，所以也会说出"你们为什么没有警告人们日本地震的事？"之类的断言。

任何一个情报科目而言，制定需求并进行优先级排序时会更加侧重行政而非技术。但在决定需求时，还需要考虑技术及其他因素。

（二）搜集

20世纪后半期，信号情报系统出现一项非同寻常的进步：情报机构可用的搜集平台的种类越来越多。但高耸的天线塔（有时上面还加装测地圆顶）没有什么变化，即使无线电（或者稍后的通信环境）发生变化和扩展。随着时间的推移，现有的搜集"平台"种类，至少超级大国和少数其他国家的信号情报组织可用的种类，几乎囊括一切平台，只要平台的表面大到足以安装设备，并且能够安放在有利位置。大小不同的各种飞机舰艇——有些专门用于搜集，其他的虽有主要任务，但也同时承担这方面的任务，得到广泛应用。有些平台专门用于或改造后用于承担各种搜集任务，上面的搜集设备——包括照相机及其他技术搜集装置，或多或少都是以模块形式打包安装的。

1957年，第一颗人造卫星——苏联的"伴侣"号发射升空。没过多久，有能力制造相关系统的大国便开始积极摸索，研究是否有可能利用太空截获信号和发送照片，以及技术发展后发送图像。最早这样做的是美国和苏联。对美国而言，成功意味着最终解决了苏联国土面积过大这个问题。出色的U-2项目提供了一个临时解决方案，但1960年5月一架U-2侦察机遭到击落，令美国颜面尽失。几个月后，U-2的后续星载项目"日冕"（Corona）[1]传回首批照片，标志着信息搜集领域新时代的开始。卫星图像和信号搜集最初用于情报目的，但几十年来，从核实履行条约，到对气候和人口等变化进行测绘，它们已成为一切活动中不可或缺的组成部分。截获"空中"传播的信号，一直都是且将来仍然是一项重要的技术。

---

[1] 原注：至少它也是为了实现飞越苏联领空这一目的的。时至今日，U-2仍在服役，说明这个飞机项目非常出色。

情报搜集力量必须能够覆盖广泛的无线电频谱范围，必须找准通信系统的工作频率，这样才能根据预判的传输距离、信号传输应当采用的媒介（包括水体）以及其他考虑因素，提供情报搜集选项。

在冷战的大多数时间里，信号情报组织开展的搜集工作，主要集中针对专业通信系统，也就是一个国家的专用通信系统。在某些情况下它只会承载一种形式的信息（比如，军事或外交）。确认存在此类系统，就能为开展搜集活动的工程师和分析人员提供重要线索，从而发现那些不引人注意的通信的价值。这样的例子也可以说明分析通信外部项的工作，在信号情报处理过程中能够发挥怎样的作用。一旦搜集人员发现感兴趣的系统，并且锁定其中一个或几个信号，就需要通过一系列的分析手段（这些手段正是现代信号情报工作耗资颇巨的原因之一），对这些信号进行处理和开发。

冷战时期的环境相对可以预测，但今天的环境已经发生变化，这一点将在本章稍后部分加以讨论。

（三）处理和开发

媒体在报道美国国家安全局或英国政府通信总部时，似乎总是在强调这些组织的规模。它们规模庞大（以及随之而来的庞大经费）的原因之一，是几乎没有信号（在地理空间情报领域，几乎没有图像）可以"一目了然"。如果技术情报的优势是其强大的能力，那么其劣势，至少在预算紧张时，就是这种能力并不便宜。此外，根据马尔萨斯定律（Malthusian Law），每一代信息技术，似乎都会令技术情报的生产过程变得更加复杂，导致经费和复杂程度呈现代际变化，而且变化的速度超过算术级数增长。在信号情报中，这涉及分析信号本身（或分析信号网络而非单个信号）的一系列过程，或将信息输入载体信号和加密系统以隐藏真实明文的各种过程。如果加密系统不能被立即或及时"破解"，无法成为有用信息，那么对电文往来的分析（和后来的网络分析）就只能发挥以往的历史作用，也就是在明文缺席的情况下提供有用信息。当然，最后，即使破解出明文，也还存在翻译的问题——在美国，就是从源语言译为英语。最后，信号情报被称为"技术情报"的一种形式，但其中涉及的技术并不仅限于数学或科学。在任何时候，在任何一个信号情报组织中，数量众多且非常重要的工作人员，都是语言分析人员。在任何一种第二语言的作品中，翻译都只能是接近原文。密码语言学家及其所在组织，一直都在努力解决"准确"翻译文字与完全沟通意思之间的矛盾。文化含义也是非常重要的。比如，在美国人看来，驻外大使与东道国元首之间的通话是恭维讨好，甚至是阿谀奉承。如果一种传统的甚至基于阶级的尊重，正是这个国家文化和政治的核心内涵，那么设法表达出这种尊重，就是对语言分析人员所提出的需求。几十年来，对努力研究语言问题的技术人员而言，机器翻译一直是他们苦求不得的圣杯。这个领域确实已经取得重大进展，但就目前而言，语言仍然是人类的领地，虽不完美，但最好还是由人类完成。

在处理和开发这两个环节所涉及的全部领域内，在过去的近20年时间里，一直存在着三个令人不安的考虑因素：数量、种类和速度。[1] 这让我们可以清楚地了解信息革命及其效果——这样的事情已不是第一次发生。20世纪90年代初，美国国家安全局局长在出席国会听证会时谈到该局巨大的任务量，他说国家安全局需要搜集的信息，"相当于国会图书馆的全部藏书"。这在当时令人叹为观止，尽管这样的搜集工作需要数月时间，后来又变成数周。当我们走完21世纪的第2个10年后，相当于国会图书馆藏书的信息量，输入互联网上的速度将比你读完本段文字还要快，或者大体如此。

即使数量这个问题已经不再重要，但在国家安全问题中，能够产生影响

---

[1] 原注：在信号情报中，处理和开发包含的范围很广，从对所截获的信息进行分析，到将文本从载体信号中分离出来，到对文本进行解密（如果可能的话），到分析与通信相关的外部项，再到（如果文本可以复原的话）将其从源语言译为英语。这时，所截获情报的"明文"就可以分发给用户，也可以结合其他截获的文本开展分析。

的情报的种类已经大大增加。冷战期间，在美国国家安全经费中，每花1美元，就有大约一半用在监控苏联及其盟国和傀儡的项目上。当然，最终苏联成为历史。很明显，即使是在"9·11"刚刚发生之后的时间里，在美国国家安全经费中，恐怖主义所占的比例也远远不及于此。全球化带来的结果，就是如今我们认为事关国家安全的各种问题，其涉及范围之广，到了令人吃惊的程度，它包括恐怖主义、气候和能源问题、卫生和食品安全问题等等。雪上加霜的是，即使出现网络安全问题（这个问题将在后面详细介绍），但恐怖主义并没有和苏联一起消失在历史长河之中——至少现在还没有。

这些问题涉及范围很广，所以数据量很大，其中的信息会创造出属于自己的速度维度——至少比喻意义是这样的。毕竟，光速仍然是光速。但处理这些信息的速度，与根据信息采取行动的速度是一样的。二战时期，"超级"系统的操作人员需要几个小时，甚至几天时间才能对相关信息做出反应，得出德国U型潜艇狼群编队即将集结的位置。如何拦截它们、如何编造借口以保护信息来源以及其他类似问题，所需的处理时间对21世纪的决策者而言只不过是弹指之间（但在当年的"超级"系统的操作人员眼中却是如此漫长）。然而，数量、种类和速度等因素，在今后相当长的时期内，仍将对信号情报工作（特别是处理和开发）构成沉重的压力。

（四）分析与分发

在信号情报中，有一个因素自"超级"问世后一直没有改变，至少没有彻底改变。那就是最根本的问题：我们得到明文之后，应该对其做何处理？更确切地说，我们怎样才能把它送到需要这项情报的人们手中（往往是最先提出这项情报需求的人士），与此同时还能做到以下两点：首先，确保这项可能只有部分或是支离破碎的情报，对收件方而言明白易懂的；其次，确保获取这项情报的途径仍然是安全的。最后一点，必然决定着类似情报能否继续可靠。

这里涉及几点考虑因素。首先，信号情报组织准备并且获准开展何种程度的分析？信号情报分析人员的作用，是否仅限于准确处理和翻译所截获的电文？是否应当允许分析人员参考另一种信息来源（人力情报、图像或开源情报），好让所截获的通信更有意义？还是说，这是"全源"或"成品"情报分析人员的职责？在一些地区，人们还是常常把美国国家安全局和国家地理空间情报局等组织称为"搜集机构"。这说明，信号和图像不但一目了然，而且在任何情况下都自带完整的背景。这个问题目前无法得到解决，它是情报领域长期存在的难题之一，我们将在本书其他章节再次讨论。其次，关于保护信号情报源的方法，有一种是针对那些已经通过强制学习、了解信号情报脆弱性的人员，即限制别人对他们的访问。相关机构不断警告这些人员，要求他们留意自己阅读材料的敏感性，因为材料上就有醒目的标记，表示上面的信息是被"隔离"的，也就是说，它们来自敏感来源，不得向未经信号情报强制学习的人员透露。[1]

不过，在某些时候，信号情报必须分发给可以使用它的人员。毕竟，"战争就是（情报产生的一种）结果"，而且人们必须设法找到某些办法，消除敏感问题。二战的"超级"处理系统仍是经典的例子。其他方法还有：在向更多渠道分发信号情报时，删除一切涉及信息来源的出处；用其他说法加以隐藏，比如"据敏感信息"或"基于可靠来源"，同时删除其他细节（通信者的姓名和位置），或进行模糊处理。确切日期和时间等细节，有可能会暗示甚或泄露获取通信的来源，所以也会模糊处理。

近年来，特别是自"9·11"以来，以及为了回应前面提到的速度问题，"撕纸线"（tear line）报告开始普及。在这种格式中，信息的敏感部分位于撕纸线以上，经过净化处理的版本位于线下。现在，"**撕纸线**"比喻

---

[1] 原注：几年前，笔者曾经前往密苏里州独立城的杜鲁门总统图书馆，查阅存放在图书馆保险柜里的国家安全局档案。我找到一份美国国务院的文件，它提示了冷战初期争夺西欧主导权可能导致的直接后果，总统杜鲁门却在给助手的信中表示，这就是那种有时会被送到他的案头的绝密级废话。我为这份文件震惊不已，于是请求国家安全委员会批准复印这份文件。这份文件被按时送到国家安全局的政策办公室，但我一直没有收到复印件。最后，我致电询问，却被告知他们仍在研究。他们找不到任何证据，来证明国家安全局曾经使用过"**绝密级废话**"这样的词来标注信息的密级。

意义大于实际意义，因为电子分段取代了在硬拷贝报告上撕纸的做法。

七、信号情报的评估

在情报流程开始应用于信号情报后，即使只对该流程进行简单回顾也能看出，信号情报是一种复杂的、多学科的、耗资巨大的情报科目。我们必须在信号情报流程的每个环节中，剥离所截获通信上加载的先进技术（或者罕见的语言）。这些步骤，从对搜集的情报进行分析到将截获内容汇编成报告，逐渐形成一个链条。识别信号，但无法突破密码，于是信号情报处理流程失败——至少就明文这个最终目标而言是失败的。突破信号和密码，但无法翻译，结果也是一样。

在评估信号情报的优势与劣势时，它有个非常明显的优势，就是能够从来源处读取或收听敌方的计划、意图或实力——这是一种非常强大的情报手段。在电子情报中，通过一个信号，对比出是哪种载具装有能够发射这种信号的设备，这一直都是非常重要甚至能够救命的实力。对外交官和其他决策者而言，无需理会史汀生的担忧[1]，能够"阅读敌方邮件"，就可以充分了解敌方的计划，以及对手的性格和个性。

和其他情报搜集科目一样，信号情报也有劣势。通信系统或模式一旦发生变化，就会导致目标消失，这种事有时发生得很不是时候。二战期间，密码破译人员在破解恩尼格玛时，就曾经遇到过好几次。在这种情况下，对电义往来进行分析，可以对目标保持一定程度的情报延续，并提供通信数量和收发方等有用信息，即使在明文不可用的时候也是如此。

通信情报的现实是，密码组织希望做到的，是准确搜集、处理和分析所截获通信的内容。信号情报分析人员无法阻止的，是外交官或军官的

---

[1] 译注：1929 年，即将上任的美国国务卿亨利·史汀生，下令关闭雅德利的密码局（"美国黑室"），理由是绅士不应偷看别人的信件。

情报不准确，或是他们的无能。分析人员必须警惕一件事，就是有些通信的目的就是情报欺骗。实施通信的人员，有可能是在执行一个刻意策划的计划，以欺骗截获情报的敌方组织。又或许，他们是在试图欺骗自己的上级。将不好的消息提供给阿道夫·希特勒、萨达姆·侯赛因，这种做法并不会被这些下属认为是可以升官或是保命的举动。最后，实施通信的官员，不会在欺骗时用力过猛而让自己显得笨拙无能。在任何情况下，在任何情报分析中，不论是专业分析人员还是情报"客户"，保持怀疑都是必要的。任何一名官员，如果因为美国国家安全局、英国政府通信总部或任何一个信号情报机构说"某件事会发生"，便也说这件事会发生，那他必须确认这些组织的任务是准确发送它们截获和处理的情报，并且也是这样做的。它们截获通信后，不必证明通话方是否说谎或无能。

当然，最后讨论的是信号情报流程的复杂性。这是其走向成熟模式所不可或缺的属性，但也是潜在的弱点。因为信号情报（和图像一样）耗资颇巨。对小国而言，甚至对面临经济或财政危机的大国而言，信号情报的代价都是很高的，这让信号情报成为诱人的目标之时，"勒紧裤腰带"的日子也将随之而来。

八、信息革命与信号情报：计算机、互联网和网络空间

几十年前，一位IBM的高管曾经预言，全球计算机市场将仅限于数量极少的专业机器。但更准确的预言是，1965年戈登·摩尔（Gordon Moore）发表一份4页的文章，题为《让集成电路填满更多的组件》[1]，预言集成电子学将"让电子技术更加普及，出现在社会的各个角落"。若说真有问题的话，便是摩尔低估了信息革命或者说低估了20世纪末至21世纪初，社会上

---

[1] 原注：Gordon E. Moore, "Cramming More Components onto Integrated Circuits," *Electronics Magazine* 38, no. 8 (April 19, 1965): 114–117.

发生的一系列持续不断的信息革命的速度和影响。情报，特别是技术情报，一直走在这些革命的最前沿，但有时也在拼命追赶它们的步伐。

在全电子计算装置问世前，密码分析就已经开始使用计算技术，其中最主要的就是"炸弹"（当时的早期"超级计算机"），用途是支持针对德国恩尼格玛的破译工作。二战后，当时部分从事信息技术的技术人员继续留在政府机构，其他人则投身刚刚出现的商用计算机行业。二战后的20年间，IBM、UNIVAC及其他公司为美国国家安全局生产"专用"的计算机。后来，其他国家的密码破译组织或信号情报组织也纷纷效仿。不论这些计算机是独一无二的定制型号，还是市场上商用机的衍生型号，目的都是为了提供比商用市场产品更快更强的计算能力。美国国家安全局拥有当时最著名的一台计算机——IBM制造的"收割"（Harvest），它是市场上IBM商用机的升级型号。1962年，"收割"在美国国家安全局投入运行，1976年停止工作。直到最后时刻，"收割"仍能继续有效工作——它停止工作的原因主要是难以更换零件，而非过时淘汰。

不久，计算机成为信号情报行业的基石，所发挥的作用包括但不仅限于破解非常复杂的加密系统。不久，它们在行政及日常工作等其他许多领域普及。事实上，即使是20世纪70年代初，公众使用计算机的范围，也足以推翻认为最终计算机市场只能支持数十台机器的预言。计算机正在以飞快的步伐，变得更快、更强、更便宜和更普及。后来，20世纪70年代末，坦迪公司（Tandy Corporation）通过旗下睿侠公司（Radio Shack）的门店，推出首台实用型个人计算机。对许多信号情报专业人士而言，它们比玩具强不了多少，性能远逊于他们手中的大型主机。可以这么说，世界上任何一个信号情报组织的任何一个雇员，所能动用的计算力量，都是普通公众无法想象的，更不要说使用了。但这种局面即将改变。[1] 在信息环境中，另一股根本性变革的浪潮即将到来。

---

[1] 原注：并非信号情报专业的所有人都没有预料到这一变化。可参阅：Lawrence C. Tarbell Jr., "The Technology of Future Personal Powerful Computers," *NSA Technical Journal* (Summer 1980): 1–27.

20世纪90年代末，互联网协会宣称："互联网属于每一个人。"这一宣言，本不应该在这个时期发布——首先，因为当时还没有互联网；其次，因为世界还没有跨越特定的发展时点。在这个时点之前，计算机的数量极少，使用者也都是专业人士，接受过包括编程语言在内的各种专业培训。不过第二个原因很快就消失了，因为个人计算机以及MS-DOS操作系统同时出现。起初，和人们预想的一样，那些老牌（尽管没有几家实现了第3个10年的经营）公司以及它们所支持的政府机构都认为，大型主机的卓越性能，将永远碾压那些速度、性能和存储能力有限的台式计算机。

然而，几年过后，这些老牌公司中便有多家出局或岌岌可危，微软及其他"新"公司成为占领信息技术高峰的王者。在那个时代的初期，正是核武器与弹道导弹之间产生的联系，造成世界战略环境的根本性变化。20世纪80年代至90年代，价格低廉的个人计算机、因特网的联网能力和超文本文件所构成的网络（即万维网）三者间的结合，彻底改变了信息环境。这时，从教育到银行业的各种社会功能开始一个接一个地转变为电子形式，随后其他技术也纷纷诞生。

其中就有加密技术。如果通过互联网传输的信息只有电子邮件、食谱和类似的东西，那么加密技术的市场仍然很小。但如果金融记录和企业记录也开始效仿，那么一直用于保存最敏感政府文件的加密活动，就会成为全球普及的现象。

这些环境方面的变化加在一起，对信号情报系统造成无穷的压力。在汽车制造业和其他产业中，在受保护的通信中，"启动成本"占据非常重要的地位，也一直居高不下。然而到了20世纪90年代，从学生、小型企业到恐怖分子，再到贩毒大亨，所有人接入互联网的成本都已变得极其低廉。计算机行业发生的巨大变化，也对电信行业造成类似的冲击。20世纪70年代末，电话这种工具需要在墙壁里走线，或将线路拉到办公室的桌上。在电影中，如果有角色使用移动电话与人交谈，通常这个角色都是有钱人，而且这个交谈工具也有砖头大小。此时，信息环境也在发生变化，基本来说，变化速度遵循摩尔定律，或者**更快**。

冷战结束的同时，信号情报组织的处境也开始变得艰难。它们的任务原本是对抗常规的敌人（体积庞大，行动迟缓的敌人），这类敌人建立起庞大而又复杂的层级来管理国家事务。在通信方面，这类敌人建立起庞大、强大而且遍布全球的系统供自己通信使用，也因此易于被人分析，从而泄露每种系统的信息类型。

突然，全新的敌人出现了，它们当中有些甚至不是民族国家，它们通信时使用的网络，正是普通民众使用的全球网络。如果这些还不够的话，那么以前包括电话通信在内的点对点式通信，正在被一个全球性的网络所取代。以前的通信是不可分割的，但在如今这个网络中，许多碎片构成的"信息包"能够以光速在全球传输，并且保证可以在接收端重组。最终，自20世纪70年代起，在美国等国家里，外国情报和截获（合法但需接受监督）与国内情报和截获（基本禁止）之间的区别已经非常明显，通信世界的性质发生改变。人们再也不能认为费城与休斯敦之间的电话，就是从费城直接传输到休斯敦的。人们也不能再认为费城与休斯敦之间的通话，就一定是从这两个城市中的一个打出，或一定就是打给另一个城市的接收方。这个网络可以将位于哥伦比亚的毒枭的信息发出，途经一个或多个美国城市，最后发到位于里斯本的银行家手中。

至少在美国，环境发生的变化是令人不安的，也是难以应对的——即使2001年9月之前也是如此。不过，自那时起，它已成为一个重大的政策问题，有可能改变甚至破坏长期以来的固定部署——允许国家安全问题与执法问题分离的做法，以及允许设置法律法规壁垒，从而区分"外国"和"国内"的安全部署及安全组织这种更为重要的做法。美国和其他民主程度不一的民主国家都面临严峻的问题，并且难以协调法律滞后与技术发展之间的矛盾。公众既想获得安全，又想保障隐私及其他公民自由，如何处理二者的矛盾，这必将是漫长而又困难的过程。[1] "9·11"之后，这些

---

[1] 原注：非民主国家也面临同样的环境问题，但开展情报活动时没有大量的公众监督，因此不会产生新的矛盾。

相互矛盾的目标，时常会轻易地被置于二选一的境地，但这并不是人们所希望的（应该也是没有必要的）。

对信号情报领域的专家而言，跨国恐怖主义开始趋同，任何个人或组织都可以轻易访问全球网络，再加上接入该网络的成本极低，这些问题带来了严峻的挑战。确定基地组织"战斗序列"所需要的技术，已经不同于早年确定（苏联）红军结构所需的那些技术。（需要指出的是，这并不是说不可以从那些经历中汲取经验教训。）

早在 2001 年 9 月之前，信息技术在国家安全领域的重要性便与日俱增。相比 20 世纪大部分时间，国家安全的定义变得更广泛，因此**信息战**一词开始投入使用。当然，从某种意义上讲，所有战争都将信息作为重要的基础。必须确定敌人的位置，将其设定为攻击目标，然后才会向敌方施以武力。但毫无疑问，随着信息革命的不断发展，人们的关注重点开始从动能武器转向信息武器。美国不再像二战那样，派遣轰炸机携带以前那种精确度极差的炸弹，组成编队飞临目标上空，而是在第一次海湾战争期间采取量化措施，部署精确武器。这种趋势在伊拉克和阿富汗战争中仍在继续。事实上，即使是在战术层面，如果没有加载精确信息，它们也不会是精确武器。

除了将这些数据用于制导目的外，到了 20 世纪 90 年代末，理论专家指出，当前世界愈发依赖电子数据，同时这些系统也愈发无力抵御攻击。[1] 在未来战争中，是否应该使用炸弹或鱼雷攻击敌人的海军？又或者，能否瘫痪敌方操控海军的能力，抑或控制其银行系统？1941 年日本偷袭珍珠港时，飞机上的标志（及其他证据）毫无疑问地指明攻击来源。但在未来战争中，交战双方在网络空间对信息系统进行攻击或防御时，还会是这种情况吗？

在某种程度上，这个起初被称为"信息战"、如今被称为"网络安

---

[1] 原注：可参阅：Thomas A. Stewart, *Intellectual Capital: The New Wealth of Organizations* (New York: Crown Business, 1998)。

全"的问题，产生的根源是这个主导全球大部分商业、通信和公共生活的全球化网络的自身特点。网络安全专家致力于打造一个网际网（Network of Networks），但并没有将安全放在首位。此外，这个国家安全新领域涉及司法和行政官僚问题，其复杂程度已臻极致。网络安全是属于刑事司法问题，还是属于国家安全问题？

笔者认为，全球大部分国家都在安全和司法领域，针对网络空间制定一些规定。这些努力基本上都是暂时的，其所试图处理的问题，也正在以飞快的速度不断发展演变。在美国，随之出现的情况，将是一位"网络沙皇"在总统办公室坐镇指挥，而国土安全部、司法部、国防部及其他机构，在试图保护自身系统的同时，研发一些工具，以击败甚至破坏针对国家、组织或个人发动攻击的力量。[1]对信号情报专业的工作人员而言，一边是要保护，另一边是要开发和进攻，这两个同时提出的需求，让人回忆起最早时在密码工作中，密码编写与密码破译的双重特性。

这种新的环境将把信号情报置于何处？从某种意义上讲，它把信号情报组织及其情报技能，推向一场关于国家安全的大辩论的中心。它还提出一个问题，那就是信号情报组织开展活动的权限归属。如果说20世纪50年代或60年代的分工已经明确指出，截获敌方作战计划时，因为是使用无线电发送的，所以这是信号情报的职能，而盗取这个计划的实体资料则属于人力情报的职能。那么在网络世界里，这种分工又该如何发挥作用呢？如果说，一个"可靠来源"报告称，这个计划存储于某国政府大楼中某台计算机里的某个位置时，因为是在计算机里，所以接下来该由谁来获取这个计划呢？

在美国，这个问题及其他问题已经导致多项决定的出台，为网络问题（我们在此称之为网络领域）划分责任范围。美国国家安全局仍然是美国密码工作（和信号情报）的核心，但国会和公众也有很大的顾虑，因为如

---

[1] 原注：许多企业都是在类似的环境下开展业务，为政府和其他实体提供安全技术，同时被迫投入大量资源保护自身的信息和信息系统。

果某些问题（比如网络问题）显然不但跨越国外与国内之间的界限，而且把手伸向私人行业，那么他们希望情报机构在这方面拥有多大的影响力？自 2010 年起，美国国家安全局和新成立的美国网络司令部便一直由同一个人领导的。[1] 这种安排会是永久性的吗？很难回答。同理，美国国家安全局主导美国的信息保障工作。即使是在早期，一些国会议员认为，让"国防情报"机构处理大量国内保障方面的关切，是非常不合适的。当加密活动开始进入银行、医院、电网及其他部门的信息系统之后，这种担忧就更加明显了。民间和商界的信息保障，是否更适合由国防部以外的组织来负责？过去 10 年左右的技术发展，已经让密码攻防相互融合的程度大大超过从前，比如，超过冷战时期。那么，这样的部署，对于密码工作在信号情报核心技术中所占的分量，又会造成多大影响？

那么，信号情报本身又会怎样呢？它将如何与新出现的网络问题发生联系？承认网络问题是国家安全问题，这需要一段时间来进行界定，同时很可能还需要再三观察。首先，这个新现象引出的概念和组织问题，虽然有些方面是独一无二的，却也与 20 世纪国家安全史上的几个时期有些相似。几个世纪以来，国家安全包括外交、贸易和其他经济活动的安全以及军事（分为陆战和海战两个维度）安全等。20 世纪，天空开始成为第三个军事维度。但知道这个维度触手可及，并不等于可以对其进行定义，或是立即做出有组织的反应。它是全新的领域，还是之前某个领域的延伸？它是否极其重要，可以被认为能够与陆军和海军并驾齐驱，还是说应该将它置于这些"前辈"军种下进行管理？[2]

有一个重要考量，那就是国家安全领域的定义是非常灵活的，因为它曾经适用于 20 世纪初的天空领域、20 世纪中叶的核武器领域以及稍晚出现的太空领域。和其他领域一样，网络空间领域跨越多个维度，从纯粹的

---

[1]　原注：当时是基思·亚历山大（Keith Alexander）上将。
[2]　原注：同理，它们也不必局限于"二选一"式的解决方案。20 世纪 40 年代末，美国解决天空这一领域的办法，就是成立单独的空军，"统合"相关武装力量，同时陆军、海军和海军陆战队仍保留大量空中作战力量。

技术维度到应用维度，再到法律和政治维度。可以这样理解，在某个特定领域内，技术维度是许多甚或全部变革的基础，而在民主国家里，法律、政治甚至公共维度也都需要重视。

信号情报发展到20世纪之后，已然成为内容丰富的国家安全事务，但它仍然与自身两大源头有关：一是一个非常古老的渴望，希望通信时能够按照国家、商界或个人隐私的需要，以确保安全的方式开展；二是一个同样古老的需求，即有必要、至少偶尔有必要刺探敌方的安全部署。人们都在猜测，10年或20年后，信号情报一词是否仍在使用。或许它会在网络领域的定义完善之后，成为该领域的组成部分。或许经验和技术让它可以与网络空间发生联系，但能以某种方法保持独立。

不论这个概念性的问题如何得到解决，但信号情报的强大能力，却让它成为颇具争议的力量——特别是在民主社会里，尤其是在美国更是如此。就在不到一代人之前的过去，美国人认为，抛开战争时期的军事情报不说，情报工作是某种陌生的"旧世界"的活动。美国公众可以接受一个永久而又强大的情报机构，这是因为存在历史原因造成的司法监督。他们也可以半直白半含蓄地认为，美国情报机构开展活动的手段，是符合美国的法律和价值观的。我们可以预料的是，在民主社会里，对什么才是违反上述法律的行为这个问题，人们的意见并不一致，然而这却是属于政治领域的问题。

20世纪初期的环境，是以网络为基础，重点关注国土安全的。指责情报机构对一国公民进行未经授权的监控，甚至指责政治人物滥用信号情报机构，这些情况总会引发担忧，并在某种程度上造成不信任。尽管存在这些困难，但信号情报的强大能力，让它成为现代国家安全领域的关键要素，也反映出信息和信息技术在现代世界所处的核心地位。或许亨利·史汀生是对的：绅士不会互相偷看信件。不过，除非世界各国领袖都是绅士或淑女，否则所有民主国家都会使用这种力量的——但愿它能够依法进行，并采取一些措施来维持公众的信任。

[第5章]

地理空间情报

达里尔·默多克（Darryl Murdock）
罗伯特·克拉克（Robert M. Clark）

地理空间情报是相对较新的情报领域，于2003年完成定义并建立科目。然而，它的鼻祖可以追溯到最早时期的地图绘制，以及最早使用的机载摄影，也就是用于侦察目的的热气球。[1]历史上，地图曾被用于开展军事和情报活动，也被用于进行商业往来。如果统治者拥有敌友军部署和理想贸易路线的精确地图，其就比那些没有的人更具优势。准确及时的地图，就是令人垂涎三尺的情报报告。到了20世纪，自一战开始起，机载侦察照片已得到普遍应用。在二战中，摄影测绘和图像解译（image interpretation）等现代技术得到发展。[2]1972年，用于观测地球的"陆地卫星（Landsat）1号"被发射升空，开启了一个全新的商业遥感时代，也可以说开启了我们现在所说的地理空间情报时代。全球民用领域的科学家，也可以定期、反复观察地

---

[1] 原注：Paul R. Baumann, "History of Remote Sensing, Aerial Photography," 2001, http://www.oneonta.edu/faculty/baumanpr/geosat2/RS%20History%20I/ RS-History-Part-1.htm.

[2] 原注：National Geospatial-Intelligence Agency, "The Advent of the National Geospatial-Intelligence Agency," Office of the NGA Historian, September 2011, 8, https://www.nga.mil/About/History/Pages/default.aspx.

球的图像，这还是人类有史以来的第一次。土地的使用情况和地表覆盖的变化，现在可以观测；人类对地球的影响，现在可以评估。这些进步，已经并且仍将继续对国家安全和国防决策产生直接的影响。

一、地理空间情报的定义

地理空间情报的定义主要有两个：一个来自美国的国防和情报部门，另一个距离现在时间更近些，来自与计算机能力和非情报相关的行业。关于地理空间情报的定义，目前得到广泛承认的说法，出自《美国法典》第10卷第467节（10 U.S.C. §467）：

>"地理空间情报"一词，是指对影像和地理空间信息开发和分析，以对地球上的自然特征以及与地理相关的活动进行描述、评估和视觉展示。地理空间情报包括图像、图像情报和地理空间信息。[1]

这个法定定义的最后一句被援引的次数最多，也是人们在研究国家地理空间情报局（NGA）的职能权力时，开展大部分讨论的基础。在地理空间情报事务上，该局对国家地理空间情报系统（National System for Geospatial Intelligence）和联合地理空间情报系统（Allied System for Geospatial Intelligence）[2] 拥有职能权力。美国国家地理空间情报局对地理空间情报的定义，与法定定义完全相同。不过，该局发布的《地理空间情

---

[1] 原注：United States Code, Title 10, section 467 (10 U.S.C. §467), http://uscode.house.gov/download/pls/10c22.txt.

[2] 原注："Geospatial Intelligence in Joint Operations," JCS Joint Publication 2–03 (October 31, 2012), http://www.dtic.mil/doctrine/new_pubs/jp2_03.pdf.

报手册 1.0 版》，对地理空间情报的定义更加明确，覆盖范围也更广。[1] 这本手册的第一章共有四节：

- 第一节称地理空间情报是一个"科目"。用美国情报界更加流行的说法，它是一种地理空间情报手段。
- 第二节介绍了地理空间情报作为分析类情报搜集科目，在开展工作时用到的数据，即图像、图像情报和地理空间信息。因为地理空间信息的定义覆盖范围和用途都很广泛，所以在本章稍后部分，我们将讨论地理空间情报的数据来源范围扩大后，对美国情报界已经造成并且仍将继续造成何种影响。
- 第三节解释了地理空间情报环境准备的概念，它类似被称为战场情报准备的军事概念。
- 第四节介绍了地理空间情报产品，事实上这些产品仍在不断地发展变化。

自从 2004 年这份文件发布以来，它所包含的许多内容在实践中一直没有改变。2009 年 7 月 29 日颁布的《第 5105.60 号国防部指令》（主题栏为"国家地理情报局"），根据《美国法典》第 10 卷和第 50 卷的《第 5143.01 号国防部指令》（以及自身这份《第 5105.60 号国防部指令》），列举了国家地理空间情报局的全部职能权力，重申该局是美国的战斗支持机构。[2]

所有这些法定的、职能性的法律文件，都是由美国国防部门和情报界制定的，强调在制定和执行国家安全政策的过程中，**时间**和**地点**才是最重要的因素。美国国家地理空间情报局至今仍然存在，足以证明我们重视的是，必须掌握正在发生了什么事、以前是在哪里发生的、现在是在哪里发生的和将来会在哪里发生。绘制地图、航海图和航空图以及进行大地测

---

[1] 原注：National System for Geospatial Intelligence, "Geospatial Intelligence (GEOINT) Basic Doctrine," *GEOINT Publication 1.0* (September 2006).

[2] 原注：Department of Defense Directive 5105.60, "National Geospatial-Intelligence Agency (NGA)," July 29, 2009, http://www.dtic.mil/whs/directives/corres/ pdf/510560p.pdf.

绘，这些科目都可以用来对地球进行测绘，并供各方共享。美国国家地理空间情报局的座右铭是："测绘地球，展示方法，了解世界。"该局称其任务是："国家地理空间情报局提供及时、相关和准确的地理空间情报，为国家安全提供支持。"

地理空间情报的实施工作，正在经历巨大而且显然是经常性的角色转变。关于这种转变的本质，美国国家地理空间情报局在修订任务说明时总结如下：地理空间情报局局长利蒂希亚·朗（Letitia A. Long）（2010—2014年）将该局的任务归纳为"将地理空间情报的力量放在你的手中"。朗的这一表述，反映出移动和网络技术在我们日常生活中所发挥的巨大作用，也强调国家地理空间情报局主动转型，成为能够融合最现代分析工具和技术的组织。请看以下数据：2013年5月，91%的美国成年人拥有1部手机，6%的美国成年人拥有1部智能手机。[1]2012年12月，65%的美国成年人家中接入高速宽带。[2]全球手机使用率接近100%，多个市场已超过100%（许多人喜欢在私人手机之外，再配置一部业务手机）。[3]

请看这样一组数据：

  2013年，互联网用户超过27亿，占世界总人口的39%。

  在发展中国家，31%的人口可以上网，而发达国家为77%。[4]

计算处理是无处不在的，又是可以移动的，而通信则是几乎瞬时的，这样的观念显然已经为我们所接受。思想、意识形态、图片、照片、视

---

[1] 原注：Pew Research Internet Project, "Mobile Technology Fact Sheet," January 2014, http://pewinternet.org/Commentary/2012/February/Pew-Internet-M obile .aspx.

[2] 原注：Pew Research Internet Project, "Three Technology Revolutions," 2014, http://pewinternet.org/Static-Pages/Trend-Data-%28Adults%29/Home-B roadbandAdoption.aspx.

[3] 原注：International Telecommunications Union, "ITU releases latest global technology development figures," February 27, 2013, http://www.itu.int/net/ pressoffice/press_releases/2013/05.aspx#.U_tlsE0g8rQ.

[4] 原注：同上。

频、条约和论文，都能以光速在全球范围共享，因此我们需要改变观念，重新思考地理空间情报意味着什么，以及如何在美国国家安全框架内，将其作为情报手段加以施展。在美国情报界外部，地理空间情报拥有广泛的商业用途，或许最明显的就是被我们称为"基于位置的情报"这个领域。人们轻易便可发现，美国国防部投资的全球定位系统（GPS）技术，已经催生出一个以基于位置的情报为核心的市场。在发达国家，全球定位系统在汽车和智能手机上的应用，让我们可以迅速地、通常也是精确地查到 A 点至 B 点的导航路线。我们不再使用纸质地图来规划行程。相反，我们使用谷歌地图、雅虎地图和 MapQuest 等在线工具，规划我们度假或在城市穿行时的最佳路线。这种规划路线的能力如今无处不在，但以前却是情报或军事分析人员的专属领域，那时，人们使用一层层的聚酯薄膜，帮助情报分析人员标注"通行、缓行、禁行"的地形。如今我们将现成的决策工具视作天经地义，但在以前，这种向用户提供的分析产品，需要几小时至几天的时间进行编纂。这种迅速决策的趋势和可用（以及预期）的分析速度，正是新的地理空间情报科目的核心所在。如今，位置是全球商业活动中的默认环节，也是商业分析和商业情报活动中的必要环节。

因此，地理空间情报的定义，绝对不是静止不变的，很可能会继续在一段时间内保持动态变化。首先，地理空间情报可以被视为情报流程中的一个环节，以及决策过程的辅助。美国情报界、国会和全球商业巨头里的决策者们，经常使用地理空间情报人员生产的情报产品。其次，在更广义的地理空间情报定义中有这样一个尝试，即"具备可操作性的知识、流程和专业"。[1] 这三部分，必然是今天地理空间情报行业整体框架中的组成部分。但它们没有描述所需要的或已经存在的批判性思维的深度和广度，没有考虑到所用数据的类型。它们忽视现实的因素，而这正是今天地理空间情报环境的核心组成部分。如果对地理空间情报进行

---

[1] 原注：Todd S. Bacastow and Dennis J. Bellafiore, "Redefining Geospatial Intelligence," *American Intelligence Journal* (Fall 2009): 38–40.

更加全面的定义，或许应该是这样的：地理空间情报是合并和解译所有形式的地理空间数据，生产回溯历史或预期未来的情报产品，用来规划或回答决策者提出的问题。

这是对该科目定义的简单扩大。它包含美国情报界对地理空间情报的理解，也让商业领袖能够在商业活动背景下，全面认识理解地理空间情报。[1] 仅为这一个原因，商界和政府的大部分领袖开始考虑培养或已经培养大量的地理空间情报人员，因为他们认为自己的组织尚未掌握强大的地理空间情报力量。该领域出现高级职员，即冠以"首席"二字的高层（在商界，就是地理空间信息官；在美国政府内部，就是地理空间情报官）已是发展趋势，从而进一步突显出这个职位在一切决策过程中的重要地位。

本章讨论地理空间情报，主要介绍美国国防部和情报界的传统定义和应用。另外，它还将通过举例，介绍地理空间情报作为情报科目或行业，除被美国情报界正常使用之外，在其他行业中的应用情况，以及未来发展趋势。如果想了解地理空间情报许多世纪以来的变化情况，以及未来的发展趋势，我们首先就应该仔细研究一下它的历史。

二、地理空间情报的历史

这段历史讲述的是三个各具特色的科目：两个古老的和一个相对现代的。此三者合而为一，成为如今被称为地理空间情报的历史。三个科目当中，最古老的可能是地形知识。

地形知识是对自然地形，以及今天常被称为人文地形（或者人文地理这个更广义说法）的一种认知。它的价值早在古代便已得到认可，并用于军事和商业中。孙武的《孙子兵法》介绍了6种不同的自然地形，以及相

---

[1] 原注：Carl Franklin and Paula Hane, "An Introduction to GIS: Linking Maps to Databases," *Database 15*, no. 2 (April 1992): 17–22.

应的作战战术。以色列人试图侦察伽南便是早期评估人文地形的例子，此事载于《圣经·民数记》第 13 章。最早的商人在规划贸易路线时，会考虑地形、气候、季节、时刻、已知友好的港口和绿洲位置，以便出行更加顺利，避开强盗和关税。

自然地形（地貌）在战争中的重要性是有据可查的。有个最好的例子，那就是公元前 480 年的温泉关之战。希腊人对波斯大军了如指掌。他们很清楚因为后勤的关系，波斯人不能在一个地方逗留太久，必须进攻或撤退。他们知道波斯人的骑兵非常厉害，也了解波斯人的作战战术。

希腊人还掌握丰富的地理空间知识，并将其用于战术当中。温泉关关口是进入希腊的唯一陆路通道。希腊步兵可以轻易扼守狭窄的关口，不用担心骑兵包抄侧翼。对于轻装的波斯步兵而言，想要攻击把守这个关口的希腊重装步兵，难度很大。和许多书籍和电影《斯巴达 300 勇士》所讲述的故事一样，斯巴达国王莱昂尼达斯率领 300 人的部队扼守关口，迎击兵力远胜己方的敌军。最后，波斯人通过一名希腊的情报线人，这才获得地理空间优势。一名牧羊人告诉波斯国王薛西斯，称还有一条道路也可以通过温泉关，于是波斯人借道向希腊人的侧翼发动进攻。

这些历史实例说明，长期以来，地理空间情报依赖人力情报，并将继续如此，即使是在大量使用传感器和计算工具的今天也是一样。此类搜集活动的产品，也就是地图和航海图，将在下文阐述。

（一）地图和制图学简史

已知最古老的陆地地图，保存于大约公元前 2300 年的古巴比伦泥板上。在古希腊，制图学，即绘制地图和航海图的技艺或技术，是一门相当发达的技能。

规划航海路线，需要了解出发地与目的地之间的方向和距离，还要对沿途危害有所了解。因此，长期以来，海上导航依靠的是海员历次出海所积累的知识。必须承认，希腊人喜欢出海时能看到陆地，因为在一望无际的海上，几乎没有办法导航。一旦获得导航信息，海员便拥有绝对的商业优势，因此不愿将其共享，特别是不愿与潜在的竞争者共享。15世纪，葡萄牙海员将东印度群岛航行指南的秘密保守了将近一个世纪。

随着时间的推移，航行指南被写入手册，英国人称之为航向手册（rutter），并新增大量信息。比如，它详细描述了海岸线、港口、航道、地标、潮汐模式以及暗礁浅滩位置等。到了14世纪，海上导航员通过航海图掌握了这方面的知识。

当人们开始在新世界建立定居点以后，地图和航海图成为特别关键的力量。人们在美洲绘制地图的例子数不胜数，但路易斯安那购地案中的地图绘制，可能是规模最大的一次。1803年，梅里韦瑟·刘易斯（Meriwether Lewis）和威廉·克拉克（William Clark）两位船长开始考察之旅，准备探索这块新的领土，并记录下所发现的一切。刘易斯和克拉克从圣路易斯出发，一路向西，一直走到太平洋，后来带回地图和详细的第一手资料，让人们了解到当地印第安部落的活动情况，以及有潜在竞争关系的欧洲列强在该地区的活动情况。[1] 此次考察，再次证明绘制地图与人力情报报告相结合的价值。

尽管北美地图对美国领土的购买和防御非常重要，但在1917年之前，美国对其他外国地图并没有太大的需求。1917年，美国参加一战，于是对绘制全球地图一事的看法便彻底改变了。

（二）制图组织增多

自一战算起的50年间，越来越多的政治和商业组织开始绘制地图和航海图，以满足特殊的需求。这些地图的比例尺和地貌各不相同，这取决于地图是用于海上、空中还是陆地的导航。人们需要各种不同的地貌形

---

[1] 原注：National Geospatial-Intelligence Agency, "The Advent of the National Geospatial-Intelligence Agency," 5.

式，以满足军事、情报和其他政府或商业目的。而在这些组织没有涉足的领域，涌现出大量的军事、政府和商业机构，以满足更多特殊需求。

1. 航海图和测绘

美国海军一直都有制作海图的传统，目的是满足导航需要。1830年，美国海军成立航图与仪器站。1854年，该站改名为美国海军观测和水文办公室，1866年又被拆分为两个相互独立的部门。

在1866年美国海军观测和水文办公室成立之前，美国的导航员几乎完全依靠英国的航海图。这个水文办公室负责开展海上测绘，并提供航海图、航行指南和导航手册，供所有海员使用——但主要用于国际海域和外国海域。另一个组织，财政部海岸和大地测量局，负责对美国海域开展系统性的水文测绘。

此后，水文办公室开始提供航海图和测绘产品，供美国海军在历次战争中使用。在这些测绘活动中，有一些是最困难也最危险的，它们被用于支持针对敌国领土开展的海岸军事行动，特别是作战部队登陆。来自两场不同战争中的两个例子，可以说明这种测绘活动中存在的部分挑战。

二战期间，在诺曼底登陆前，盟军需要关于预定进攻地点的详细水文资料（包括测深数据），用来支持部队登陆，以及在占领海滩后支持修建大型浮动码头（代号"桑椹"）。他们还需要关于海滩环境的信息。英国水文办公室派出一支由水文测绘人员组成的特别小队，在诺曼底海边搜集所需的测深数据。1943年11月至1944年1月间，这个小队一共开展6次测深活动，搜集海滩样本。他们乘坐的载人登陆艇经过改装，可以开展测绘工作。它使用水下排气技术让发动机静音，使用回声探测仪测量水深，使用导航无线电获取位置数据。[1]

第二个例子发生在朝鲜战争。1950年7月，朝鲜派出军队，将韩美

---

[1] 原注：Alan Gordon, "Mapping and Charting for the Greatest Collaborative Project Ever," *The American Surveyor*, June 2005, http://www.amerisurv.com/PDF/ TheAmericanSurveyor_D-DayMapping_June2005.pdf.

联军赶到朝鲜半岛的东南角。联军司令道格拉斯·麦克阿瑟（Douglas MacArthur）将军决定发动反攻，下令美国海军在仁川登陆，发动大规模地面进攻，切断攻入韩国的朝鲜部队的补给线。

朝鲜人和许多美国军事规划人员，都认为仁川并不适合开展大规模两栖行动。那里涨潮落潮的日平均水位差为32英尺，会在狭窄蜿蜒的航道形成强劲的水流。港口航道便于部署水雷，周边岛屿易守难攻。另外岸上泥滩面积大，海堤太高，附近山体也是居高临下。港口设施几乎没有空间，无法供后勤船只支持入侵。

联军的规划工作就是典型的地理空间情报分析。它巧妙地利用飞机提供的顶空图像（图像情报）、前居民提供的情报汇报（人力情报），以及海军特种作战小队提供的实地侦察（测绘）。综合利用这些地理空间情报源，规划人员就可以选择最佳的航道和开展两栖进攻的最佳时机。

1950年9月15日的两栖登陆，令朝鲜彻底措手不及。其结果是，大批攻入韩国的朝鲜部队孤军无援，进退不得。[1]

2. 陆军制图

美国陆军使用的地图类型，不同于美国海军使用的航海图。地面部队需要比例尺更大、细节标注更全的地图，需要标明地形特征、地势、人口中心和道路。在制图时，比例尺是指参照物体实际大小，按比例将其绘于地图上面。1∶1的比例尺是原尺寸模型。1∶24000的比例尺，意为1英寸相当于24000英寸，即地图上的1英寸等于0.38法定英里。

1910年，陆军工程兵部队成立中央地图复制厂。1917年一战爆发后，查理·鲁思（Charles H. Ruth）少校预计会出现地图供应危机，于是对这个机构进行重组和扩建。战争期间，这个机构共生产900万份地图。遵循鲁思少校的创业方针，这个地图机构成为世界上几大军事测绘

---

[1] 原注：U.S. Navy, *Naval Doctrine Publication 2: Naval Intelligence*, n.d, http://www.dtic.mil/doctrine/jel/service_pubs/ndp2.pdf.

组织之一。一战接近尾声时，谢尔曼·费尔柴尔德（Sherman Fairchild）解决了航空摄影无法用于地图制作的难题：因为快门速度相对较慢，无法跟上飞机的飞行速度，所以拍出来的照片都会失真；于是，费尔柴尔德将相机快门安装在镜头内部，增加快门速度，减少了失真程度。[1]此后的几十年间，在地图绘制领域，费尔柴尔德相机一直都是当时最好的可用素材来源。

一战后，中央地图复制厂改名为工程兵复制厂，开展大量研究和实验工作，主要涉及制图与照相平版印刷工作，以及航空摄影测绘——通过照片进行测量的科学。在两次世界大战之间，地图绘制取得重大进展，原因就是人们依靠费尔柴尔德相机，开始将航空摄影作为情报源。

1942年，美国陆军合并了工程兵复制厂和陆军总参谋部地图绘制局，成立陆军地图局。起初，地图的制作是通过修改原有地图来完成的。但到了二战中期，该局开始使用大比例尺地图作为素材，制作中小型比例尺的地图。到战争末期，陆军投入大量精力，通过立体摄影测量手段，制作大比例尺地图。

3. 航空图

航空导航需要的图表类型，不同于陆军或海军使用的地图航海图。航空图通常为大中比例尺，需要标注飞行危害。一战后，飞机的载重能力和航程不断增加，对这种航空图的需求也与日俱增。

为满足这种特殊的需求，陆军航空队（Army Air Corps）于1928年成立地图机构。二战造成对覆盖全球的航空图的需求。作为回应，陆军航空军（Army Air Force）于1943年在密苏里州圣路易斯成立航空图厂。1947年，这个机构转隶美国空军，后改名为美国空军航空图和信息中心。[2]

---

[1] 原注：Baumann, "History of Remote Sensing, Aerial Photography."
[2] 原注："History of the Aeronautical Chart Service," 2008, http://www.escape-maps.com/escape_maps/history_aeronautical_chart_service.htm.

4. 政府和商业制图

一战结束后，对于自己在战争期间研发的摄影系统，谢尔曼·费尔柴尔德开始把注意力放在非军事用途上。认识到基于摄影的地图绘制在商业上的潜力，费尔柴尔德于 1921 年成立一家公司，取名费尔柴尔德航空测绘（Fairchild Aerial Surveys）。它迅速成为美国规模最大、商业上最成功的航空摄影公司。费尔柴尔德航空测绘很快便接连绘制了曼哈顿岛、纽瓦克、新泽西及美国其他城镇的地图。费尔柴尔德开办的另一家公司，绘制了加拿大许多地区的地图。[1]

20 世纪 30 年代末，三分之二的美国本土已由航空摄影绘成地图。许多制图工作是由联邦政府机构完成的，比如美国林务局、水土保持局、农业调整署、美国海岸和土地测量局以及美国地质勘探局。[2]

5. 专业化情报地图

二战期间，美国各军种都开始成立并扩大自己的地图绘制机构，专门绘制用于情报目的的地图。战略情报局于 1942 年成立，不久就设立了地图处，汇总大量的纸制地图和微缩胶片地图。它搜集地图的手段是人力情报源，包括海军、陆军地图局、国务院以及其他多个政府来源。地图处又成立了地图绘制科，负责生产各种地图，供战略情报局开展情报研究。它还生产立体地图，供美国陆军和美国海军开展战略规划使用。[3]

情报专业地图的生产基础是战略情报局地图处奠定的，并一直延续至今。1947 年，就在中央情报局成立的时候，对外广播信息处也成立了一个地图部门。如今，这个部门隶属中央情报局开源中心。中央情报局在介绍这个部门时，使用如下术语：

---

[1] 原注：Baumann, "History of Remote Sensing, Aerial Photography."
[2] 原注：同上。
[3] 原注：Office of Strategic Services, "Office of Strategic Services (OSS) Organization and Functions," June 1945, http://www.ibiblio.org/hyperwar/USG/JCS/OSS/ OSS-Functions.

开源中心的地理学家,是美国情报界在外国地图测绘、地理信息和地理空间技术等领域的专家。他们将地理及相关学科(制图学、地质学、遥感、摄影测绘、图像分析、城市规划等)的技术与地理信息相结合,审查并评估一切形式(纸质、数字和互联网等)、一切来源的地理信息。如今,开源中心的地理学家,可向一线情报人员提供地图、数据、信息、分析产品、培训和多种相关地理服务。[1]

(三)合并:越南战争和国防制图局成立

越南战争(1965—1975年)爆发前的几年间,美国各军种的地图绘制部门一直以更加密切的方式开展合作,共享地图数据和制图技术。甚至就在美国被卷入越战之前,陆军地图局、空军航空图和信息中心、美国国家影像解译中心和海军水文办公室,已经针对这个地区制作了航空图和航海图、地图和分析。[2]

战争期间,人们明显发现,现有的海岸线图(基本以二战时期数据为基础)是不实用的。特别是美国陆军,他们需要越南河流三角洲的详细地貌,以便在河流开展军事行动。海军海洋办公室派遣多艘测量船,针对那里的复杂海岸线,开展全面的大地、海岸和港口测量。这项工作的成果是一套非常庞大的最新航海图和手册,它们被提供给前线的陆军、军舰和海军陆战队,用于开展封锁和禁运。[3]

多个部门在越战中的合作,预示了下一步的发展方向:所有国防制图部门合并,成立一个单独的机构。1972年,国防部成立国防制图局,将

---

[1] 原注:Central Intelligence Agency, "Careers and Internships," 2007, https://www.cia.gov/careers/opportunities/support-professional/geographer.html.
[2] 原注:National Geospatial-Intelligence Agency, "The Advent of the National Geospatial-Intelligence Agency," 10.
[3] 原注:同上。

三大军种的绘制地图、航海图和航空图及大地测量等活动，合并成一个机构。国防制图局成立时，正值制图学出现一个新的概念——地理信息系统（GIS）。传统制图学需要纸制地图充当数据库和展示地理信息的载体。地理信息系统则认为，在处理地理数据时，数据库、空间分析及制图表达和展示等，无论从实体意义还是概念意义上讲都是互不相关的项目。不过，地理信息系统需要信息以数字形式呈现。因此，国防制图局于20世纪80年代初启动了一项声势浩大的工程，将所有地图数据转换成数字格式。到了20世纪90年代中期，国防制图局研发出用于生成地图的新系统，称为数字生产系统。自1989年起，国防制图局使用地理信息系统技术，制作了一个比例尺为1∶1的全球数据库，称为全球数字图。[1]

1990年8月，伊拉克入侵科威特，美国国防制图局发现自己并不掌握开战地区的最新详细地图。国防制图局的制图和生产系统，仍然以满足冷战需求为主，重点关注东欧而非中东。

在随后爆发的海湾战争中，对于作战需求而言极其关键的，就是详细的地形海拔数据。但就国防制图局的数字地形海拔数据而言，等高线间距大约是几百米，导致地图上地表海拔的表达非常粗略。另外，地图很不精确，大量地形关键的地区没有入图。国防制图局被迫求助美国航空航天局的"陆地卫星"项目，使用其商用地形图像。"陆地卫星"的图像地图可以满足战区指挥官的需求，同时国防制图局也在寻找长期的解决方案。

长期解决方案需要使用美国航空航天局的航天飞机。航天飞机在获取雷达干涉测量读数后，可以提供地球的详细海拔和立体地图。雷达干涉测量，是从两个不同的良好位置，对同一地区同时拍照，从而提供三维图像。2000年初，"奋进"号航天飞机完成为期8天的任务，记录所需的地形数据。

海湾战争后，国防制图局的制图技术在许多领域被用于民用目的。

---

[1] 原注：Esri, *GIS in the Defense and Intelligence Communities 3* (2008): 3, http://www.esri.com/library/brochures/pdfs/gis-in-defense-vol3.pdf.

1995年11月，南斯拉夫交战各方的代表在俄亥俄州代顿市会晤，就后来的《代顿和平协定》开展谈判。为美国代表提供支持的，正是国防制图局和美国陆军地形工程中心派遣人员组成的小队。这个小队以几乎实时的方式，提供巴尔干争端地区的地图，其中包括文化和经济数据（"人文地形"）。争端地区的三维图像，让制图人员可以帮助谈判各方代表实地感受争端地区的地形。[1]

（四）航空观察和航空摄影的历史

军事部门总是希望控制制高点，原因之一就是占据后可以获得观察优势。从这个角度来看，航空观察（以及后来的太空观察）就是终极的制高点。

起初，热气球可以提供这种优势。在热气球上开展观察，令法国人在1794年的弗勒吕斯之战中获得关键优势。美国内战的前半阶段，北方军定期使用热气球进行观察。在第一次奔牛河战役，以及费尔奥克斯、夏普斯堡、维克斯堡和弗雷德里克斯堡等战役中，这种方法还被用来监控南方军的宿营和活动情况。后来，在1898年美西战争中，热气球被用来评估古巴的地形。因为被拴于地面，所以热气球所能提供的观察范围，只能是面积相对有限的区域。

飞机就没有这样的区域限制。首次将飞机用于侦察是意大利人，他们当时正在与土耳其人开战，争夺如今的利比亚（1911—1912年期间）。一战中，所有参战国都用飞机进行目测观察，监视敌军的部署和动向，也会使用热气球观察。第91侦察中队等美军部队，使用多种飞机执行飞行观察任务，为洛林、圣米希尔和默兹—阿尔贡等战役提供支持。

目测观察和报告很有价值，但观察人员往往会错过重要细节。摄影可以捕捉细节，再由照片解译人员进行评估和报告。其精确程度会大大超过

---

[1] 原注：National Geospatial-Intelligence Agency, "The Advent of the National Geospatial-Intelligence Agency," 29.

飞行观察人员，因为飞行观察只能凭借记忆，或是在飞行途中及着陆后立即画出粗略的素描。正是因为航拍照片能够提供大量信息，所以使用航空摄影和对航拍照片进行解译的做法，迅速成为首选的航空侦察手段。

多种技术曾被尝试用于航空摄影——首先是1897年的风筝。1903年，德国人成功地将一部重量极轻的照相机，安装在一只鸽子的身上。一战期间，鸽子相机被用来拍摄敌军阵地的照片。但飞机提供了一种能够精确捕捉目标的拍摄方法。

一战期间，法国、英国、德国和美国全都使用飞机进行拍摄。美军通信兵部队的航空拍摄人员，利用照片侦察和航空绘制等方法，提供关于敌军军力及其部署的宝贵情报。后来成为全球知名度最高的摄影师的爱德华·斯泰肯（Edward J. Steichen），当时还是美国远征军航空队摄影部门的一名军官。[1] 斯泰肯向军方建议称，最好的办法是使用大型机载相机，可以大大提高照片质量。[2]

如前所述，航空摄影对制图和军事地图都很重要。但除了提高制图水平，航空照片还被用来进行轰炸前后的图像对比，提供可靠的战损评估。

在两次世界大战之间，美国陆军航空兵制定相关条令和战术，规范航空摄影的搜集和使用活动。人们认为航空摄影很有价值，可以用来攻击敌军部队和进行战损评估。在此期间，一系列的军事摄影技术得到利用和发展。

二战期间，以军事用途为目的的照片情报应用呈现爆炸式发展。对战略规划和作战任务的执行而言，远程侦察和大范围立体式照片覆盖是必不可少的。战争期间，英国"喷火"和"蚊"式以及美国P-38"闪电"和P-51"野马"等多种战斗机都曾接受改装，用于航拍侦察。这些飞机将武

---

[1] 原注：James Warren Bagley, "The Use of the Panoramic Camera in Topographic Surveying: With Notes on the Application of Photogrammetry to Aerial Surveys," *U.S. Geological Survey Bulletin #657*, (Washington, DC: Government Printing Office, 1917).

[2] 原注：National Geospatial-Intelligence Agency, "The Advent of the National Geospatial-Intelligence Agency," 6.

器拆除，所以无法抵御战斗机的攻击。为了自我保护，这些飞机使用迷彩涂装，隐身于天空的背景之中，同时往往改装发动机，在4万英尺以上的高空飞行。二战期间，最主要的侦察机型是德·哈维兰公司的"蚊"式侦察机。它由轰炸机改装而成，在原本炸弹舱的位置安装3部相机。它的飞行速度超过大部分战斗机，飞行高度在4万英尺以上。美军同类侦察机是P-38战斗机的改装型号，在机头位置装有5部相机。二战期间，有近1000架P-38战斗机是专门生产或改装成为航拍侦察机的。

朝鲜战争（1950—1953年）期间，航空摄影的主要工作量都是由美国空军承担的。这项任务为攻击目标和评估轰炸破坏等任务提供支持，此外部分RB-36型机还飞临中国东北上空执行侦察任务。其他飞行中队在朝鲜上空执行战术照相侦察任务时，起初驾驶的都是RF-51D型飞机。到了战争后期，P-80型喷气式战斗机的改装型号，也就是RF-80A型飞机，开始沿中朝界河鸭绿江执行照相侦察任务。

1. 冷战和美国国家影像解译中心的成立

冷战期间，美国的情报需求推动图像情报进入战略层面。起初，需要开展战略摄像的原因，是需要就苏联和中国发动的战略打击提供指征和预警情报。后来，它的重要性体现在军控和条约监督领域。

1952年，中央情报局成立摄影信息处，负责解译敏感影像。那时，U-2项目还处于初期阶段，后来这种飞机对苏联和中国开展摄影侦察。即使是在当时，显然美国军方和国家领导人也需要U-2提供战略情报。中央情报局新成立的这个处，负责处理上述工作。

1953年，阿瑟·伦达尔（Arthur C. Lundahl）成为该处处长。他一干就是20年，期间成为美国情报界图像领域的传奇。二战期间伦达尔一直担任照片解译员，战后担任海军摄影测绘处（Photogrammetry Division）处长。

不久，伦达尔开始与国防部官员提出成立一个联合照片解译中心的设想。1958年，影像情报中心成立。陆军和海军参与建设，提供人员、资金和设备，几年后空军也参与其中。1961年，这个中心改名为国家影像解译中心。

伦达尔希望图像分析能够成为情报报告中重要的组成部分，并出版了一系列备忘录，建议分析人员关注与自己所属情报科目相关的摄影工作。他还组织多个与照片情报相关的专业领域活动，由一个统一的管理结构领导，提供培训项目、照片解译、摄影测绘、坐标图和技术分析，另外还能提供出版人员。[1]

古巴导弹危机是国家影像解译中心的照片解译技术面临的一次早期考验。1962年8月，该中心的照片解译人员发现苏联在古巴修建导弹发射场。10月14日，多架U-2侦察机拍到6个由帆布覆盖的狭长物体，它们最初被称为"不明军事装备"。该中心的照片解译人员发现，这些物体具备苏联中程弹道导弹的独有特征。其他照片还披露了导弹装置、辅助运输载具、竖立发射装置和指挥控制区。[2]

越南为国家影像解译中心提供了另一个展示实力的机会。1959年，总统艾森豪威尔要求U-2侦察机飞临越南上空，执行航拍任务以支持美国的政策决定，并要求该中心对各种结果进行评估。1962年，该中心的分析人员完成轰炸战损评估，确认可能的攻击目标，并生产出价值很高的情报产品。[3]美国对越南开战后，该中心使用U-2和SR-71"黑鸟"侦察机进行航拍，继续提供支持。

事实上，包括U-2在内的所有侦察机都无法抵御防空炮火，因此飞越敌方领土时会发生问题。最有名的例子，就是苏联在斯维尔德洛夫斯克上空击落弗朗西斯·加里·鲍尔斯（Francis Gary Powers）驾驶的U-2侦察机，事发时间为1960年5月。当时，天基侦察才刚刚问世。显然，躲避

---

[1] 原注：CIA, "CIA History & Heritage," 18 January 1961, http://www.foia.cia.gov/sites/default/?les/document_conversions/18/1961-01-18.pdf.

[2] 原注：National Geospatial-Intelligence Agency, "The Advent of the National Geospatial-Intelligence Agency," 13.

[3] 原注：同上，6。

防空炮火的办法，就是将相机送上太空。1961年，新成立的国家侦察局开始制定侦察卫星计划，并由国家影像解译中心主要负责对图像产品进行开发。1960年8月，"日冕"项目提供了首批太空拍摄的照片。"日冕"的图像，特别是关于苏联的图像，每个月从太空回传一次。事实证明，它在政策决策、战略规划和地图绘制等方面价值极大。20世纪60年代末，Gambit（KH-8）发射升空，它拍摄照片的分辨率比"日冕"要高很多。[1] 20世纪70年代，Hexagon（KH-9）的覆盖范围更广。[2] 这是高清图像时代的开始。随着飞机和卫星图像的数量如雨后春笋般大量涌现，图像分析人员已经不可能再仔细研读所有回传图像，于是搜集、处理和开发之间开始出现差距。

2. 图像管理

国家和军方图像力量的基础迅速扩大，同时需要图像和图像产品的用户基础也迅速扩大，因此图像的搜集、开发、分析和分发已经成为难题。1967年7月1日，图像需求和开发委员会成立，负责在军方和美国情报界内部，协调这些涉及顶空图像的职能。这个委员会取代了顶空侦察委员会，后者自1960年起便一直管理针对信号情报和图像情报的顶空侦察需求。[3] 1992年，图像需求和开发委员会变成中央成像办公室，隶属国防部。它是图像搜集、分析、开发、生产和分发等工作的管理中心。

大约就在中央成像办公室成立的同时，国防空中侦察办公室也宣告成立，负责管理军方的情报需求。这个办公室研发、购买并管理一整套工作系统，包括有人和无人空中侦察飞机、传感器、数据链、数据中继和地面站。

---

[1] 原注：National Reconnaissance Office, "Gambit 3 (KH-8) Fact Sheet," September 2011, http://www.nro.gov/history/csnr/gambhex/Docs/GAM_3_Fact_sheet.pdf.

[2] 原注：National Reconnaissance Office, "Hexagon (KH-9) Fact Sheet," September 2011, http://www.nro.gov/history/csnr/gambhex/Docs/Hex_fact_sheet.pdf.

[3] 原注：National Reconnaissance Office, "The HEXAGON Story," December 1992, http://www2.gwu.edu/~nsarchiv/NSAEBB/NSAEBB54/docs/doc_44.pdf.

后来，愈发明显的情况是顶空图像在国内也有应用价值，可以开展救灾管理和环境监控。1975年，民间应用委员会（CAC）成立，它隶属内政部，负责满足这方面的需求。这个委员会的主席由地质勘探局局长担任，成员来自美国政府各部及其政府下设的其他独立机构，共计11个部门。[1] 今天，这个委员会仍然为包括国土安全部和卫生部（均在该委员会之后成立）在内的美国政府所有文官机构服务。

（五）成像与绘图的合并

地表地图、航空图和航海图等的制作工作，在组织层面是相互独立的。至少军用图表是这样，不过这种情况在国防制图局成立后就不复存在了。但地图绘制与拍摄图像这两种工作，在组织和功能上仍然是相互独立的，尽管这两个领域一直都在密切开展合作。到了20世纪80年代中期，这种相互独立的情况愈发难以找到存在的理由。目前，多个机构都在生产雷同的图像或地理空间信息产品，并通过不同的分发渠道发给用户。在第一次海湾战争期间，国家摄影解译中心、国防发送项目办公室和国防情报局，都在提供图像或基于图像的情报。

拍摄图像与地图绘制之间的密切关系始于一战时期，并因此可以推动两项职能的合并。但技术、文化和行政方面存在的许多障碍，令合并变得相当困难。

图像分析人员和地图绘制人员的工作时间安排是截然不同的。对图像分析人员而言，获取具备可操作性的情报并分发至用户手中，这就是最重要的任务。处理和分析的速度是最重要的。对地图绘制人员而言，精度更加重要。他们需要仔细校准用于制作地图的相机，这样才能找到大地测量学意义上的固定点，并以此为参照进行准确测绘。绘制地图需要的相机，必须可以

---

[1] 原注：Jeffrey Richelson, "U.S. Reconnaissance Satellites: Domestic Targets," *The National Security Archive*, April 11, 2008, http://www2.gwu.edu/~nsarchiv/ NSAEBB/NSAEBB229.

补偿像移，补偿曝光时相机垂直方向出现的偏差，补偿相机镜头存在的光学不规则性。因为这两种使用情况截然不同，所以情报界和制图界在使用飞机或卫星拍摄的地球图像和处理信息时，考虑的重点是并不相同。用于图像拍摄和用于地图绘制的处理系统，在技术上是互不兼容的。[1]

另外，20 世纪 90 年代，许多不同机构的行政结构各不相同，用户群体也各不相同。情报界和制图界都在独立使用卫星图像，业务重合导致部分工作重复。但各机构产品的用户担心，合并或许会影响他们所获得的图像或地图支持。对军方而言，这个问题尤其严峻。国防情报局、各军种情报部门主管以及各个联合司令部的参谋情报官还有一个凌驾一切问题之上的关切：合并后的图像和地图组织，必须能够为作战人员提供支持。[2]

1. 国家成像与测绘局的成立

合并图像和地图业务以成立一个单独的机构，这需要国防部门和情报部门领导人的一致同意。1995 年，他们同意了。国防部长威廉·佩里（William Perry）、中央情报总监约翰·多伊奇（John Deutch）和参谋长联席会议主席约翰·沙利卡什维利（John Shalikashvili）将军向国会提议，称应当在国防部下设一个单独机构，命名为国家成像与测绘局。尽管国会同意，但部分议员和工作人员担心中央情报局是否愿意主动放弃图像情报资源，担心非国防部用户是否还能从新机构获得支持。多伊奇随后任命海军少将约瑟夫·丹顿（Joseph Dantone）开展合并工作，并任命他为国家成像与测绘局局长。在经历了为期 1 年的调研与规划后，1996 年 10 月 1 日，国家成像与测绘局成立。

成立国家成像与测绘局必须克服许多挑战。预算问题便是早期出现的难题之一。这个新机构的各个下属部门，各有不同的资金来源。情报和国防工作接受多个不同预算机构的监管，国会共有 13 个委员会监督该局各

---

[1] 原注：National Geospatial-Intelligence Agency, "The Advent of the National Geospatial-Intelligence Agency," 14.
[2] 原注：同上，14。

下属部门的预算。

从一开始，互不兼容的系统也带来挑战。国家成像与测绘局共有8个部门组成，各部门的人事系统、电子办公系统、采购活动以及制作并向用户分发产品的系统各不相同。[1]

但合并不同文化才是最大的挑战。每个部门都有自己的历史和部门文化。国家成像与测绘局彻底吸纳的组织有4个：中央情报局的国家影像解译中心、国防制图局、国防分发项目办公室和中央成像办公室，另外还有国防空中侦察办公室的一部分。因此，国家成像与测绘局经历了长达数年的"遗产"问题，具体体现在系统和人事两方面。必须承认，这些问题并不是该局工作中出现的问题，而是历史遗留问题，原因包括继承了多个互不相同的文化、业务范围扩大及被提供了不适当的资源。[2]

该局的成立工作变得更加难以为继，因为部分管理层并没有让下属做好合并的准备，每个参与合并的组织都有管理层在抵制。因此若干年后，此次合并被国家成像与测绘局的许多高管称为"裁缝式的拼凑"。[3] 国家成像与测绘局的成立过程，一直是教科书般的案例，用来说明为什么不能将多个独立组织合并在一起。

2. 向国家地理空间情报局转型

"9·11"之后发生的许多事件，改变了国家成像与测绘局。"9·11"袭击的两天之后，退役空军中将小詹姆斯·克拉珀（James R. Clapper Jr.）出任该局局长。克拉珀刻意放弃军衔，意在表明文官也可以管理国防情

---

[1] 原注：National Geospatial-Intelligence Agency, "The Advent of the National Geospatial-Intelligence Agency," 26.

[2] 原注：Peter Marino, chairman of the commission, "The Information Edge: Imagery Intelligence and Geospatial Information in an Evolving National Security Environment," *Report of the Independent Commission on the National Imagery and Mapping Agency, Final Report*, December 2000, viii.

[3] 原注：源于国家地理空间情报局研发处前处长罗布·齐策（Rob Zitz）2003年与笔者私下交流。

组织。这位新局长必须立即回应成像与测绘方面的支持需求，这一需求源于美国出兵阿富汗的"持久自由行动"。在这次行动及后面的"伊拉克自由行动"中，商业卫星提供的图像成为该局搜集力量的补充，并在支持外交倡议、人道主义救援和重建工作等方面，为联军的行动提供图像。

克拉珀还着手为一种完全不同的组织形式奠定基础。他提出许多倡议，目的是改变国家成像与测绘局的面貌。在这些倡议中，最重要的便是开展地理空间情报，并将其作为该局的指导原则。作为地理空间情报的职能主管，克拉珀实施了多项计划，意在管理地理空间情报资源。他推行的计划之一，就是推出一个新的系统，后被称为国家地理空间情报系统。克拉珀认为，正确的命名也是该局未来努力的一项重要方面，于是便推动改名。克拉珀认为，国家成像与测绘局强调两种遗产文化：成像与测绘。但他希望能有一种单一的新文化。于是，国家成像与测绘局正式改名为国家地理空间情报局[1]，时间是2003年12月24日，正是2004财年《国防授权法案》签字的当天。

克拉珀将军把国家地理空间情报局的工作重点，从生产地图和照片改为综合各种数据集，生产地理空间情报——这是图像情报现在的新名字。以前，国家成像和测绘局的工作，是生产配有辅助文字的二维地图。如今，国家地理空间情报局的工作，是向用户提供各种可视化产品，同时继续生产各种地图和测绘产品。

三、地理空间情报的主要特性和组成

（一）地理空间情报源

本书讨论的各个情报科目，就相互依赖程度而言差别极大。极端地

---

[1] 原注：尽管该局的名称是国家地理空间情报局，只缩写为NGA这三个字母，需要在正式英文名称中使用连字符（National Geospatial-Intelligence Agency）。克拉珀希望国家地理空间情报局能和其他国家情报机构一样，使用三个字母的缩写。

讲，有可能存在生产成品情报时只需要开源情报的情况。人力情报、信号情报和测量与特征情报，在一定程度上都要依靠开源情报和地理空间情报，并且彼此相互依靠。地理空间情报则是另一个极端，它根本不可能独立。它的本质，就是需要大量来源，包括其他各种来源提供的数据和信息。正如前文所述，它自始至终都是这样。不过，近一个世纪以来，地理空间情报的主要来源一直都是可视图像——先是由胶片相机拍摄，近几十年由电光成像仪拍摄。如今，开展图像搜集工作时，绝大部分人都在使用这些可以拍摄数字图像的成像仪器。但胶片仍然是可行的搜集载体，特别是对发展中国家而言，因为这些国家没有足够的基础设施，无法利用数字图像。

1. 成像平台

卫星成像。在美国情报界，卫星搜集主要分为两类：商业卫星和国家技术手段（NTM）。目前属于国家技术手段的传感器和方法都是保密的，因此不在我们的讨论范围之内。自2002年起，美国政府发起一次公开讨论，激辩是否需要国家技术手段类的传感器。美国国会要求地球眼（GeoEye）和数字地球两家公司制造4台0.5米分辨率（即能够探测的目标，尺寸最小为0.5米）的大型商业搜集卫星系统，而在全部制造成本中，国会投资超过50%。这两家美国公司获得独家供货合同，具体内容是制造这些卫星，并根据"未来观察"（NextView）和随后的"增强型观察"（Enhanced View）这两个项目的合同，以收取年费的方式提供图像。2013年，数字地球收购了地球眼。"地球眼2号"卫星的研发工作仍在继续，但或许将作为备用，不会被发射。[1] 不久前，笔者与数字地球开展讨论时，发现他们又有兴趣发射"地球眼2号"，因此这个项目很快便会重新激活。"世界观察3号"（WorldView-3）卫星覆盖了可见光至短波红外

---

[1] 原注：Satellite Imaging Corporation, "GEOEYE-2 Satellite Sensor," http://www.satimagingcorp.com/satellite-sensors/geoeye-2.html.

（包括全色、8个电光波段和8个短波红外波段），是由数字地球公司最新发射的。2014年6月，美国商务部放宽分辨率不得超过50厘米的限制，允许数字地球出售分辨率更高的图像。这一决定允许将美国的商业卫星图像出售和提供给美国国内外的商业机构，用于开展各自的地理空间情报活动。对数字地球而言，美国国家地理空间情报局提供的"增强型观察"项目合同及其配套项目"增强型地理空间情报供应"（Enhanced GEOINT Delivery）的合同，令该局可以从数字地球的一切搜集成果中，不受限制地选购图像，且可以生产带有附加值的图像产品，供美国政府使用。

机载成像。机载监视曾经是有人驾驶飞机的专属领域，如今普遍通过使用无人驾驶飞机系统（Unmanned Aircraft System，UAS）[1]，有时也被称为无人驾驶飞行器（UAV）来完成。2014年，美国联邦航空局禁止无人机进入国内的非管制空域（定义为5.5万英尺以上的高度）。因此，无人机无法在美国国内拍摄图像。但在美国之外，经常性使用无人机的情况愈发普遍，因为在开展被认为枯燥、肮脏或危险的工作时，使用无人机是很正常的做法。人们希望美国联邦航空局能够允许无人机在美国空域进行商业使用。这项期望已久的决定计划于2015年颁布。然而，截至目前，有迹象显示这项决定或将推迟颁布。同时，政府和商界使用无人机开展地理空间情报活动的做法，已经扩散至美国以外的全球各地。

2. 传感器的光谱谱段

许多不同类型的数据（图像）都可以使用传感器进行搜集。它们之间的主要区别，在于传感器能够观测到电磁波的哪部分谱段。传感器使用能量分配器和滤波器，在搜集电磁能量时可以区分不同的范围，也就是谱段。针对来自电磁波不同谱段的图像和数据，解译后用于特定的任务或用途，这种工作原理和方法，就是地理空间情报这一科目的核心。这种解译方法通常被称为现象学。对电光图像而言，解译也被称为"读取"（read

---

[1] 译注：以下简称无人机。

out），其中分析人员会"读"（read）图像，即识别目标、确认或核实位置、确认基线活动以及针对由相同或相似探测系统在不同时间搜集到的图像或数据，查找其中的变化。

被动光学传感器的搜集范围分为可见（400—700 纳米）、全色（0.4—0.9 微米）、近红外（0.7—2.4 微米）、中红外（2.5—5.5 微米）和热红外（8—12 微米）。这些搜集范围还可以进一步细分为不同的可用谱段。多年来，光学传感器在这些范围内，在每个不同谱段搜集图像。全色图像仍然是地理空间情报的主要来源，因为这种搜集系统提供给分析人员的图像，在分辨率、清晰度和对比度上都很高。

不过，目前愈发流行的趋势是使用商业多谱段搜集系统，即使用一个搜集平台，但搭载的设备为两个或多个相互独立的传感器，而每个传感器只针对电磁波的不同谱段做出反应。许多商用机载多谱段搜集系统，都是以被动的方式，在近红外甚至中红外可见谱段开展搜集。或许，最有名的被动多谱段搜集项目就是"陆地卫星"。该项目最新发射的是 8 号卫星，上面搭载两个主传感器。其中一个是运行型号的陆地成像传感器，感应波长在 0.433 微米至 2.29 微米的电磁波，在 9 个不同的谱段搜集图像。另一个是热搜集系统，被称为热红外传感器，在两个热谱段搜集图像。[1] 高谱段搜集系统使用相同的概念，将适用谱段的数量增至数百个。SpecTIR 等公司经常使用机载高谱段成像仪器，对地理区域进行详细的光谱和天气[2]观测。在商业地理空间情报领域，需要高空间分辨率高谱段数据和分析的用户，主要是石油、天然气、采矿和矿产勘探公司以及科研机构。

21 世纪中期，在美国于中东开展的军事活动中，有一种重要的被动传感器开始占据主导地位，它主要使用可见光谱段，那就是可以提供视频的各类仪器，通常安装在飞机、直升机、无人机或航空器等载具上。机载视

---

[1] 原注：United States Geological Survey, "Frequently Asked Questions about the Landsat Missions," http://landsat.usgs.gov/band_designations_landsat_satellites.php.

[2] 原注：以图像形式进行的天气观测，是一种以几乎实时的方式对整个关注地区进行成像的能力。

频类成像仪器的特点,是技术发展迅速,以及因此形成的使用范围扩大,其用户包括军方、情报机构和商业组织。机载视频有一个用途在全球范围的应用日益广泛,那就是使用无人机对边境和港口进行监视,帮助各国跟踪船只进入港口的活动情况。综合利用能够拍摄照片和视频的多相机系统,就可以对大范围地区进行天气观测,同时可以保留利用现有分析手段的能力。虽然无人机工作时通常更加安全,因为操作人员可以远程遥控,但它仍然需要获得批准,才能进入相关空域工作。特别是美国大部分无人机平台都是由战区级指挥官所控制,因此它们接受任务和攻击这些系统所需要的时间极短。

在中东开展军事行动期间,美国取得了随意调动部队的自由和无限使用空域的权利。但对未来的军事行动而言,情况却并非如此。因此,美国情报界内部开展了一项有益的辩论,讨论面对禁飞空域时,机载和星载设备获取信息流时应当取得怎样的平衡。通常人们认为,机载和星载搜集系统、拍摄视频与照片的成像仪器、主动式与被动式系统以及商业与国家技术手段的设备,未来将以不同的组合方式,开展公开和隐蔽行动,其任务和使用情况取决于当时接到的具体任务部署。

机载视频也因产品命名泛滥而愈发出名,搜集系统使用范围的扩大正是原因之一。这类视频通常被简单地称为全动感视频(FMV),包括广域动感图像、广域监视和广域持续监视等各种衍生类型。持续监视(persistent surveillance)的定义为:"(它是)对重点目标开展监视,保持经常性或足够的时间和频率,从而向联合部队司令提供信息,供其及时采取行动的一种情报、监视和侦察策略。"[1] 注意,在这里的语境中,"持续"并不意味着连续不断的监视。在大多数粗心大意的观察人员和研发这些视频系统的人员那里,这个事实往往遭到忽视。

---

[1] 原注:U.S. Joint Forces Command, "Commander's Handbook for Persistent Surveillance," Vol. I-3, June 30, 2011, http://info.publicintelligence.net/USJFCOM-PersistentSurveillance.pdf.

3. 被动传感器与主动传感器

传感器分主动式和被动式两种。前文讨论过被动传感器。有些重要的地理空间情报搜集工作需要依靠主动探测，即这种传感器会发射并接收能量。主动式远程探测系统主要有两种。

雷达（全称为"无线电探测和测距"）系统，可以发射和搜集反射的无线电或微波能量。大部分雷达可以探测自身与目标间的距离。目前主要用于成像的合成孔径雷达，有着许多独有的特点。其中一个重要的特点就是信号相干。在分析变化的探测过程中，有可能出现同一传感器对同一地理结果反复进行搜集，分析海拔的细微变化。雷达产品的用途，包括开展探测以确定变化（搜集前后数据进行对比，寻找变化或不同）提供海拔服务，研究冰川和冰盖的变化，以及在地质学意义上的年轻山脉隆起时，观测其所在山地地区的变化。不同于被动式系统，雷达还是一种全天候搜集系统，能够在极端天气条件下，穿透云层进行彻底覆盖，搜集可用数据。

激光雷达（全称为"激光探测和测距"）使用对近红外甚至中红外可见的相干光，而不是无线电或微波。部分激光雷达选用的波长，可以穿透水体，对地形进行高精测绘。机载激光雷达系统发射一系列脉冲，遇到地球表面后可以反射。反射的能源返回至仪器搭载的接收装置。脉冲发射与每次能源返回之间的时间延迟，可以用于计算传感器与地球之间的距离：将一系列高程点连线，其中每个高程点对应一个已知位置，将多条连线组合在一起，就是高程地图。多谱段激光雷达系统可以提供几乎与照片等效的高程地图。激光雷达的主要用途，仍然是对等高面和等深面进行测绘。

4. 其他地理空间情报源

尽管成像系统是地理空间情报的主要来源，但非传统来源也正在改变测绘和分析的性质。社交媒体已经成为地理空间情报的一个重要来源。2004 年印度洋发生海啸，2013 年 11 月菲律宾遭遇台风。两起灾害令地貌发生巨大变化，现有地图变得毫无用武之地。海啸发生后，美国国家地理空间情报局迅速重制水文和大地测量图。在菲律宾，数字在线测绘技术，再加上能够访问并筛选社交媒体的软件，创建出开放式街道地图，并且不断更新。超过100万条的推特发文和脸谱网状态更新，再加上数字航拍，令救援工作人员能够识别并定位危害位置、道路中断地点以及灾民聚集地点。[1]

（二）地理空间情报产品

所有情报科目的从业人员都会对情报产品进行调整，以满足特定用户群体的需要。地理空间情报分析人员往往也会这样做，他们会提供不同等级的产品，满足不同的用户需求。有些产品强调时效、速度就是一切，有些要求详细分析，有些需要其他附属科目提供信息。以下是一些例子：

图像。在作战或危机环境下，必须立即向用户提供图像。在此情况下，处理后的图像将在分发图像分析人员的同时分发用户。

图像情报。在细节和分析比时效性更加重要的情况下，图像会经过多个层级的分析，然后生产出图像情报，正如在下文"地理空间情报分析"中讨论的那样。

地理空间信息。地图是地理空间信息的基础。制作航海图和水文图、航空图以及地形图，都是为了满足特定的用户需求。数字化的地图、航海图和航空图大都可以取代纸质版本，因此可以加快分发流程。部分地理空间信息产品具有时效性，比如危害通知就必须迅速发送飞机船舶，供导航使用。

地理空间情报的提供方式，愈发呈现出在线提供和按需提供的特点。这种概念，是指用户根据需要，找到并访问在线提供的地理空间情报内容、服务、专业知识和支持。这种按需提供的概念在商业领域也是一样，因为基于位置的商业应用和服务已变得越来越多。

---

[1] 原注："Evolving Digital Maps Play Key Role in Philippines Relief Efforts," *IEEE Spectrum Tech Alert* (November 14, 2013).

地理空间情报产品有两种截然不同的查阅方式：实物产品和概念产品——这是根据达成的结果区分的。首先看一下作为实物产品的地理空间情报。

1. 实物产品

通常地理空间情报采取下列两种形式之一：

（1）**标准产品**。美国国家地理空间情报局和其他国家的类似机构，都在向各自用户提供各种标准产品。产品形式有地图、航海图和航空图和图像，通常还附有地理信息或情报信息。标准产品是大范围分发给数量庞大的用户群体，包括军方、情报机构和文官机构。

（2）**定制产品**。这是为某个特殊目的而定制的产品，通常只提供给精选的、范围极窄的用户群体。生产这些产品时，通常使用谱段成像仪器等专用传感器，而且往往非常依赖其他情报科目提供的信息。

定制产品种类太多，难以枚举，以下是几个标准产品的例子：
- 航空图、坐标图和飞行信息手册；
- 航海图、水文图和航海通告；
- 地形地图、地面地图、航海图和航空图以及数据库，比如数字地形信息数据；
- 大地测量数据和地球物理数据；
- 地理空间情报分析报告，比如情报简报、重点电文和图像报告。

2. 概念产品：态势感知

从情报角度来看，地理空间情报工作最重要的成果，不是实物产品，而是被称为**态势感知**的产品。地理空间情报可以提供地形测绘，探测一个地理区域的动态和物理变化，监控贩毒和灰色武器运输等非法活动，监测非法移民和国际贸易活动，从而提供情报，支持态势感知。有多个不同的术语可以用来描述态势感知，我们将在下面逐一讨论。

战场空间感知（Battlespace awareness），是用来描述交战地区的态势感知的术语。战场指军官依靠地理空间情报，监控辖区友军和敌军的活动。提供这种态势感知的是图像、雷达和电子情报。

领海感知（Maritime domain awareness），与战场空间感知这一概念密切相关。这种感知极其重要，可以确保港口安全，可以在专属经济区行使国家主权。船只一旦离开岸基监视系统的监控范围，对沿岸政府而言即为不可见。因此，船只实际上是可以消失的。而它重新出现时，是因为马上要按计划进行下一次到港访问。

需要综合利用多个传感器，才能提供领海感知。所有体积超过一定大小且执行国际航海任务的船只，以及所有注册客轮，都必须安装自动身份识别系统，这种应答器可以让其他船只及卫星识别该船只身份，并对其进行跟踪。[1] 开展海洋测绘时，也会用到电子情报卫星和装有雷达的飞机。

导航安全（Safety of Navigation）指空中和水上的出行安全，取决于飞机和船只是否掌握两种地理空间信息。一种是固定危害的位置，比如沉没物体（针对船只及潜艇）和高海拔地貌或灯塔的位置（针对飞机）。另一种是毗邻区域其他飞机船只的位置和活动信息。应对固定危害的方法，是使用地图、航海图和航空图，并在必要时对其进行更新。应对移动物体就需要实时态势感知系统。

基于活动的情报（Activity-based intelligence，ABI）指"以所关心的实体、人口或地区为目标，针对与之有关的活动和交易，开展分析并在随后开展搜集活动的一种情报科目"。[2] 它也是态势感知的一种形式，主要针对一段时间内的交互活动。

与基于活动的情报这一概念密切相关的是**运动情报**（movement

---

[1] 原注：John W. Allan, "Redefining Maritime Security," *Geo Intelligence*, March-April 2011, http://www.wbresearch.com/uploadedFiles/Events/UK/2012/10980_006/Download_Center_Content/18–22%20John%20article%20low%20res.pdf.

[2] 原注：Gabriel Miller, "Activity-Based Intelligence Uses Metadata to Map Adversary Networks," *Defense News*, July 8, 2013, http://www.defensenews.com/article/20130708/C4ISR02/307010020/Activity-based-intelligence-uses-metadata-map-adversary-networks?odyssey=nav|head.

intelligence）的概念，通常缩写为 MOVEINT。二者都极度依赖全动感视频。以从"捕食者"无人机下行链路获取的视频为例，情报人员喜欢称这种产品为运动情报，而作战人员只会称它为全动感视频。

基于位置的情报（Location-based intelligence）前文曾被提及，其更好的说法"商业世界的态势感知"。所有的商业交易和经营活动，都是在具体位置开展的。针对这些交易和经营，以地理空间情报的形式提供实时数据，并允许用户贡献自己的数据，可以让相关组织迅速判明哪些形势能够对自身产生影响。这样，它们就能够以更加迅速、更加有效的方式开展商业经营。

便携和车载全球定位系统，让人们更好地理解"基于位置的情报"这个概念中的"位置"，也让人们愈发认识到它很有价值，可以实现高效经营、收入增加和加强管理。它包括如下内容：

（1）使用地理空间信息，解读市场营销和经营活动数据；
（2）分析用户的人口统计学信息；
（3）研究销售数据，回答"这发生在哪里"的问题。

比如，运输和物流行业率先使用测绘技术，并使用全球定位系统跟踪司机选择的路线，跟踪速度和交通状态等指标，以精确安排送货，并节省燃料。

应对自然灾害（Response to Natural Disasters）是国土安全部和国家地理空间情报局的一项愈发重要的态势感知任务，即在美国国内（比如 2005 年的飓风"卡特里娜"和 2012 年的飓风"桑迪"）和国外（如前所述）针对灾害进行应对和救助。这些自然灾害突显出及时、精确、相关的地理空间情报数据和分析的重要性。自然灾害发生前后拍摄的照片，标明建筑物（比如医院、警察局、市政府大楼和市政道路）位置的地理空间数据，以及灾后分析出最佳临时港口和机场的位置，这些都可以帮助救援工作人员高效快速应对这些灾害，也可以让本国议员和国际社会更好地了解这些自然灾害的全部影响。

(三) 地理空间情报分析

地理空间情报的生产需要的远远不止图像和地图，还需要地理空间信息。这些信息的获取渠道，可以是任何一种情报源，也可以是许多非情报源。于是，问题就变成以下形式：为了生产地理空间情报，到底需要进行哪种类型的分析？这个问题在美国情报界内部引发一些争议，并导致出现多个关于"分析"的相互矛盾的术语。

国家情报搜集组织开展的分析，被称为**单源分析**。比如，美国国家地理空间情报局的职责，是基于图像开展单源分析。这些组织的工作，是就通过各自主要来源（如国家地理空间情报局的主要来源就是图像）所获取的材料，进行处理、开发和分析。正如第1章解释过的那样，各个搜集机构往往会使用其他情报搜集科目提供的材料，并称这种材料为附属情报。因此，如果一个图像分析人员使用通信情报，就可以将这些通信情报称为"附属情报"。如果一个通信情报分析人员使用图像情报，也可以称这些图像是"附属情报"。

许多国家机构和军方部门都受命从事**全源分析**，比如中央情报局、国防情报局和国务院，都负责国家层面的全源分析。

据称，在地理空间情报与全源分析之间，存在一条职能分界线。事实上，这是人为制造的分界线，而且往往被人忽略。从事单源分析的组织想要生产全源情报，而且因为情报在各个搜集组织之间是共享的，所以它们往往有能力做到。英国作者迈克尔·赫尔曼（Michael Herman）发现，"这些单源机构如今不再是纯粹的'原始情报'搜集者，而是体系化的分析者、分选者人员和解译者"，而在谈到二者的区别时，他发现这是"将事实上原本连贯的对真相的探求，以刻意人为的方式进行割裂"。[1]

因此，单源分析与全源分析之间的分界线变得愈发模糊，而且这种

---

[1] 原注：Michael Herman, *Intelligence Services in the Information Age* (London: Frank Cass Publishers, 2001), 192–193.

情况也不可能改变了。单源分析人员在进行分析时，需要依靠其他搜集来源，并将自己的情报产品称为"多科目情报融合"，目的是与全源分析人员的产品有所区别。不论怎样命名，结果都是生产出更好的情报产品。单源分析人员可以将一部分的劳动量，从不堪重负的全源分析人员身上解放下来。另外，认为两种分析之间可以开展竞争的设想，其基础是认为可以从另一个全新的角度研究原始材料。两种不同类型的目光审视同一份材料，往往可以发掘出一些重要的情况。然而潜在的问题是，单源分析人员并不掌握全源分析人员那种广泛的来源访问权限，而在处理同一个主题时，往往并不具备后者的经验深度或专业知识，也不具有那种与用户的密切关系。因此，单源分析人员生产多源或全源情报产品时，只能提供糟糕的评估意见（用户仅能使用而已）。

进行地理空间情报分析时，不但必须解决全源分析与单源分析之间存在人为分界线的问题，而且必须解决地理空间情报同测量与特征情报之间界线模糊的问题。对红外、光谱或合成孔径雷达情报进行搜集和分析时，往往既会涉及图像情报，也会涉及测量与特征情报。因此，这两个科目都可以宣称这个领域应当由自己负责。其结果是，美国国家地理空间情报局和国防情报局均对这种情报作出不同的定义。国家地理空间情报局将一种特殊的地理空间情报称作"全谱段地理空间情报"，即以前的高级地理空间情报。其定义称，全谱段地理空间情报是"将通过图像或与图像相关的搜集系统搜集到的全部数据，运用高级处理方法进行解译和分析，从而获取技术、地理空间和情报等层面的信息"。据推测，它指的应该就是红外、光谱和雷达图像。而对测量与特征情报承担职能责任的国防情报局，坚持称之为"通过图像衍生的测量与特征情报"。

四、地理空间情报的管理

地理空间情报的管理必然是去中心化的。地理空间情报的生产方，是众多政府机构、军方和文官组织以及代表美国政府但却与之无关的商业实体。在美国政府内部，国土安全部、能源部、国务院、财政部、卫生与公众服务部、美国农业部（包括林务局）和联邦调查局，都承担着与地理空间情报相关的重大职责，但这些职责并不在美国国家情报体系范围之内。

美国地理空间情报局局长兼任国防部地理空间情报部门的主管，以及美国情报界该领域的职能主管。其职能责任包括如下流程：下达图像搜集、地理空间信息搜集和技术搜集等任务，处理原始地理空间情报数据，开发地理空间情报信息和图像情报，以及分析信息和地理空间情报，并向用户分发。

（一）需求和任务系统

针对图像和地理空间信息提出的需求和下达的任务，由许多政府和商业组织负责管理。国家层面和军方司令部层面的系统存在显著区别。

搜集和搜集管理等职能，由国家地理空间情报系统的各类工作人员履行。截至目前，国家和商业成像仪器的工作任务，由美国国家地理空间情报局通过来源行动与管理处下达。每项任务的需求，都应提交给美国国家地理空间情报局，然后该局会对所有要求提供图像的需求进行综合考虑。之后，国家地理空间情报局会制定出综合性的优先搜集项目。在这个综合性的优先任务清单上，国家地理空间情报局会设立一个优先需求的数据库，用来规划搜集任务。

至于国家技术手段类的搜集传感器，其维护、操作和目标选定的工作由国家侦察局负责管理。在这种搜集工作中，优先需求会发给国家侦察局，使用国家技术手段类来源加以执行，同时发给数字地球公司，以使用美国商业搜集系统开展搜集。

数字地球公司的成像卫星

卫星	分辨率	再访问时间	介绍
伊科诺斯（IKONOS）	0.8 米	3 天	搜集全色和多谱段图像，用于绘制地图、观测变化和图像分析
快鸟（Quickbird）	0.61 米	2.4 天	搜集全色和多谱段图像
地球眼 1 号	0.41 米	<3 天	搜集全色和多谱段的广域覆盖图像
世界观察 1 号	0.5 米	1.7 天	搜集全色广域覆盖图像
世界观察 2 号	0.46 米	1.1 天	搜集全色和多谱段的广域覆盖图像
世界观察 3 号	0.31 米	<1 天	搜集全色和多谱段的广域覆盖图像

＊摘自数字地球公司网站[1]

国防情报局的职责，是当国家层面的组织和战区层面的用户提出需求，要求同时搜集国家和空中的地理空间情报时，对二者的需求进行协调。在各作战司令部，地理空间情报部门负责需求管理，以及对战区搜集设备下达任务。[2]

美国的地理空间情报面向国际，而且与科学密切相关，其管理机构是美国地质勘探局，另外该局还是美国航空航天局所有"陆地卫星"任务的支持机构，负责回应相关的需求和任务下达。

因为搜集系统多种多样，而且商业来源的搜集速度也越来越快，所以当搜集管理人员收到刚刚下达的搜集需求时，可能部分需求已经得到满足。人们针对同一地形，使用不同搜集系统开展多项搜集活动的情况并不罕见，因为图像或图像产品在最终使用时存在的区别，往往决定了应该使用哪些系统，以及哪些系统并不适合这项任务。比如，不太可能使用 30 米的"陆地卫星"数据（名义上每个像素为 30 米×30 米——这是目前数字传感器最小的搜集单位）来确定车辆身份，但在大多数情况下，有可能使用"世界观察 2 号"卫星的图像来区分厢式轿车与通用货车。

---

[1] 原注：DigitalGlobe, http://www.digitalglobe.com/resources/satellite-information.

[2] 原注："Geospatial Intelligence in Joint Operations," *JCS Joint Publication 2–03* (October 31, 2012): IV – 2.

（二）搜集

图像搜集系统的研发与运行，主要是由以下三项用户需求驱动的：

1. **更高的分辨率**。不论图像的画质有多好，用户似乎总是需要更多一些、现在刚好无法实现的细节。

2. **天气图覆盖范围**。同时（或几乎同时）对地球实现面积更大的广域覆盖，确保用户不会遗漏重要的情况。

3. **监视**。飞机和卫星可以对目标区域进行侦察，或进行定期监视。航空器和无人机可以进行侦察，或进行不间断监视。运动情报和基于活动的情况，都需要开展监视。

通常人们不得不在这些需求之间做出权衡——特别是前两项需求之间。此起往往意味着彼伏。搜集管理工作的一大挑战，就是调整这些权衡。

搜集系统的采购管理与使用管理是分开进行的，因为这两种活动需要不同的技能和流程。建立系统需要工程学和项目管理的专业技能。操作这些系统，需要在任务规划、针对目标开展活动和处理大规模用户基础等方面掌握专业技能。

大量搜集资源流向美国的地理空间情报：

美国政府。国家侦察局设计、制造并使用美国的侦察卫星，这些卫星正是地理空间情报数据的主要搜集来源之一。这些保密卫星以及部分机载系统，被称为美国情报界的国家技术手段。美军各军种都在采购和使用机载情报以及监控和侦察平台（飞机、无人机和航空器），用于搜集图像。美国海军采购并使用可进行海底声学地理定位的系统。美国航空航天局制造并使用一系列的遥感卫星。

商业搜集力量。美国和多个国家使用商业成像卫星，其工作范围为可见光和红外谱段。目前，加拿大、意大利和德国可提供商用合成孔径雷达成像卫星。

国际搜集和联盟搜集。越来越多的国际或联合组织正在研发和使用地理空间情报搜集系统。国际监测系统在全球设立地震和声呐监测站，组建网络，监测地震和地下爆炸的地震特征和水下声学特征。美国与"五眼联盟"伙伴国（英国、加拿大、澳大利亚和新西兰）共享图像搜集成果。在阿富汗等战场的联盟伙伴国，也相互共享地理空间情报产品。

管理搜集行动时，通常可以细分成多个情报搜集子科目加以开展。具体而言，可见光成像、光谱成像和雷达成像，通常由不同的组织分别管理，这是处理类型要求的。比如，可见光成像需要时效性，因此必须迅速完成，方便快速分发产品。雷达成像需要更加大量的处理和开发工作，方便用户使用，因此整个流程的管理是完全不同的。光谱成像（通常为数十至数百个谱段）也需要大量的处理和开发，另外产品的生产过程通常不强调时效性。

用于生产地图、航海图和航空图的材料搜集的管理方式，与用于生产图像的材料搜集的管理方式截然不同。它来自更广泛的多种来源，其中许多都是公开可用的。地理空间情报可以来自任何一个情报搜集科目，因此需要地理空间情报组织与所有情报搜集科目保持密切的工作关系。

（三）处理、开发和分析

处理、开发和分析地理空间情报的基础，必然是大量专业技能和特殊专业科目。这些通常被称为情报专业。部分最重要的专业（通常被称为"工作"或"工作任务"）如下：

地理空间情报分析。这个领域是从地理空间数据和地理空间信息系统中获取意义，回答情报问题。

目标分析。通常被称为"来源分析"，这个专业技能需要与任务的合作伙伴以及其他搜集科目开展合作，制定综合搜集策略，并针对高优先级目标策划搜集方案。

地区分析。这个领域需要了解一个国家或特定地理空间区域的政治、经济、军事、社会和基础设施等因素。

图像分析。实施者应擅长从图像中提取情报。

海洋分析。它可以将水文、海洋学和测深数据，解译为海上导航和领航信息，通常以地图、航海图和航空图的形式呈现。

制图学。这是绘制地图、航海图和航空图的专业技能。

图像科学。这里涉及的技术，将用于研发图像搜集系统，并用来提供图像。

大地测量科学。这是将大地测量学和地球物理学的专业技能，应用到对地球（包括重力场）进行测量和表达的科学。大地测量科学家也会测量地壳运动和潮汐等现象。

商业类和国家技术手段类的图像相互结合，就是地理空间情报分析人员所能获取的基础数据。不过，这些由美国情报界获取的自带地点和时间信息的数据，其数量一直持续增长。所有地理空间信息都能被地理空间情报组织使用。自2004年起，开源情报提供的信息，已成为地理空间情报分析人员的一个重要数据来源。持续视频问世后，成为一种基于活动的信息的来源。计算机的运算和存储能力不断提高，因此对各种图像来源的分析人员的可用性也在不断增强。不过，生产"一目了然"式图像也只是这个流程的一部分而已。必须检索并发现适合分析的图像，也必须检索并发现其他一切适用于特定地形的可用数据。将可用的开源情报纳入这个综合体系当中，可以产生海量数据，供地理空间情报分析人员和图像分析人员使用。对图像分析人员而言，国家技术手段类和商业类来源提供的图像，是进行分析时使用的主要来源。在实践中，大部分第一阶段的分析工作，是由前沿部署的地理空间情报分析人员（包括国家地理空间情报局支持小队和军方人员）开展的，而第二和第三阶段的分析（将在下面讨论），通常由国家地理空间情报局和军方在美国本土开展。

国家层面的地理空间情报产品大多由美国国家地理空间情报局生产。该局下设两个处，分管相关生产：

来源行动与管理处——负责获取相关数据，用于图像分析和地理空间信息生产；

分析处——向政策制定者、军事决策者以及作战人员提供地理空间情报和服务，向联邦文官机构和国际组织提供定制支持。

美国其他政府组织也提供地理空间情报，作为开源信息供人使用。比如，在获得美国航空航天局"陆地卫星"项目提供的图像后，美国地质勘探局便对其进行处理、开发、分发和存档。

对图像进行开发和分析的工作最多需要经历三个阶段，这取决于时效性和分析细节这两种需求之间的矛盾冲突。这三个阶段的性能、所需时间以及产品质量均得到极大改进，原因就是20世纪70年代至80年代期间，模拟产品（照片）开始变为数字产品（电子图像）。

第一阶段开发。在时效性是主导因素的情况下，图像产品分发到用户手中的时间不得超过24小时，且往往还要短得多。这种产品通常是非常容易失效的情报，比如需要满足指征和预警（Indications and Warning，I&W）需求的情报。图像所附注释，标明当前非常重要的变化或活动。

第二阶段开发。这种图像产品分发给用户的时间，通常是在获取图像之后的1周以内，以对目标进行更加详尽和深入的解读。

第三阶段分析。通常被称为第三阶段开发，它其实是一种全源分析。它可以提供详细全面的报告，特别是对相关设施和活动进行战略研究。这种深入研究没有固定的时间框架，但完成时间很少超过1周。

第三阶段分析需要从其他情报搜集科目那里获得情报，往往还要与这些科目密切协作。美国国家地理空间情报局的地理空间情报分析，依靠的是与国家安全局的密切联系。另外，这两个组织之间的合作伙伴关系，对二者的产品也大有裨益。比如，通信情报和电子情报的搜集人员，可以提供目标发射源的地理位置。人力情报和开源情报可以提供相关意见，特别是当这些意见所涉及活动能够生产基于活动的情报时更是如此，而测量与特征情报能够提供关于实物现象和地球物理现象的细节。

因为许多地理空间情报源提供情报的速度快、数量多，所以基于活动的情报愈发成为分析工作中极其重要的组织原则。现在，一种三维地球仪正在兴起。那些"最佳可用"的图像、地理空间信息和分析产品，在被提供给地理空间情报分析人员的同时，也可以在这种地球仪上展示。因为通信网络变得愈发无处不在，之前在数据"烟囱"中储存的数据，如今已经被来自各个科目的越来越多的分析人员所普遍使用。因此，全源分析人员与地理空间情报分析人员之间的分界线变得更加模糊，也就更加无需定义分析的不同阶段。需求得到表述，产品得到提供，分析得以开展，结果得到发布，供他人使用、评价以及添加至最终分析产品当中。地理空间情报最大的发展趋势，就是提出需求、满足需求以及融合之前互不相通的科目（比如图像分析人员和全源分析人员）这三个环节，彼此时间间隔越来越短。

（四）分发、存储和访问

1. 分发

为军事目的分发地理空间情报时，需要处理好两个标准：对速度的需求和对产品共享的需求。图像情报在战场环境特别容易失效，其产品往往必须与联盟伙伴共享，但这些伙伴拥有的安全访问权限相对较低。材料必须在非保密或（最多）机密的层级发布。

如何处理好这些标准，一直是管理方面的挑战。在中东曾有过多次联合军事行动，但在行动期间，图像产品并没有及时送到联盟中各伙伴的手里。因为能够获取非保密的商业图像，所以共享问题有所缓解；而因为能够从无人机和航空平台获取图像，所以对时效性也有帮助。在许多军事行动中，特别是本地武装参与联盟行动时，只有商业地理空间情报源能够在所有友军部队中实现情报共享。

与需求和任务部署类似，地理空间情报的分发也要通过多个渠道完成：
- 国家地理空间情报局事业运营处负责管理国家地理空间情报系统。这个系统提供地理空间情报产品，供各种政府用户和联盟用户使用。
- 国防后勤局在世界范围提供后勤支持，服务于军方各部和各个作战司令部，以及国防部其他部门和各个联邦机构。在发挥这项职能时，国防后勤局作为一体化材料的管理方，处理所有标准地理空间信息和服务产品。[1]

- 在美国各作战指挥部内，地理空间情报部门协调相关流程，管理任务部署，从现有资料、数据库和图书馆中，检索、发现、访问并搜集地理空间情报和数据。[2]

2. 存储

对地理空间情报的来源和产品进行存储，这是个永久性的挑战。在美国情报界，对所搜集的图像进行检索和逐张审阅的主要系统，是一个访问和检索门户网站 WARP。它基于网络，具备搜索和发现功能，分析人员或用户可以填写表格，向中央搜索服务器发出请求。符合搜索描述的图像，会被发给申请方，进行进一步筛选、审阅或选定。此外，图像产品图书馆（Image Product Libraries）允许用户以本地访问的方式，访问美国情报界搜集到的全部可用图像中的一部分，具体情况取决于用户所在位置、存储情况以及网络可用情况。截至目前，iSToRE 正在取代这种图书馆，当分析人员从不同位置访问所存储的数据时，它可以改善和简化这一过程。

在长达 10 年的军事部署期间，阿富汗—巴基斯坦战区产生了大量的全动感视频，它们既造成分析工作的延迟（因为像素太高，现有分析人员太少），同时也对存储、寻找和检索相关视频的工作提出需求。半自动特征识别和提取的方法已经开始使用，但人工浏览仍然是分析全动感视频的主要方法。搜集到的视频已达拍字节[3]，但这些搜集到的数据，只有很少一部分被分析人员所查阅。

开源情报数据是另一个海量的数据来源，即使所有图像类数据加在一起，与之相比也相形见绌。并非所有的数据都要永久存储。每个通过保密

---

[1] 原注："Geospatial Intelligence in Joint Operations," *JCS Joint Publication 2–03* (October 31, 2012): II–3.

[2] 原注：同上，IV–2。

[3] 译注：拍字节（Petabytes），计算机存储单位，2^{50} 字节。

来源搜集到的数据，都会自动标上具体的搜集时间、来源和"失效日期"（它变为非保密性数据的日期）。分析人员使用的通过非保密来源获取的数据，会根据内容评估结果打上适当标签，因为如果其中部分材料被用来支持更大规模的分析活动时，就会变成保密材料。所有报告都会保存。元数据（关于数据的数据）在地理空间情报领域得到广泛应用，用来根据每条数据的有效性，对其进行编目处理。

3. 访问

包括全源分析情报分析人员在内的所有用户，必须能够访问所存储的地理空间情报产品——这意味着必须存在一个强大的搜索功能。

搜索是地理空间情报框架的重要组成部分。如果分析人员不能找到合适的数据（或来源），就不可能按照需求开展分析。美国情报界内部存在大量的搜索力量，有的是基于网络的，有的使用专利技术，有的是独立的，有的是历史遗留产物（不再升级，但继续维护，以便任务继续开展）。在美国国家地理空间情报局内部，针对图像和图像产品的主要搜索引擎是WARP。它的用途是在库存资料里，检索相关的国家技术手段类和商业类图像和图像产品。"增强型地理空间情报供应"项目是这方面的后续努力，它是根据"增强型观测"项目合同下的"在线地理空间情报快速供应"项目合同推出的。"增强型地理空间情报供应"项目提供增值产品，包括针对全球范围的特定地区，提供最佳可用的图像。"增强型地理空间情报供应"（商用版）的搜索工作，是通过使用"增强型地理空间情报供应"搜索引擎展开的，这种引擎是基于网络的前端工具。不过，用以创建"增强型地理空间情报供应"的"皮肤"的单独图像，也可以在WARP上找到。多种搜索途径，让来自不同背景的分析人员都能够找到合适的来源数据。

（五）地理空间情报标准

所有搜集科目都需要相关标准，以帮助实现情报共享，或是像经常描述那样，实现**互操作性**（interoperability）。我们对互操作性的定义：它是一种可以在不同系统上共享数据和信息产品的特性，不论哪种基础设施或领域。想要实现互操作性的标准包括多方面：必须存在一个共同认可、互相兼容的通信，以实现快速共享保密性材料，特别是在缔约联盟并开展行动中——这是所有搜集科目普遍面临的问题。

对地理空间情报而言，共同认可的标准是极其重要的。它有一点是不同于其他所有情报搜集科目的：许多的搜集工作和许多的产品应用，都不是在美国情报界及美国政府内部完成的。因此，地理空间情报必须广泛共享，这就需要制定一些标准数据格式，以方便共享。如果没有共同的标准来限定地图和图像的格式，交流数字格式的地图和图像（雷达、可见光和光谱）就不可能实现。

不过，对地理空间情报分析人员而言，实现互操作性是一项挑战。元数据（描述数据的数据）是成功实现互操作性的关键。自2004年起的10年间，一股强大的推力出现了，它可以推动元数据实现标准化，让人们能够访问数据和情报（信息）产品。其目的是创造基于共识的开放式标准，这一理念已经得到美国政府内部的普遍认可，也得到国际社会、产业界和学术伙伴的认可。地理空间情报标准的制定方，是各类私人行业，以及政府的标准制定机构，[1] 这一点将在下文讨论。

美国政府已经为国家技术手段类来源制定出一套自己的标准，因为此类来源并不适用其他标准。除元数据、数据和情报产品标准外，美国情报界内部还有多个主要网络。架设这些网络的初衷，不是为了彼此联络，部分原因是安全考虑，部分原因是为了限制人们访问特定机构或业务合作伙伴。其

---

[1] 原注：National Geospatial-Intelligence Agency, "Geospatial Intelligence Standards Working Group," http://www.gwg.nga.mil/guide.php.

结果是，目前存在着由网络构成的网络和由数据构成的矩阵，里面包含的各种数据和标准，对分析人员而言就如同迷宫一般，他们需要借用导航才能从中搜索、寻找、获取、创建、使用和共享地理空间情报数据和情报产品。

联合国国际标准化组织（ISO）、美国联邦地理空间数据委员会和美国国家地理空间情报局地理空间情报标准工作组等组织，已经为地理空间行业制定了元数据和数据共享的标准。开放地理空间信息联盟等私人组织，正在尝试为小子集数据和基于网络的服务制定标准。部分用于子集的标准已经被各国政府所采取，通常是在某个特定机构内使用。

1. 技术标准

一些国际组织正在制定共同认可的标准，用于规范地理空间情报数据：

（1）国际标准化组织负责地理信息和测绘的 211 技术委员会已经于 1994 年起开始着手解决数字地理信息的标准化问题。

（2）国防地理空间信息工作组是一个制定标准的国际联盟论坛，由各成员国的国防组织构成，处理相关标准问题，方便各国国防部门之间交流和开发地理空间数据，同时特别关注北约和其他联盟武装的互操作性问题。

（3）国际信息技术标准委员会（及其地理空间信息系统分委员会）制定并采用数字地理数据标准，这些标准可以用于满足地理信息系统的特别需求。

（4）开放地理空间信息联盟是一个国际产业联盟，由 369 家公司、政府机构和大学组成，这些实体都在参与制定能够得到共同认可且公开可用的交互标准。这个联盟提供相关标准和规范，推动地理空间数据和系统的互操作性。

2. 培训标准

地理空间情报专业人员的发展，取决于是否存在适用于培训和情报手段的标准。美国国家地理空间情报局负责制定这些标准，并负责推广一个资质认证计划。

五、国际地理空间情报

许多国家都在生产地理空间情报，用于商业、情报和其他目的。这些国家通常会让同一个组织管理地理空间情报和测量与特征情报。有的国家会让不同的地理空间情报实体，分别负责军事目的和民用目的；有的国家则会让一个机构同时负责这两项任务。

全世界大约有三分之二的国家参加多国地理空间合作项目，这个项目旨在生产1∶50000或1∶100000的全球数字化地理空间数据。各成员国向国际地理空间库提供数据，同时可以无限访问这个项目中的所有数据。这个项目的目的，是减少重复劳动，同时提高地理空间数据的可用性。几乎所有欧洲、北美和南美国家都是成员国。

（一）中国

中国有许多相互独立但似乎重复建设的地球成像和测绘项目。其开发的"资源"卫星项目可以提供地球观察数据，支持不同需求。[1]

"天绘1号"系列卫星，是"资源"项目的组成部分，被用于国土资源普查和测绘。[2] 这些卫星装有两个不同的相机系统，适用范围为可见光和红外。可见光相机能够制作三维地球成像。[3]

---

[1] 原注：Rui C. Barbosa, "China Launches Tianhui-1B via Long March 2D," NASA Spaceflight.com, May 6, 2012, http://www.nasaspaceflight.com/2012/05/china-launches-tianhui-1b-long-march-2d/.
[2] 原注：同上。
[3] 原注：同上。

国土资源部使用多颗成像卫星,监控资源、土地使用和生态,同时进行城市规划和灾害管理。该部包括地质矿产部、国家土地管理局、国家海洋局和国家测绘局。[1]"资源3号"项目于2012年1月发射的卫星,是高分辨率成像卫星,由国家测绘局负责运营。

另外,中国的国家减灾委员会和国家环境保护局,负责管理一系列的环境监测和灾害管理卫星。"环境"系列卫星,可以提供可见光、红外和多谱段地球成像。2012年,这个委员会又增添一颗合成孔径雷达卫星,"环境1号"C星。[2]

(二)俄罗斯

俄罗斯(和以前的苏联)一直发射轨道卫星,兼顾地理空间情报领域的军民两用,而且起步时间几乎与美国相同。冷战期间,苏联卫星的使用寿命往往短于美国系统。如遇危机,苏联会发射新的传感器。在苏联解体后的一段时期里,俄罗斯有段时间是"失明的",因为没有可正常工作的成像卫星。部分观察人士认为这很危险,并建议美国与俄罗斯共享必要的图像。此后,俄罗斯这方面的力量开始恢复。

2013年,俄罗斯的航天机构(俄罗斯联邦航天局)发射"资源P1"(Resurs-P1)成像卫星,这是新一代高分辨率遥感卫星系列的第一颗。其用户包括俄罗斯负责农业、环境、紧急情况、渔业、气象和测绘的政府各部。这颗卫星可以监测自然资源,支持应对自然灾害。它还可以搜集高谱段数据。[3]

---

[1] 译注:2018年3月,调整为自然资源部。
[2] 原注:Rui C. Barbosa, "Chinese Long March 2C Lofts Huanjing-1C into Orbit," NASA Spaceflight.com, November 18, 2012, http://www.nasaspaceflight.com/2012/11/chinese-long-march-2c-huanjing-1c-into-orbit/.
[3] 原注:Stephen Clark, "Russian Imaging Satellite in Orbit After Soyuz Launch," *Spaceflight Now*, June 25, 2013, http://spaceflightnow.com/news/n1306/25soyuz/# .UhoFULrD-JA.

2013年，俄罗斯发射"秃鹰"（Kondor）合成孔径雷达卫星。这颗卫星发射前，已在俄罗斯机械制造工艺科学生产联合体研发了近20年。按照计划，"秃鹰"是一个军民两用项目。

俄罗斯联邦航天局目前正在研发国产雷达卫星，"纵览O"（Obzor-O）卫星。这颗新卫星可用于支持测绘、保障航海安全、监测自然与人为灾害以及观测自然资源。

（三）北大西洋公约组织

北约（NATO）的地理空间情报工作内容如下：

> 确保提供无缝、一致和及时的地理空间信息、服务和建议，供北约军事当局、北约成员国和为支持北约任务而部署的部队使用，并在适当情况下供其他非军事机构和组织使用，确保任务成功完成。[1]

北约情报融合中心位于英国莫尔斯沃斯的皇家空军基地，它执行此项任务的手段，是创建数据库、生产情报支持产品，以及提供关于目标群体、目标个人、地形、人口、人口统计和基础设施等方面的态势感知。它还提供敌方的战斗序列，并对商业和战术图像进行开发，以支持北约的情报需求。

（四）英国

长期以来，英国一直在世界范围拥有经济和政治利益，同时长期开展

---

[1] 原注：Patrick Fryer, "Overcoming the Challenges of Providing Geospatial Services to NATO," http://www.wbresearch.com/uploadedFiles/Events/UK/2011/10980_005/ Info_for_ Attendees/presentations/Pat%20Fryer.pdf.

测绘和成像等工作，以支持这些利益。

使用地理空间情报开展军事监察，是英国国防情报联合环境署的职责。该署负责制定地理空间情报，并向英国国防地理和图像情报局（Defense geographic and Imagery Intelligence Agency）、英国水文办公室、英国气象办公室和第一航空信息和资料处等机构，提供综合指导意见。该署作为枢纽部门，负责在双边和国际层面处理图像情报和测量与特征情报的共享事宜。[1]

英国负责地理空间情报的职能主管机构是国防地理空间情报融合中心，位于剑桥郡的威顿皇家空军基地。它的成立时间是2012年，人员基础是国家图像开发中心（NIEC），也就是以前的联合空军侦察情报中心（JARIC）的工作人员。这个中心的历史，可以追溯到二战初的机载秘密侦察行动。[2]

（五）加拿大

加拿大已将国防地理空间、图像、气象和海洋学等领域的支持功能，合并为一个单独的地理空间情报组织。该组织名为地理空间情报局，负责规划和政策。该局下设多个部门，负责处理测量与特征情报、测绘与制图、图像开发以及气象与海洋等服务。该局负责管理国际和国与国的合作伙伴关系，对象为美国国家地理空间情报局等别国同类组织。[3]

加拿大使用许多机载图像搜集设备，以支持本国地理空间情报项目，

---

[1] 原注：National Geospatial-Intelligence Agency, "Mission Partners," https://www1.nga.mil/Partners/InternationalActivities/Pages/default.aspx.

[2] 原注：Group Captain Ian Wood, Commander, JARIC, "Transition or Transformation? Defence Intelligence 2010," http://www.wbresearch.com/uploadedFiles/Events/UK/2011/10980_005/Info_for_Attendees/presentations/Ian%20Wood%20Updated.pdf.

[3] 原注：Col. DHN Thompson, "Meet Canada's Directorate of Geospatial Intelligence," *Pathfinder*, March/April 2009, 3–4, http://www.hsdl.org/?view&did=19385.

"雷达卫星"（RADARSAT）星座[1]可能是其中最重要的贡献力量。"雷达卫星"星座任务的3颗卫星，负责海上监测（冰、风、油污染和船舶监测）、灾害管理（减缓、预警、响应和恢复）和生态系统监测（林业、农业、湿地和沿海变化监测）。"雷达卫星"星座还能对加拿大北极地区进行广域覆盖。

（六）澳大利亚

澳大利亚的地理空间情报由国防图像和地理空间组织（DIGO）负责管理。这个组织负责搜集、处理、分析和分发图像及地理空间产品，负责为图像和地理空间信息制定标准。这个组织依靠澳大利亚水文局（AHS）和澳大利亚皇家空军航空信息局（RAAFAIS）提供海上和航空地理空间信息。它的主要用户是澳大利亚的各个国防和情报组织，另外它也为应对自然灾害提供地理空间情报。[2][3]

国防图像和地理空间组织还使用一个基于网络的Palanterra系统，提供空间信息的展示。它的用户可以观看和共享几乎实时的信息，可以从多个网络访问来源获取数据，包括天气预报、实时摄像和事件信息，让所有用户迅速查看更新后的通用操作画面。[4]

国防图像和地理空间组织还与澳大利亚政府的沿海测绘组织——澳大利亚地球科学局有着密切的工作关系。澳大利亚地球科学局与国防图像和

---

[1] 译注：satellite constellation，卫星星座，是卫星集合方式，由多个卫星环，按照特定配置方式，组成类似星座的卫星网。
[2] 原注：National Geospatial-Intelligence Agency, "Mission Partners."
[3] 原注：Frank Colley, "Providing Strategic GIS Support to Australian Defence and National Security Operations Presentation, http://www.wbresearch.com/uploadedFiles/Events/UK/2012/10980_006/Info_for_Attendees/presentations/10.10%20Frank%20Colley%20day1.pdf.
[4] 原注：Australian Department of Defence, "Defence Imagery and Geospatial Organisation," http://www.defence.gov.au/digo/geoint-palanterra.htm.

地理空间组织开展合作，为澳大利亚国防军提供测绘支持。[1]

（七）以色列

以色列的中央图像情报中心可以处理航拍产品，并向作战部队分发报告。这个中心能够以近乎实时的速度，向军事单位提供经过分析的图像。以色列还设有一个国家地理空间情报数据库，可以将陆基和空基的成像和信号情报设备搜集到的产品，与现有地理信息系统中通过其他来源搜集到的信息融合。这个数据库可以融合地理空间情报与人文地形信息：它里面有每个村庄的照片，照片上能看到基础设施、教育和行政机构以及宗教场所，并配有人口数据，以及村长或宗教领袖的详细信息。[2]

以色列有一个可用于空中监视和成像的无人机项目，其历史可追溯到1978年。当时，以色列引进"侦察兵"无人机，用于军事情报目的。以色列的无人机可以执行多项重要任务，包括战略情报、侦察和海上监视。以色列的无人机机群是世界上最先进的力量之一，拥有"赫尔墨斯450"、"赫尔墨斯900"和"苍鹭"等机型。[3]

早在1988年，以色列便开始使用多个成像卫星，支持本国的地理空间情报工作。最早也最有名的是"地平线"（Ofeq）卫星，部分原因是它的轨道非常独特。"地平线"卫星均朝西向发射，沿着被称为逆行轨道的飞行路线从地中海上空掠过，这样就不会飞越以色列及毗邻阿拉伯各国的

---

[1] 原注：Australian Department of Defence, "Defence Imagery and Geospatial Organisation," http://www.defence.gov.au/digo/geoint-palanterra.htm.

[2] 原注：Ammon Sofin, head of the Intelligence Directorate, Israeli Intelligence Service, "Strategically Positioning & Using GIS in Intelligence," http://www.wbresearch.com/uploadedFiles/Events/UK/2012/10980_006/Info_for_Attendees/presentations/15.10%20Brig%20Gen%20Amnon%20Sofrin.pdf.

[3] 原注：Barbara Opall-Rome, "International ISR: Israel Tackles The Last Frontier of UAV Technology," Defense News, June 3, 2013, http://www.defensenews.com/article/20130603/C4ISR01/306030015/International-ISR-Israel-Tackles-LastFrontier-UAV-Technology.

人口稠密地区。这样的飞行轨道，可以获得良好的日照条件，同时每天可以多次经过中东上空。自 2008 年起，以色列还开始使用 TecSAR，这是一种合成孔径雷达卫星，能够提供雷达成像，用于国防和情报目的。

（八）日本

日本的国土地理院负责调查和测绘日本国土，其前身是国土交通省地理局。

日本宇宙航空研究开发机构使用卫星开展地球观测。日本最早的地球观测卫星是"海事观测卫星 1A"和"海事观测卫星 1B"，它们分别于 1987 年和 1990 年发射。2006 年 1 月，日本宇宙航空研究开发机构发射"先进陆地观测卫星"。该项目下一次发射的卫星将携带一台合成孔径雷达，提供灾害监测和国土使用和基础设施信息，并对全球热带雨林进行监控，以测定碳汇。

（九）德国

德国联邦国防军地理信息局（BGS）为德国国防军提供地理空间情报。其职责是保障地理空间信息和环境信息的供应，并确保这些信息能够用来规划和实施军事行动。该局提供地缘政治地图、卫星数据、地区地图和导航地图——所有这些都可以通过一个门户网站获取。[1]

德国军方使用能够进行空中照相侦察的无人机，并使用以色列制造的"苍鹭"无人机在阿富汗开展侦察。德国国防军战略侦察司令部使用"合成孔径卫星放大镜"（SAR-Lupe），它是一种军事卫星侦察系统。该系统是一组 5 颗完全一样的合成孔径雷达卫星，由一个地面站控制。这个地面站

---

[1] 原注：University of Munich, "GeoInfoPortal for the Geoinformation Service of the Bundeswehr," 2005, http://www.unibw.de/inf4/professuren/geoinformatik/ geoinformatik-en/forschung/projekte/geoinfo-en.

负责控制这套系统，并分析其图像产品。[1]

（十）印度

印度在地理空间情报的军事和民用领域都很活跃。军事方面由国防图像处理和分析中心管理，这个中心是印度军方的国防情报局下属机构。这个中心控制着印度所有基于卫星的成像项目。印度军方还使用无人机项目来提供战场监控。"曙光"（Nishant）是一款短程战场移动无人机，被印度军方用于开展视频侦察。印度军方高度依赖地理空间情报，以打击叛乱，挫败恐怖袭击。

印度空间研究组织（ISRO）负责管理民用地理空间情报，但也支持军方需求。"印度遥感"卫星是一系列地球观测卫星，由印度空间研究组织制造、发射和维护。卫星的名字已经说明各自的用途："海洋卫星"（OceanSat）、"制图卫星"（CartoSat）和"资源卫星"（ResourceSat），它们全部位于极地太阳同步轨道。印度空间研究组织还使用两颗雷达成像卫星。"雷达成像1号"于2012年4月26日被发射，携带的有效载荷是一台C波段合成孔径雷达。它可以提供低分辨率的广域覆盖图像，也可以提供高空间分辨率的图像，供情报目的使用。"雷达成像2号"是与之类似的卫星，于2009年被发射。这两颗卫星都是以色列为印度制造的。[2]

（十一）意大利

意大利航天局使用COSMO-SkyMed星座地球观测卫星。这个项目由意大利研究部和国防部共同投资，为军民两用。这个项目的太空部分包括

---

[1] 原注：OHB, "OHB-System AG: SAR-Lupe Now Officially Handed Over to Strategic Reconnaissance Command," December 4, 2008, http://www.ohb.de/ press- releases-details/items/ohb-pr_sl_%C3%BCbergabe.html.

[2] 原注：Rajeev Sharma, "India's Spy Satellite Launch?" *The Diplomat*, April 30, 2012, http://thediplomat.com/indian-decade/2012/04/30/indias-spy-satellite-launch.

4颗配备合成孔径雷达的卫星，生成图像可用于国防、地震危害分析、环境灾害监测和农业测绘。[1]

（十二）法国

法国的联合地理空间信息办公室负责制定 GEODE 4D 项目的计划。这个项目旨在永久维护一个完整的可更新的地理空间情报数据库，该数据库可以存储地区、本地、城市和三维任务数据。[2]

20世纪80年代起，法国开始运营多颗光学成像卫星，其中最早的是"视宝"系列，首颗卫星的发射时间为1986年。2011年和2012年，法国发射了"昴星团"（Pléiades）高分辨率成像卫星，这些卫星都是军民两用的。

六、地理空间情报最理想的情报目标类型

一般来说，地理空间情报被用来确定什么事物是具体存在的、它的位置在哪里以及它的物理条件是什么。（克拉珀将军担任美国国家地理空间情报局局长时曾经指出，所有人和所有物体，都必然存在于地球表面的某处。）它在跟踪人员和车辆活动方面的价值越来越大。

地理空间情报不提供对人类思维过程的访问。所以，它往往不能提供意图或是预测性情报。它可以指出发生了什么事，但无法指出将要发

---

[1] 原注：Italian Space Agency, "COSMO-SkyMed Mission," 2007, http://www.cosmo-skymed.it/en/index.htm.

[2] 原注：Colonel Jean-Armel Hubault, Head of the Joint Geospatial-information Office, Tri-Services General Staff, "How French Geo Organization Is Supporting Operations, Some Current Challenges . . . and Moving to Future . . .," DGI Europe, 2009, http://www.wbresearch.com/uploadedFiles/Events/UK/2010/10980_004/ Info_for_Attendees/10980_004_misc_hubault.pdf.

生什么事。但有一个重要的例外，那就是基于活动的情报，它可以展示意图。

下文是描述地理空间情报价值的三种常见类别。它们是许多重要情报问题的主要来源。对其他情报问题而言，它们通常不是主要来源，但可以帮助构建情报全貌，偶尔也会成为关键来源。而对有些问题而言，它们的帮助不大，但有时会提供思路。

（一）作为主要来源的地理空间情报

态势感知。 地理空间情报可以提供态势感知，支持政治、军事和执法行动。它特别适用于提供战场空间态势感知——确定友军和敌军部队的位置，监控部队动向，以及提供战斗损害评估。

军控和条约监督。 在1972年和1979年的战略武器限制谈判中，使用图像情报监督条约履行的做法显得极为重要。如果没有顶空图像提供的资料，就无法核实导弹和飞机的数量和部署情况，双方也就无法签署限制武器的条约。此后，在许多条约中，顶空图像一直都是核实条约履行情况的主要手段——其中最新的条约，当属美俄签署并于2011年生效的《削减战略武器条约》。这些条约都有一项重要的内容，就是双方均有义务不干涉对方的国家技术手段。

环境和自然资源保护。 地理空间情报最适合对荒漠化、气候变化和工业污染等环境问题发出警报。它还可以率先预警自然或人为造成的河流改道。

人道主义灾害和救援行动。 海外发生自然或人为灾害后，地理空间情报是了解现场情况的主要信息来源。2004年印尼发生海啸，2010年海地和智利发生地震，当美国随后制定应对计划时，地理空间情报都发挥了关键作用。不同于海外，在国内，可用信息更有可能来自率先做出响应的人员和机构。但当2005年飓风"卡特里娜"席卷美国墨西哥湾时，地理空间情报在规划救援行动时发挥了重要作用。

（二）作为主要贡献力量的地理空间情报

军事和民用基础设施。在此不详谈。

农业和食品安全。图像情报可以支持对农作物进行预测，并据此提供粮食生产不足的事前预警。比如，1981年中央情报局预测苏联小麦短缺，需要在国际市场收购小麦。[1]

恐怖主义。地理空间情报可以提供恐怖分子重要领袖的位置和动向，但通常需要依靠通信情报或人力情报的通风报信。击毙奥萨马·本·拉登就是最引人瞩目的例子。

跨国有组织犯罪。地理空间情报一直都是打击海盗和非法武器运输的宝贵情报源。

人口统计、移民和人口活动。图像情报可以发现人口的大规模变化，比如难民活动。在2011年利比亚危机中，以及在2012年至今的叙利亚冲突中，它在难民活动方面提供了有价值的情报。

化学武器的研发和扩散。在此不详谈。

导弹的研发和扩散。在此不详谈。

核武器的研发和扩散。核材料的生产、运输和存储，通常可以通过与该种材料唯一相关的特征（signature）来识别。核燃料再加工设备都是大型结构，特征明显，有时会被置于地下设施内。

外军战斗力、军事行动和意图。图像情报可以提供关于军事演习和军队动向的情报。由此可以评估可能的作战战术，推测武器威力。

人权和战争犯罪。在此不详谈。

能源安全。石油和天然气的开采情况，以及现有开采或精炼设施遭到损坏或破坏的情况，通常可以通过图像情报发现。

---

[1] 原注：CIA Intelligence Memorandum, "USSR: A Third Consecutive Crop Failure," August 1981, http://www.foia.cia.gov/sites/default/files/documentconversions/89801/DOC_0000498196.pdf.

先进常规武器研发和扩散。常规武器的生产、部署、试验和扩散，可以通过图像情报实施监督。

（三）作为补充来源的地理空间情报

领导人意图。除非军队或执法力量的活动能够透露相关意图，否则地理空间情报很少能够帮助了解领导人的意图。

反情报。在这方面，地理空间情报的主要作用，是识别对图像情报实施的拒止与欺骗活动。

网络威胁。地理空间情报依靠网络搜集到的信息，对威胁来源进行地理定位。

政治局势。地理空间情报可以为人口统计信息提供帮助。

外交政策目标和国际关系。制定外交政策时需要关注意图，但通常这是地理空间情报无法提供的。

传染病和卫生。想要了解和分析疾病的源头和传播，最好办法就是使用地图展示。

国际贸易。用以支持贸易谈判的情报，通常很少用到地理空间情报。

经济稳定和金融面临的威胁。在评估经济稳定面临的威胁、对制裁的回应以及类似事件时，通常地理空间情报不会发挥太大作用。

新兴和颠覆性技术。这些技术通常可以使用其他情报搜集科目进行评估。

战俘和作战失踪。地理空间情报可以发现可能的关押地点，为关于战俘的情报做出贡献，越南战争期间就是如此。

生物武器的研发和扩散。在此不详谈。

（四）非传统情报用途

本章介绍的是地理空间情报的使用情况。正如前文所述，地理空间情报有许多最重要的用途，可以直接支持不涉及传统情报定义的商业或政府行动——航空航海安全就是突出的例子。商业情报活动通常是指地理空间情报分析，因为对理想的投资地点、竞争对手的活动、供应链管理和未来市场等问题的分析，在考虑资源分配时都会发挥关键作用。

七、趋势

前文已提及数种新兴趋势，其中包括地理空间情报越来越"民主化"。在这种趋势下，如今的地理空间情报产品和服务，只要通过移动设备和网络提出需求，就能迅速广泛地提供给全球商业用户群体；而在以前，只有国防界和情报界有权接触这些产品和服务。此外，图像与地理信息系统的融合，已经催生出新的产品和服务，供愈发庞大的全球商业用户群体使用。

使用无人机进行地理空间情报搜集以及开展实时侦察和监视，这种做法在政府内部和私人行业将变得愈发普及，其用途都是情报、安全和勘探。无人机已被用来搜集各种数据，包括雷达、激光雷达、全色、多谱段、热力学、声学、磁学和高谱段数据。

卫星星座的用途将愈发广泛，它能提供小于 1 米的空间分辨率，其全球覆盖和时间覆盖将是前所未有的。用户将可以订购图像，并在几小时内收到图像或数据产品。存档数据的用途将愈发广泛，因为相比下达任务和搜集新数据，它的成本更低。许多国家以前不具备卫星搜集能力，但已计划在未来几年内发射卫星。

为这种方兴未艾的商业力量锦上添花的是"小卫星"（smallsats）的概念。这种卫星被认为是未来商业地理空间情报的重要组成部分，同时在后备计划中的作用也越来越大——以防美国国家技术手段的卫星星座方案遇到问题。小卫星的体积范围，从接近汽车大小，到目前最小的 10 立方厘米，再到更小的纳米卫星，通常其重量为 1 至 10 千克。目前有超过 1000

颗小卫星计划于未来 5 年内发射。[1]虽然小卫星的分辨率尚不足以媲美那些体积更大的传统传感器，但它们在执行许多（广域）天气搜集任务时所需要的成本，远远低于将那些功能更强的探测搜集系统送入轨道以及后续运行所需费用。

包括物联网（IOT）在内的基于位置的情报数据和情报将继续迅猛增长，因为越来越多的机器是可以显示位置的。自发地理信息（Volunteered Geographic Information）也呈现出增长的趋势，特别是在救灾领域更是如此。全球各地的当地居民和民众，在飓风、海啸、龙卷风或其他严重风暴过后，都可以迅速将当地情况告知救灾人员。因为小卫星、基于位置的情报、自发地理信息和特联网等商业来源的图像和数据，其可用性的增长趋势十分迅猛，所以在地理空间情报类数据产品和服务的总体应用中，国家技术手段所占比例持续下降。不过即使如此，它也仍然能够保住自己的位置，继续作为最高质量的可用图像和产品的主要来源。

---

[1] 原注：" Nanosats Are Go! Small Satellites: Taking Advantage of Smartphones and Other Consumer Technologies, Tiny Satellites Are Changing the Space Business," *The Economist*, June 7, 2014, http://www.economist.com/news/technologyquarterly/21603240-small- satellites-taking-advantage-smartphones-and-otherconsumer-technologies.

[第6章]

测量与特征情报

约翰·莫里斯（John L. Morris）
罗伯特·克拉克（Robert M. Clark）

测量与特征情报作为描述一个情报科目的专业术语，其问世时间相对较短，可以追溯到20世纪70年代末。但这个科目所包含的各种技术，历史就要更加悠久一些。

二战结束后不久，一些如今被视为测量与特征情报组成部分的技术，已经几乎专门用来支持军事行动。利用水下声学搜集技术，识别和定位下潜的潜艇，这种做法可以追溯到一战期间——当时人们使用声学传感器，定位敌军战场的炮火位置。使用雷达探测、识别和跟踪飞机舰艇的做法，在二战期间十分普遍。到二战结束时，探测化学武器制剂的化学传感器已经得到广泛应用。即使是无人操作的声学和地震传感器，也在20世纪60年代末的越南冲突中，在美国的"白色雪屋"项目（Igloo White Program）中首次得到使用。当时，北越的士兵和补给沿"胡志明小道"，趁夜色偷偷进入南越，于是美军便用传感器来监视敌军动向。

直到苏联开始核武器试验的时候，测量与特征情报才迅速重新聚焦国家层面的战略需求。这一转变非常重要，因为当时支持军事行动的时限正在缩短，所以它在支持军事行动方面所起的作用正在降低。测量与特征情报的优势在于它的科技核心，在报告速度让位于报告准确性的情况下，它能够回答真正难以回答的问题。因此，这个科目是在应对美苏冷战的过程中，逐步发展、壮大和变强的。应当了解苏联及后来中国的核武力量，这项战略需求推动测量与特征情报的多个子科目向前发展。这两个国家实行严厉的国内安全措施，因此很难通过人力情报、信号情报和图像情报等手段获取所需情报。相比之下，测量与特征情报可以在核试验期间及过后进行测量，提供关于武器型号和威力的准确信息。雷达类测量与特征情报，可以提供弹道导弹的射程和精度，以及所携带核弹头的数量和型号。声学类测量与特征情报，可以用于探测并跟踪执行巡逻任务的弹道导弹潜艇。所有这些进展，都需要实验室的工程师和科学家提供计算力量和深入分析等专业支持。

新的技术和分析方法，再加上与苏联开展新一轮太空竞争所造成的沉重影响力，这些都推动了被称为测量与特征情报的第三次发展浪潮（前两次是战术应用和向战略武器转变）。有个老笑话，说的是想要搞懂什么事，就必须成为火箭科学家。在那个时代，在测量与特征情报问题上，这话其实一点儿也没错。在过去50年间，这个领域一直不断发展进步。运用科学技术原理，图像情报和信号情报的搜集人员就可以发掘出以前没有开发出来的探测功能，从而得到新类型的情报。人力情报搜集人员被用来开展采样任务，同时也需要使用类型更新的测量与特征情报传感器。同时，现有的测量与特征情报搜集力量，正在因为科技进步得到应用而逐步提升。

最后，在过去的20年间，测量与特征情报科目聚焦创新，再加上国家层面加强监督，以及作战人员大力呼吁，这些因素推动了第四次重大发展与应用的浪潮。测量与特征情报又回到它在战场上的起点。尽管这刚好与中央测量与特征情报办公室（CMO）成立和运行的时间重合，但仍然让创新成为必要的因素。不断提升的分析专业技能，加上性能更加强大的计算机、覆盖范围更广的通信网络、新的传感器、基于特征的处理和开发技术及多种搜集平台，这些因素相互结合，便可以实时提供测量与特征情报，供作战部队使用。其结果是，测量与特征情报已经成为军事行动中不可或缺的重要组成部分。在天气预报、搜救行动、战场地形测绘、目标战损评估、战场预警和军事行动规划等各种应用中，测量与特征情报可以很好地为作战人员服务。

与前面讨论情报搜集其他主要科目时一样，本章使用的都是常见的写作思路。引言之后，读者将看到对测量与特征情报的定义的讨论——它无疑是所有情报科目中最难定义的一个。然后，我们会介绍测量与特征情报的简短历史，并介绍它下面的六个子科目。此后，我们将讨论测量与特征情报的管理方式，综述美国以外其他国家的测量与特征情报工作。本章结尾部分，将用一整节的篇幅，介绍测量与特征情报可以在哪些情报搜集活动中做出贡献。为了与其他情报搜集科目进行比较，我们会使用类似甚至是完全一样的情报案例。

一、测量与特征情报的定义

测量与特征情报有各种各样描述更细的定义。其中，笔者最为青睐的是 20 世纪 90 年代中期，由当时刚刚成立的中央测量与特征情报办公室制定的定义：

> 测量与特征情报，是通过技术获得的情报，可就固定和动态的目标来源的独有特征，进行探测、定位、跟踪、识别和描述。测量与特征情报包括一系列子科目，涉及电磁、声谱和地震波谱以及材料科学等诸多领域。测量与特征情报力量包括雷达、激光、光学、红外、声学、核辐射、射频、光谱辐射和地震探测系统，以及气体、液体和固体材料的采样和分析。测量与特征情报是全源搜集环境不可或缺的组成部分，并针对各种情报需求，提供独有的补充性信息。测量与特征情报高度可靠，因为它是根据

实际目标的性能数据和特征获得的。[1]

　　这个定义可以让人们了解测量与特征情报是什么及其用途，而不是它不是什么——20世纪80年代至90年代初，许多口头定义就是如此。

　　本书讨论的其他情报搜集科目往往便于理解，而且与人类的直接感官相关——视觉和听觉，这正是大部分人日常搜集信息时使用的主要感觉器官。信号情报被认为是美国情报界的"耳朵"，图像情报被认为是"眼睛"。新的地理空间情报为图像情报提供地理背景，如今更是图像情报的子科目。所有人都知道人力情报就是"詹姆斯·邦德"。相比之下，测量与特征情报的核心搜集方法与直接感官无关——如果有关，就能轻易识别这种方法。因此，人们认为测量与特征情报的搜集方法与"非直接"感官，即嗅觉、味觉和触觉相关。

　　虽然其他许多情报科目被认为是情报搜集科目，但测量与特征情报一直被认为更像是深度开发与分析科目，因为它常常从其他搜集科目那里获取数据，然后运用测量与特征情报技术。相比从其他科目的初始搜集人员那里获得报告，这样做可以获取更多的信息。另一方面，测量与特征情报确实可以提供一些独有的搜集能力，因此更加难以将它明确归类为搜集或开发。但无论如何，测量与特征情报早已证明自己的确和本书讨论的其他科目一样，也是情报搜集科目。

　　由于长期强调深度开发和分析，测量与特征情报的定义一直着眼于它所使用的基础科学和技术。但这种观点只会让非技术背景的用户更加难以理解测量与特征情报。

　　只要从不同的角度（比如从美国政府的定义）研究测量与特征情报，部分难以理解的地方就可以迎刃而解了。美国国防部对测量与特征情报的定义，更多的是从**它能做什么**出发，而不是从它是什么出发。具

---

[1] 原注：John Morris, "MASINT," *American Intelligence Journal* 17, no. 1 & 2 (1996): 24–27.

体定义如下：

> （它是）以表征、定位和识别为目的，对目标和事件的物理属性进行定量和定性分析，最终产生的信息。测量与特征情报开发各种类型的现象，支持对特征进行开发和分析，支持开展技术分析及支持对目标和事件进行探测、表征、定位和识别。测量与特征情报，是针对物体和事件的固有物理现象，使用以技术为依托的专业测量手段获取的，包括使用定量特征来解译数据。[1]

除了这个通用定义外，人们无法轻易对测量与特征情报做出定义。它绕开了严格的学科定义。不过，如果能从"技术角度"解释这个命名的由来，还是很有裨益的。相比所有正式的定义，这样做或许能够提供更多的信息。

（一）命名由来

首先，这一名称中的"**测量**"（measurement）一词，指在测量与特征情报搜集过程中，观察并记录下的一切数据。

本章介绍的所有传感器，每种型号只能搜集与自身唯一对应的现象学测量数据。比如，雷达发射已知强度的射频波，测量目标反射回来的强度或振幅，获得目标的位置和活动情况。对这个数据集进行规范化处理——消除噪声、传感器、运动和大气的影响，并将其写成曲线图或电子表格等类似特征的格式，这样就可以隔离出需要测量的现象。我们将这种规范化的校正数据，称为**特征数据**。许多人错误地认为这是特征情报，但在此时，它只是规范化的校正数据。

数据经过规范和校正之后，便可与已知的**参考特征**（reference

---

[1] 原注：DoD Instruction number 5105.58, April 22, 2009, http://www.dtic.mil/whs/directives/corres/pdf/510558p.pdf.

signature）进行比对，这样就可以得出关于目标性能、特征的信息。如果与参考特征比对后发现，这个数据集能够提供更多关于目标特征的唯一性细节，那么这些新的信息就可以作为"新的有效特征"，被用来更新参考特征。在此过程中，这个"有效"或参考特征可以一直发挥作用——首先可以用在其他目标中、噪声里或杂乱环境下发现特定目标；然后可以对目标进行归类；最后可以通过唯一性识别目标身份，就像通过指纹唯一性识别特定人员身份那样。

因此，**特征**是针对特定现象搜集的数据的可重复表达，这种现象是特定目标或目标集所特有的。但并非所有的搜集活动都会发现目标的新特征；许多搜集活动搜集到的，或是不完整的特征数据，或者甚至是重复之前的特征数据。但所有这些，都可以提供关于该特定目标特征的信息，包括搜集时它的性能。

其次，是通过类比，从**方法论**的角度加以理解。测量与特征情报针对所关注的情报目标，获取它的特征。这些目标表现出的某些现象，或者具备的某些特征，可以被传感器测量，可以被量化，也可以被用来与数据库里的已知数据进行比对，以识别身份。从这个意义上讲，人们常说测量与特征情报分析就像是法医鉴定：一名技术专家在犯罪现场提取测量数据，比如从受害人身上或犯罪现场其他地方提取血液喷溅模式或弹孔，或从烟头上提取唾液等生物样本。分析人员从血液样本（血型）和生物样本（DNA）中提取特征，确定受害人、凶手的身份，并通过分析受害者的位置和子弹轨迹，确定凶手的某些特征——所有这些都可以帮助解决"情报问题"。这个角度让人们把测量与特征情报看作是美国情报界的《犯罪现场调查》[1]，对未经情报培训的人员而言，这是最通俗易懂的角度。

最后，是从被测量的科学现象即科学的角度理解。归根到底，测量与特征情报就是寻找能够定义身份的特征，即"指纹"，以识别目标身份。

---

[1] 译注：《犯罪现场调查》（*Crime Scene Investigation*），美国刑侦类电视剧，讲述刑事鉴识科学家利用技术手段侦破案件的故事。

这通常包括观测物理或化学特征、测量现象及标注特征。获取这种信息的途径，是针对与目标相关的各种现象，搜集这些不同类型的释放物：核辐射、紫外、红外和可见光等电光能量，雷达波，意外射频波，声学、地震、磁学和重力数据等地球物理要素，以及材料样本。

测量与特征情报专业人员从这些排放或采样中，获取特征数据并进行比对，就可以探测、定位和跟踪目标。测量与特征情报可以获得精确的测量数据，揭示目标的唯一性特征。这些特征多种多样，再加上测量时高度精确，这些都将进一步加强指纹类比的作用。看到早期大部分人的认识如此大相径庭，就可以明白为什么对用户和美国情报界的人员而言，测量与特征情报是最难理解的情报搜集科目了。它往往被认为是战略层面的搜集科目，在战术层面的应用十分有限。但测量与特征情报愈发能够提供实时预警、态势感知和在时限内针对目标完成任务等服务，因此在军事行动方面与军方用户的联系愈发紧密，而且可以为其他情报搜集科目的搜集力量提供多种线索和信息，从而提供更多的帮助。

总之，测量与特征情报是多种多样的，因此天然具有弹性，可以在日益复杂的世界中开展工作。比如，测量与特征情报如今被用来监督传统冷战条约，同时进行战略分析，另外它可以提供可靠的军事应用，比如实时战术预警、目标打击、搜救和准确天气预报，此外还可以迅速支持反恐、国土安全防御和环境危机等不对称行动。最终，测量与特征情报的地位得到确立，被认可成为情报搜集科目。事实上，在下文中您将发现，如今各大情报机构都在争先恐后地在自身情报手段中，加入测量与特征情报的技术和力量。

二、测量与特征情报的历史

本章引言部分已经指出，用于搜集测量与特征情报的技术出现时间，是早于这个术语出现时间的。比如，声学搜集和材料搜集可以追溯到几个世纪之前。使用雷达获取情报的做法，是从二战时期开始的。20 世纪 70

年代以前，美军各军种及其他情报组织，使用多种科学技术方法，搜集数据用于情报目的。不过，本节讨论的是美国如何制定相关政策，将现代技术融合成为一个完整的系统，更好地服务于美国情报需求。

（一）开始阶段的政策制定

二战后，美国各情报组织纷纷成立，并开始关注战略情报。这时，它们所需要的科学技术情报，应当由一个能够覆盖全球的组织出面搜集。于是，美国空军开始承担这项任务，当然，这要排在国土空中防御的任务之后。在测量与特征情报获得命名之前，在美国情报组织搜集测量与特征情报信息的早期活动中，这个领域在美国国内被三家机构所瓜分——美国空军、中央情报局和国防情报局。

美国国家安全局在这方面的兴趣并非泛泛，但该机构的职责，是管理一个多样化的、散布全球的美国信号情报系统。因此，国家安全局完全没有必要将测量与特征情报当作单独的情报搜集科目，而只是当作信号情报的另一个子科目。另一方面，中央情报局作为"国家情报局"，从更加宏观的角度，将科学技术原理应用到自身开展搜集、开发和全源评估的工作当中。他们完全支持将其单独列为情报搜集科目，以确保这种力量的生存和发展，因为这种力量可以提升中央情报局的战略分析水平，从而为美国决策者提供日常支持。

美国国防情报局并没有这方面的搜集力量，但它在国防部圈子里拥有强大影响力，包括与总体国防情报项目主管关系密切——这位主管负责各军种的情报活动投资。国防情报局坚信测量与特征情报作为单独情报搜集科目的价值，并与美国空军建立牢固的合作伙伴关系，成为他们的执行机构。

尽管美国空军情报助理参谋长（ACSI，如今为A2[1]）在当时只是少将，但他任命上校级军官担任情报项目要素监督员，并任命经验丰富而

---

[1] 译注：美国空军负责情报、监控和侦察的副参谋长。

且熟悉五角大楼运作的中校担任行动官。他们之所以能够获准负责这些项目，是因为他们能够进行出色的参谋工作，甚至还会关注微小的细节，比如新提议的搜集项目的命名习惯。

有这样一个例子，美军空军技术传感器项目的项目要素监督员，以自己妻子的名字命名一个新提议的移动雷达系统。然后他悄悄联系五角大楼，找到拥有他所需要的协调权力的关键人物，称会用他们妻子、女朋友、女儿等等的名字来命名项目——刚好她们名字也是一样的。"眼镜蛇朱迪"（Cobra Judy）用的就是这种方法。但相关的总统决策令草案提交之后，仍然有好几位重要的决策人士并不同意。不过，决定权在总统杰拉尔德·福特（Gerald Ford）手中，他最终还是批准了"眼镜蛇朱迪"这一新的移动精确雷达项目。

1. 早期测量与特征情报雷达

自20世纪50年代末开始，美国空军研发出性能非常强大（在当时而言）的固定波束雷达，它是当时最成熟的现代测量与特征情报技术，部署在苏联势力范围的边界线上，以监视苏联弹道导弹项目的进展和性能。土耳其和阿拉斯加是两个距离苏联最近的观测点，可以观测和监视苏联中程弹道导弹和洲际弹道导弹的试验情况。因为当时的技术只允许固定波束雷达开展行动，所以AN/FPS-16和AN/FPS-17就是20世纪50年代末最适合使用的雷达，它们分别部署在土耳其的迪亚巴克尔和阿拉斯加的谢姆亚。

美国空军新成立的防空司令部——今天的命名是美国空军太空司令部，负责操作这些雷达站。而美国空军系统司令部的对外技术局——今天的美国国家航空和航天情报中心，作为执行机构，负责开展相关分析，并将结果汇报给美国国防情报局、中央情报局，以及关注在不断变化的冷战威胁环境下的其他国家及其国防机构和美军各军种。空军系统司令部采购雷达，并分别部署给防空司令部和对外技术局。然而，这些雷达只能提供最初级的性能信息，因为弹道导弹会穿过FPS-16和FPS-17建立的射频围栏。

20世纪50年代末，苏联成功发射"伴侣"（Sputnik）卫星，而此刻美国也需要更加精确的信息，进一步了解苏联太空系统的性能，以及两用太空推进器——洲际弹道导弹研发项目的进展。因此，20 世纪 60 年代中期至末期，美国研发出高精度单波束跟踪雷达 AN/FPS-79 和 AN/FPS-80，分别部署在迪亚巴克尔和谢姆亚。这些雷达让美国第一次能够以精确的方式，跟踪苏联战略导弹项目不断发展的脚步。

同时，美国空军开始研发先进的移动式测量与特征情报设备——传感器：基于胶片的弹道取景相机，可以确定再入飞行器（RV）的终端弹道轨迹；光谱仪：可以分析弹头防热层材料；第一代相控阵雷达：当再入飞行器即将再进入大气层，并对堪察加半岛上处于工作状态的洲际弹道导弹发射场产生影响时，可以确定再入飞行器的大小、形状和运动。

这些探测项目是 20 世纪 60 年代初期，由美国空军系统司令部研发的，并于 20 世纪 60 年代后期，分阶段用于美国战略空军司令部的空中情报行动。其绰号是充满异域色彩的"莉萨·安"（Lisa Ann）、"万达·贝尔"（Wanda Belle），后来先后正式改名为"里韦特·安伯"（Rivet Amber）、"里韦特·鲍尔"（Rivet Ball）等。

据美国空军"大狩猎队"项目办公室富有传奇色彩的前主任，空军上校（退役）比尔·格兰姆斯（Bill Grimes）介绍，"莉萨·安"的研发工作是由休斯飞行公司于 1963 年 8 月发起的，后改名为"里韦特·安伯"（RC-135E），并于 1966 年 9 月交付战略空军司令部，随即投入使用。1969 年 6 月 5 日，这架飞机离开谢姆亚空军基地，在飞往阿拉斯加的艾尔森空军基地的途中失踪。没人发现这架飞机的踪迹。格兰姆斯称："一台功率 2 兆瓦、计算机控制的相控阵雷达，可以在 300 海里的距离上，跟踪到足球大小的目标。"

RC-135S 的首架飞机，最初命名为"莉萨·安"，后改为"万达·贝尔"，后又改为"里韦特·鲍尔"。它于 1960 年 10 月完成，后来直接飞往阿拉斯加的谢姆亚空军基地。1969 年 1 月 12 日，它在该基地着陆时坠毁。第二架性能完备的"眼镜蛇鲍尔"[1]飞机，于 1 年后交付谢姆亚空军基地。

---

[1] 译注：Cobra Ball，"眼镜蛇鲍尔"，即 RC-135S。

此外，20世纪60年代，美国空军系统司令部开始研发的项目，会在后来以东拼西凑的方式，使用光学望远镜和太空跟踪雷达，组建一个全球网络，协助防空司令部正在发展中的太空目标识别与跟踪任务。尽管对外技术局并不负责太空跟踪任务，但其全源威胁评估分析人员得到美国国防情报局直接下达的授权，可以对所有外国飞机的性能进行评估，这是他们情报评估任务中不可分割的部分。

如今简称ADCOM的防空司令部，再加上太空跟踪光学望远镜和雷达组成的全球网络，继续承担陆基雷达操作单位的职责，而对外技术局则继续承担情报处理单位和开发单位的职责，经手所有空军搜集到的雷达情报和光学情报数据，供本国使用。

20世纪70年代初期，核军备竞赛开始加剧，美国和苏联都开始加大力度，试验洲际弹道导弹发射系统。双方领导人对此愈发警惕，于是认为外交谈判或许是个明智的方法，否则军备竞赛在产生赢家的同时，输家将面临严重后果。因此，两个旨在限制这些大规模杀伤性武器的条约，在短短两年半的密集谈判中，敲定并得到签署。第一个条约（《反弹道导弹条约》）限制了反弹道导弹系统的数量和部署。第二个条约（第一阶段战略限制武器谈判签署的条约）是一个过渡协议，它限制了战略进攻型武器。《反弹道导弹条约》和过渡协议均规定，将通过"国家技术手段验证"方法，确保条约得到遵守。两份文件于1972年5月在莫斯科签署。

美国借此机会，淘汰了部署在阿拉斯加谢姆亚的AN/FPS-17和AN/FPS-80雷达，代之以现代化的L波段相控阵雷达——被称为"眼镜蛇戴恩"（Cobra Dane），如图6-1所示。该型号雷达被称为是"国家技术手段验证"方法，可用来监督美国和苏联签署的《反弹道导弹条约》。它的技术规范被提供给苏联，意在强调美国有能力监督《反弹道导弹条约》。对外技术局为该型号雷达的操作人员提供技术性能规范，并提供现场的操作指导和支持。

早在20世纪60年代末，对外技术局制定了一个任务下达方案，将使用先进靶场测量船（ARIS）支持美国情报界，尽管这种测量船最初的研发目的,是支持当时的美国有人驾驶太空飞行项目。当苏联即将进行洲际弹道导弹试验,并宣布封锁海上交通时,这种测量船的移动式 C 波段雷达,令美国空军能够迅速赶往该处海域,并逗留较长时间。

遗憾的是,先进靶场测量船的雷达无法提供所需的精确雷达数据,无法支持对《洲际弹道导弹条约》进行更加严格的监督。因此,先进靶场测量船的移动雷达能力,于 20 世纪 70 年代末最终得到升级,开始使用专用的情报搜集平台。这一平台装有最先进的 S 波段相控阵雷达,可在 1000 公里的距离上,跟踪多个足球大小的目标。这种新的平台,名为"眼镜蛇朱迪"(Cobra Judy)。采购"眼镜蛇朱迪"的时机,正值第二阶段战略武器限制谈判条约历经长达数年的密集谈判后,双方于 1979 年签署最终草案之际。几年后,美国导弹防御局在"眼镜蛇朱迪"平台上,又添加了单波束 X 波段精确特征情报搜集能力。

图 6-1 "眼镜蛇戴恩"雷达

来源:公共版权图片,参见美国空军太空司令部(U.S. Air Force Space Command)网站:http://www.afspc.af.mil/news/story.asp?id=123343230。

（二）测量与特征情报提供的实时导弹预警

20世纪60年代，美国空军开始使用一种洲际弹道导弹探测系统，目的是针对向美国发动的攻击，尽可能早地提供预警——它就是超视距前向散射雷达系统，即"440L计划"。部署欧洲的多部AN/FRT-80发射器，在中国和苏联领土上空架起一道低掠射角的高频幕布，从欧洲拉起，在苏联势力范围东侧，也就是部署多台AN/FSQ-76接收器的地方合拢。当弹道导弹破坏该区域正上方幕布内的电离层的电子密度时，接收器就会在观测到的频率中发现多普勒频移，从而发现导弹的运动情况。这种对电离层的"扰动"，只能用来探测大规模的导弹袭击，以及"敲响警钟"，但无法提供每枚导弹的确切信息。当时曾经出现过多次错误警报——有真的，也有假的。那时急需一种更加可靠的现象学，用来处理单个导弹的预警问题及其最终攻击目标的相关信息，因为自1957年苏联成功发射"伴侣1号"卫星之后，美国面临的威胁显然加大了。

因此，新成立的高级研究计划局（ARPA）接手了空军的一项任务：20世纪50年代起，美国空军开始试验一种新的导弹探测现象学——红外探测，简称"461计划"或"MIDAS计划"[1]。该计划属于特许访问项目[2]，将在几年内研发并发射小型红外传感器（如图6-2所示），以及一系列"发现者"（Discoverer）卫星。在多次成功试验后，这个计划于1960年交还美国空军。最引人注目的是成功探测到两枚"北极星"（Polaris）导弹、一枚"民兵"（Minuteman）导弹和一枚"泰坦-2"（Titan II）导弹，并立即将成果写入1963年5月总统周报的附件当中，向白宫汇报。在这一系列成功试验的基础上，美国决定于1970年起研发部署一个运行型号的红外导弹探测网络。这个网络至今仍在工作，即美国的"国防支持项目"（DSP）。"国防支持项目"的卫

---

[1] 译注：MIDAS，导弹防御预警系统。
[2] 译注：special access program，特许访问项目，是美国联邦政府的一种安全协议，表示该项目高度保密，严格限制知情范围。

星（如图 6-3 所示）正在慢慢地分阶段淘汰，代之以天基红外系统。更多情况，将在本章的"电光类测量与特征情报"一节讨论。

这项新技术在情报领域的应用，起初被称为红外情报（infrared intelligence，IRINT），但今天被称为顶空持续红外（overhead persistent infrared，OPIR）。1963 年，相关部门将红外情报的可行性成功汇报给了总统，当时人们认为，必须展示出美国有能力以可靠的、可重复的方式探测并跟踪洲际弹道导弹，提供精确及时的预警，防范搭载核弹头的战略导弹袭击。其结果是，导弹防御预警系统全面运行之后，"440L 计划"的超视距网络被立即叫停。

图 6-2 "导弹防御预警系统"卫星

来源：公共版权图片，参见：http://en.wikipedia.org/wiki/ Missile_Defense_Alarm_System。

（三）测量与特征情报的分析与手段

20 世纪 60 年代至 70 年代初，精确搜集雷达情报和光学情报的领域有了爆炸式发展，推动关键数据提供方和"国家情报"生产方之间加强协作与合作。其中美国空军就是关键数据提供方，而中央情报局和国防情报局，则分别是国家和军方的情报生产方。其结果是，空军参谋部、国防情报局和中央情报局的高官签署多项双边和三边协议，同意开展合作和数据共享，包括：一是中央情报局与对外技术局之间的分析人员交流项目；二是 20 世纪 70 年代初至 80 年代末，批准成立一个同级分析小组，共享开发技术并讨论数据分析结果，这就是雷达情报和光学情报工作组

（POWG）。这两个项目在数据共享、技术开发和制定通用情报手段等方面非常成功，但最成功的还是建立了一种合作关系。在"测量与特征情报"文化的创立过程中，雷达情报和光学情报工作组很可能就是第一个有据可查的起点。

美国所有情报机构都派出分析人员加入雷达情报和光学情报工作组。这个工作组由美国空军、中央情报局和国防情报局批准，并由对外技术局主持。以它为先驱，十多年后才有中央情报总监批准成立的测量与特征情报委员会的各个技术工作组。这个工作组每季度举行例会，地点通常为位于俄亥俄州赖特—帕特森空军基地的对外技术局，因为中央情报局位于弗吉尼亚州兰利的总部，当时仍被视为隐蔽地点。

根据20世纪70年代初一份单独协议的规定，对外技术局工程处、中央情报局科技处以及国家安全局先进武器和太空系统处，将各自执行弹道导弹飞行轨道重建的分析工具合并，成立了一个共同项目。这三个组织都投资推动"模块化飞行器模拟"项目的研发，初衷是将其作为"泰坦"导弹项目的诊断工具，因为该导弹可以接受外部传感器的观测和遥感。这个由导弹飞行剖面研究驱动的项目得到升级，将美国所有相关情报传感器的观测对象（特别是测量与特征情报）均纳入其中，并成为独立的可选模块，另外这三个组织也根据已知标准对结果进行验证。对外技术局与国防情报局全源科技情报中心相互协作，负责维护导弹飞行剖面的数据库，供各方访问。这样，进行轨道分析对比的基础就是不同的分析方法，而不是不同的工具；这样做还可以推动制定一套通用的情报手段，让所开展的弹道导弹分析能够经受时间的检验。这个轨道分析项目还有一个简化版本，简称"轨道重建"（TRP）项目。它的启动时间是20世纪70年代末，目的是使用体型更小的惠普VAX等通用计算机。这些通用工具的部分衍生型号，至今仍被国家航空航天情报中心、国家安全局、中央情报局和地理空间情报局等所使用。

[第6章] 测量与特征情报 | 211

图 6-3 "国防支持项目"卫星

来源：美国空军、TRW 提供。公共版权图片，参见：http://www.au.af.mil/au/awc/awcgate/smc-fs/dsp_fs.htm。

（四）测量与特征情报政策的最终确定

20世纪70年代，美国情报界内部许多互不统属的不同（但多少与科学原理相关）科目，以更加紧迫的姿态开展合作和相互协作，包括雷达情报、光学情报、红外情报、电光情报、声学情报、核情报、激光情报（LASINT）和意外辐射情报等。

20世纪80年代初，在美国情报界内部，围绕着红外情报（后改名为顶空非成像红外情报）和定向能源武器情报这两个科目，出现了激烈的讨论。美国国家安全局将它们当作信号情报的子科目。不过，美国空军建议进行一个简单的试验，以确定某个子科目到底是信号情报还是测量与特征情报：如果观测对象携带信息内容，这就是信号情报；如果观测对象没有携带信息，或者观测对象是意外的或从武器系统观测到的，那它就是测量与特征情报。来自定向能武器（DEW）——射频或高功率微波（HPMW）武器、粒子束、电磁脉冲（EMP）和高能激光器等的观测对象，被中央情报总监认定为测量与特征情报。不过，某些携带信息的低能激光，比如激光通信肯定是信号情报。确定红外情报（后被称为顶空非成像红外情报）属于哪个情报科目，已经成为政治性的决定，而且争论极其激烈，但美国空军仍将其视作测量与特征情报。

20世纪70年代中叶，美国空军、中央情报局和国防情报局的高官举行了一系列的政策会议，之后终于达成共识，将这些相互重叠但却互不统属的情报，并入一个统一的命名——测量与特征情报。大约在1977年，中央情报总监批准这个建议，尽管国防情报局早已开始非正式使用这一命名。

美国国防情报局抢先一步，制定出一套国防需求流程，就分析需求事宜向搜集人员提供具体指导。测量与特征情报正式"命名"的不久之后，这套流程便得到正式确定，并冠以新的搜集需求命名——测量与特征数据需求。率先使用这套新流程的用户中，就有国防情报局批准空军、陆军和海军成立的各个科技情报中心，以及由国防情报局和国家安全局共同批准成立并为之配备人员的国防特种导弹与航天中心。

（五）测量与特征情报管理的正式确立

1983 年，中央情报总监抽调国防情报局和空军的要员，成立测量与特征情报下属委员会，将其并入信号情报委员会的领导之下，但只接受该委员会的行政支持，直到美国情报界能够对测量与特征情报的管理试验进行评估为止。测量与特征情报下属委员会直接向中央情报总监提出政策建议，有权确定国家搜集领域的优先事项，可以提倡设立测量与特征情报的相关项目，而且可以与雷达情报和光学情报工作组合作，确保设立一个用于技术交流的论坛。

1986 年，测量与特征情报的国家管理试验被认为是成功的。于是，中央情报总监批准成立正式的测量与特征情报委员会。这个委员会提供相关的政策和指导，发展未来的测量与特征情报力量；确认当前的搜集和开发需求，指定需要优先处理的搜集和开发需求；评估测量与特征情报项目；论证某些测量与特征情报项目在预算周期的合理性；提倡酌情设立新的测量与特征情报项目；组织多个结构完备的技术工作组，促进信息交流和协作，并根据需要向测量与特征情报活动提供建议。这个委员会一直都是美国情报界监督测量与特征情报的唯一机构，直到中央测量与特征情报办公室于 1992 年成立。

1992 年，中央测量与特征情报办公室成立，隶属国防情报局，是国防部和情报界联手打造的组织，负责监督所有的测量与特征情报活动，包括国家和战区层面的预算。中央情报总监签署了《第 2/11 号中央情报总监指令》，任命中央测量与特征情报办公室主任担任测量与特征情报的职能主管。这份指令就是新成立中央成像办公室时的指令的翻版，只不过中央测量与特征情报办公室的授权是规划和执行研究、开发、试验和评估计划，并获得资金以支持这一职能。国防部副部长签署了一份国防部指令，它具有与《第 2/11 号中央情报总监指令》平行的授权效力。中央情报总监和国防部长使用国家和国防部的分项账目（包括研究、开发、试验和评估的账目资金）为中央测量与特征情报项目提供资金。这样一来，中央测量与特征情报办公室就获得了在战略界和战术界开展工作的合法地位，能够以测量与特征情报职能主管的身份，处理"国家对外情报项目"和"战术情报与相关活动"的各个项目。测量与特征情报委员会的办公地点正是中央测量与特征情报办公室，此外它还是美国情报界和国防部咨询研讨会的举办机构；测量与特征情报委员会主席还兼任中央测量与特征情报办公室副主任，向该办公室主任汇报工作。不过，中央测量与特征情报办公室成立时，还是一个非常"苗条"的组织，只有38个带薪职位，但接受多机构多军种的预算资金，对数十亿资金实施监督职能，监督范围覆盖整个美国国防界和情报界，职责相当于许多规模更大的机构的职能总和。

最初，中央测量与特征情报办公室主任直接向国防情报局局长汇报工作。不过，就在成立的第一年，这个办公室被并入国防情报局国家军事情报搜集中心（NMICC），接受国防情报局行动处处长领导——这位处长兼任这个办公室的主任。1993年，中央测量与特征情报办公室与美国空军达成协议，成立中央测量与特征情报技术协调办公室（CMTCO），帮助规划和执行中央测量与特征情报办公室有关研究、开发、试验和评估的预算。该预算的目的，一是让中央测量与特征情报办公室能够对其他研发机构施加影响力，二是让该办公室能够迅速将新技术和流程应用到新的"情报搜集科目"中，因为这种科目均以快速创新而闻名。

1997年，在新流程较为成熟之后，第一副主任被任命为主任，于是中央测量与特征情报办公室终于再次迎来了一位没有兼职的主任。这个组织的定位此前一直保持不变，但到了当年下半年，中央情报总监命令几位主要负责人就测量与特征情报的管理情况，出具一份委员会审查报告。报告建议情报界增加透明度，扩大中央测量与特征情报办公室主任的权力，因为他们一直希望这位主任与其他三个情报搜集领域的职能主管"平起平坐"，共同处理情报界的规划与决策，同时建议为测量与特征情报的职能管理和客户拓展等，扩展管理架构。

与此同时，在1997年底，中央测量与特征情报办公室主任向工业界提议，建议他们组建一个测量与特征情报同业协会，这样他就能以更有条理和更高效的方式与工业界打交道。工业界领袖表示同意，并成立了测量与特征技术协会。它是 501（c）6[1]非营利的同业协会，成立于 1999 年 1 月。它很快更名为测量与特征情报协会，并于 2008 年重组为先进技术情报协会。其任务是提供教育和培训，此外还负责宣传测量与特征情报及其他支持美国国防界的先进技术。

1998 年初，国防情报局局长升格中央测量与特征情报办公室，使之成为国防情报局下属的重要机构，与联合参谋部情报处（J2）、行动处和情报生产处平级。中央测量与特征情报办公室主任，获邀出席美国情报界级别的一切决策会议，可与中央情报总监及国会直接沟通。此外，中央情报总监还追加人力和资金，以扩大这个办公室职能主管的权力和情报界拓展职能。中央测量与特征情报办公室扩大了中央测量与特征情报技术协调办公室的权力，以便在国防情报局开展审计时，能够避免执行年的低效率，同时增加了一些新的拓展职能。

在国防情报局局长和中央情报总监的支持下，中央测量与特征情报办公室主任发起多项组织改革，极大地增强了这个办公室作为测量与特征情报职能主管的职能。许多新的监督职能得到拓展或确立：

- 加强中央测量与特征情报技术协调办公室的行政权力，以便在国防情报局开展审计时，能够避免执行年的低效率。
- 成立中央测量与特征情报处理与开发协调办公室，与位于俄亥俄州赖特—帕特森空军基地的国家航空航天情报中心共用办公地点。
- 成立中央测量与特征情报培训与教育协调办公室，与位于马里兰州博林空军基地的联合军事情报培训中心共用办公地点。
- 测量与特征情报行动中心，与位于五角大楼的国防搜集协调中心共用办公地点。
- 认识到军方用户需要重新启动"任务下达"环节，以获得相关的测量与特征情报的支持，于是中央测量与特征情报办公室便在所有作

---

[1] 译注：指《美国国内税收法》501（c）条款第 6 项，适用于商业联盟、商业协会等非营利组织，可减免其联邦所得税。

战司令部、联合参谋部和国务院等重要国家机构内，设立测量与特征情报联络官一职。
- 中央测量与特征情报办公室主任还在两个军种的研究生院内设立测量与特征情报主席一职，其中一所是位于俄亥俄州赖特—帕特森空军基地的美国空军技术学院，另一所是位于加利福尼亚州蒙特雷市的海军研究生院。

1999年，这个办公室的组织架构全部完成，开始高效工作。中央测量与特征情报办公室的地位得到承认，与其他情报搜集科目职能主管、各机构负责人、美军各军种以及各作战司令部用户平级，可以不经国防情报局同意，直接与上述部门签署协议。在对测量与特征情报进行了将近5年的领导之后，中央测量与特征情报办公室主任离职，并于2000年中期调入中央情报总监办公室任职，帮助测量与特征情报更全面转型，使之成为情报分析的流程和产品。

2003年，中央测量与特征情报的组织关系彻底并入国防情报局，成为测量与特征情报和技术搜集处，因此美国情报界认为它只是国防情报局的一个下属组织。国防情报局局长接管了测量与特征情报职能主管的权力。测量与特征情报在国家层面的优先级别上，依然无力与国防情报局的主流项目相竞争，因为国防情报局基本上属于全源机构，需要支持庞大的人力资源账单。测量与特征情报的技术传感器本来最需要进行现代化升级，但在国防情报局和科技情报中心内部，却根本无法与重要的人力资源工资争夺优先级别，因为其中许多工资都与当前中东的冲突有关。"9·11"之后，虽然其他大部分机构的资源呈现稳定上扬的曲线，但中央测量与特征情报办公室却在拼命维持着"9·11"之前发起的现代化升级改造项目。

2002年底，负责情报界管理工作的中央情报副总监与国防部负责指挥、控制、通信和情报的助理部长联手，针对部分由图像生成的测量与特征情报，将其下达任务、处理、开发和分发的工作从国防情报局剥离，交由国家地理空间情报局负责。因为在顶空非成像红外情报（如今的顶空持续红外情报）由谁负责的问题上没有达到一致意见，所以这个决定需要推迟做出，要等到负责搜集工作的中央情报助理总监所进行的一项深度评估取得结果之后再议。这项深度评估的任务是 2003 年底下达的，但进度被迫放慢，原因是新近设立的国家情报总监刚刚履职且所涉及的问题极其复杂。评估最终于 2005 年完成，顶空非成像红外情报管理评估研究的成果于 2005 年 7 月 22 日存档，随后便被该项决定的备忘录所引用。其结果是，顶空非成像红外情报的职能，正如最早提议的那样，交由国家地理空间情报局负责。

2005 年，国家情报总监和国家地理空间情报局局长一致同意将地理空间情报的定义范围扩大，合并之前被认为是测量与特征情报的一些子科目——使用顶空非成像红外（如今的顶空持续红外）和电光、红外以及合成孔径雷达等手段获取的测量与特征情报。此举重新定义了地理空间情报，因此可以实现以下目的：

（目的是）合并所有顶空非成像红外类和星载成像照片生成的测量与特征情报。这一定义与 2005 年 7 月 22 日国家情报总监备忘录的内容一致，即针对包括顶空非成像红外在内的所有使用顶空电光和雷达手段的测量与特征情报现象，移除其下达任务、处理、开发和分发的职能。[1]

注意，这里只是将"星载成像照片生成的测量与特征情报"从测量与特征情报的定义中移除，因此机载成像照片生成的测量与特征情报，至今仍然属于测量与特征情报科目。

组织方面突然发生方向上的变化，既有裨益，也有挑战。以下是好的方面：
- 国家地理空间情报局的预算增长速度加快，但在编文官人员的比例却在下降，因此可以更加灵活地处理测量与特征情报的资金问题。
- 国家地理空间情报局天然便是搜集和开发的机构，不是全源机构。
- 国家地理空间情报局拥有完备的访问和分发手段，可以为更加庞大

---

[1] 原注：ODNI Memorandum, "Definition of Geospatial Intelligence (GEOINT)," DD-NIC 2005–0111, December 1, 2005 (unclassified).

的用户群体服务。
- 国家地理空间情报局拥有采购权限，因此很清楚如何更加有效地开展工作。
- 国家地理空间情报局下设一个负责研究、开发、试验和评估的组织，即创新规划处（Inno Vision Directorate）。
- 国家地理空间情报局如今可以宣布，已经掌握一些属于自己的搜集力量。

挑战主要是文化上的：
- 国家地理空间情报局习惯认为科学人员是支持人员，而不是主流数据生产人员和情报生产人员。
- 国家地理空间情报局的中层管理人员几乎没有时间、耐心和动机，不会支持将低空间分辨率生产线纳入自己的工作流程。
- 国家地理空间情报局产品，通常并不需要像测量与特征情报那样，对传感器进行更高等级的表征和校准。
- 如果一个机构在判断图像价值时，最重视的指标就是"顶空非成像红外类国家图像解译排名表"的评分，那么这个机构在该排名表上的评分就会低于 1.0。

为应对上述部分挑战，国家地理空间情报局局长采取了以下措施：
- 要求所有副局长和所有希望升职的高级职员参加专项培训以熟悉业务。
- 设立一个将军级的文官主管职位，以国家航空航天情报中心为共用办公地点，成立国家地理空间情报局地理空间情报进步测试平台，并使用国家航空航天情报中心在测量与特征情报方面的经验，将该中心作为如今国家地理空间情报系统的不可分割的组成部分。此外，该主管还领导一个隶属国家地理空间情报局、但已并入该中心的一个支持小组。
- 将顶空非成像红外改名为顶空持续红外，以强调"持续性"，这个特点被认为是国家地理空间情报局的优势，甚至认为高分辨率高于一切的图像分析人员也持此观点。
- 规范化高级地理空间情报是一个过渡性术语，它将顶空持续红外的概念纳入国家地理空间情报局的所有工作流程当中，并尽快加以应用，要求中层管理人员具备相应资质，可以像处理所有其他形式的地理空间情报那样，规范处理高级地理空间情报，包括将其用于所有产品和报告当中。

遗憾的是，目前尚不清楚相关部门是否看到该机构在组织方面做出的成绩，不理会各种传言，对其作出不带偏见的评价。

三、测量与特征情报的主要子科目

测量与特征情报有 6 个特征鲜明的组成部分（子科目），如图 6-4 所示。尽管列举时相互独立，但它们往往是相互重叠的，而且与其他情报搜集科目往往也是重叠的，尤其与地理空间情报和信号情报更是如此。它们中有些是在电磁波谱内搜集的测量数据，有些涉及特定的搜集设备，还有些针对现象的科学测量。

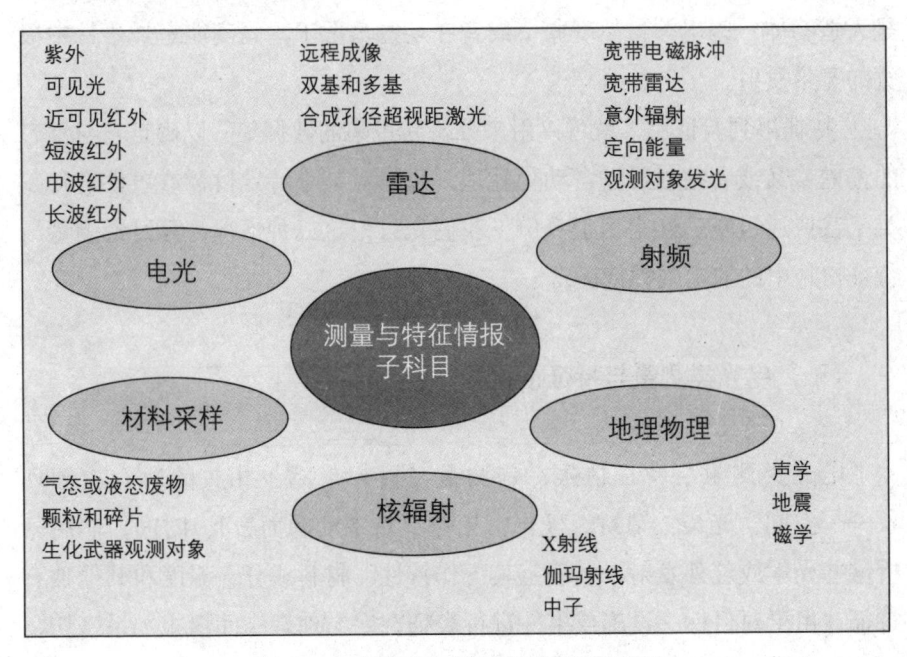

```
紫外            远程成像          宽带电磁脉冲
可见光          双基和多基        宽带雷达
近可见红外      合成孔径超视距激光  意外辐射
短波红外                          定向能量
中波红外           雷达            观测对象发光
长波红外

       电光                    射频

            测量与特征情报
               子科目

       材料采样                地理物理

气态或液态废物                          声学
颗粒和碎片         核辐射              地震
生化武器观测对象                        磁学
                        X射线
                        伽玛射线
                        中子
```

图 6-4　测量与特征情报的子科目

本节目的是让读者熟悉构成测量与特征情报的各个子科目，知道哪些能够成为它们的观测对象，以及了解部分具有代表性的特征，以阐释测量与特征情报的用途。通常来说，大部分情报机构都会将测量与特征情报当作最需要严格保密的信息来源。在不泄密的前提下，本节还将对每个子科目都做一些单独介绍，或是与其他子科目一起介绍。

大部分来自测量与特征情报的特征，都是在电磁波某部分谱段中开展搜集的结果。特征代表的是物体发射或反射的电磁能源。有3个测量与特征情报的子科目需要依赖这些现象：

1. 电光类测量与特征情报依靠自然发射、太阳反射或爆炸物或火箭发动机废气等人为加热物体或事件的发射（通常在电磁波的红外谱段可以观察到），产生特有的特征号。

2. 雷达类测量与特征情报获取特征的途径，是目标向雷达接收器反射或转发的能量。

3. 射频类测量与特征情报获取特征的途径，是意外射频发射，其来源是人造物体、闪电等自然现象；或者在某些情况下，是高能爆炸事件中极宽的宽带发射。

特征得到验证后，就可以用来分析新搜集的数据集，以确定它与常态的偏差；又或者往往经过自动化处理，用来对某个特定目标或事件进行归类；甚或通过唯一性来识别身份。我们先讨论这三种情况，再讨论测量与特征情报中的非电磁类特征。

（一）电光类测量与特征情报

电光类测量与特征情报，是测量与目标或场景相关的所有物理现象——空间、光谱、辐射、极化、相位（对主动源而言）、时间，然后分析这些光学或红外发射，以确定其工作特性、材料成分、温度和其他独有特征，用于对目标、设施或事件进行表征。它与地理空间情报关系密切，因为往往是同样的传感器提供图像和特征。

所有物体都会发射电磁能，或是自然发射，或是人类活动的结果。在绝对零度以上的温度条件下，所有物质（固体、液体和气体）都会释放能量，这些能量主要集中在光谱的热（红外）谱段，如图 6-5 所示。从情报角度而言最为重要的，是爆炸（特别是核爆炸）、设施和飞行器释放的特征，如该图所示。这些释放出来的能量，可被用于获取特征，因为特征与物体的特定材料或所属的类别是唯一对应的。

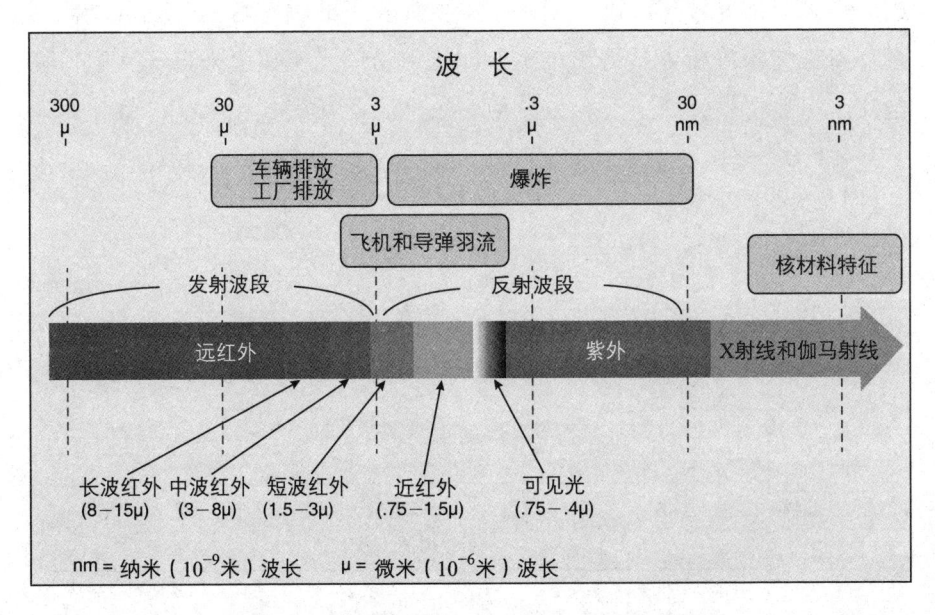

图 6-5　测量与特征情报使用的电光谱段

来源：笔者根据克拉克的《情报搜集技术》一书图表（图 1-5）制作。

为说明特征的使用情况，我们首先介绍战场爆炸的不同种类。有个很容易理解的例子，那就是**时间特征**（temporal signature），即辐射强度与时间的关系。它的搜集方式是使用电光辐射计，对一系列战场所用武器产生的**辐射释放**（radiant emittance），即爆炸、火箭排气羽流和枪支射击闪光的强度进行测量。图 6-6 展示的就是这样的例子。如果测量与特征情报分析人员从不明目标处获取新的数据集，并将其与"已知"

特征进行比对，就有可能轻易将这个数据集归类为一场爆炸，或将这个**特征数据**（signature data）归类为特定种类爆炸装置释放的"已知"热特征。

如果有人想知道产生这个特征数据的武器的大小，请看图6-7。该图展示了不同枪支射击闪光的时间特征，还允许电光传感器观测该武器更加精细的颗粒表征。因此，仔细检查图6-6中该枪射击闪光的特征的强度、持续时间和波形，以及图6-7中更加精细的颗粒特征，就可以让测量与特征情报分析人员得出结论，即该射击闪光事实上来自一支中口径枪支。

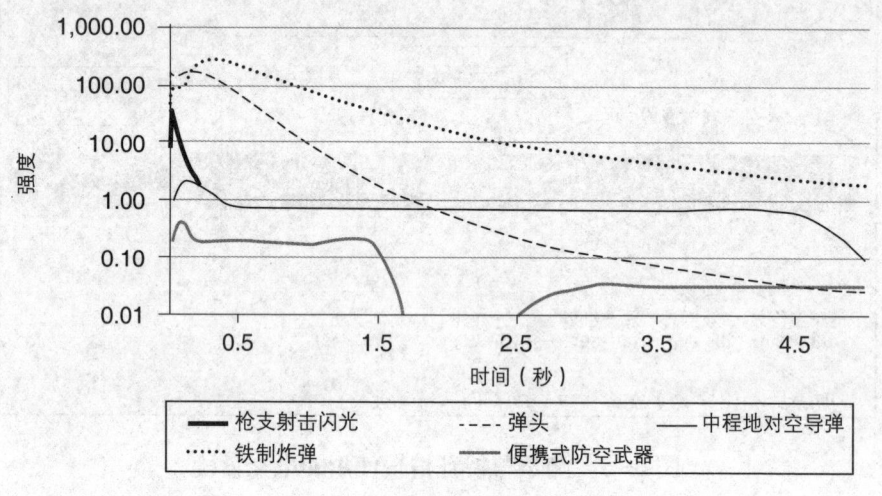

图6-6 战场事件的热特征

来源：Dr. James Lisowski, "Signatures," Memorandum for John Morris, April 5, 2014.

注意，快速升空时间、总强度、强度持续时间，以及放慢的衰减时间，这些要素加在一起，就可以用来对爆炸装置进行"指纹"识别，并提供关于其爆炸性能的确切信息。

图6-7　不同枪械的热特征

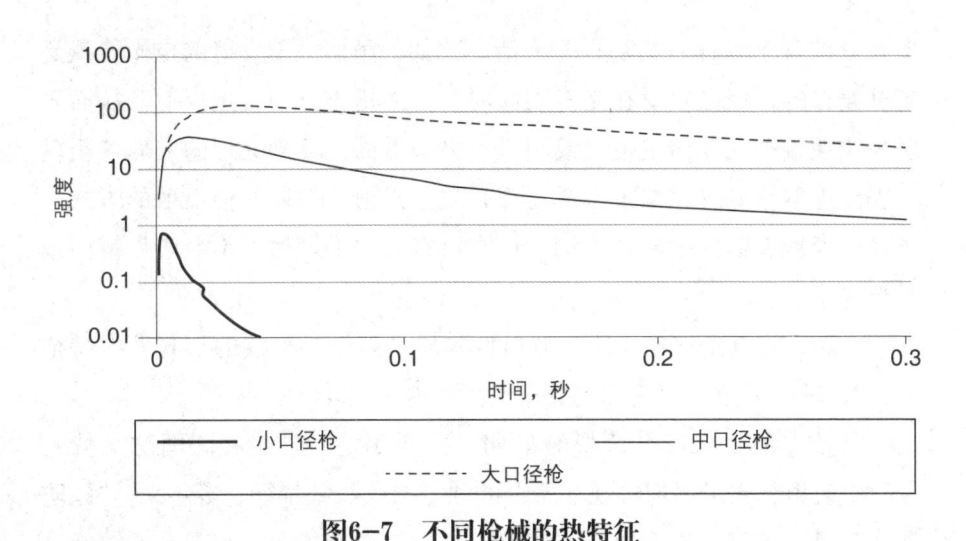

来源：Dr. James Lisowski, "Signatures," Memorandum for John Morris, April 5, 2014.

在光谱中，其他许多具有重要情报价值的特征，都是**光谱特征**。电光能量或热量与物质相互作用，可以导致能量在光谱的特定部分释放。这个现象可以在白天观察到，原因是阳光的刺激，或许白天加热之后，晚上也可以观察到释放现象。观察得到的特征，与释放这种能量的物质存在唯一对应关系。如何在光谱中寻找这些特征对应的位置，有这样一条经验法则：固体对应可见光、近可见红外、短波红外，液体对应短波、中波红外，气体对应中波、长波红外。因此，光谱特征可用于识别固体、液体或气体——不论是单独状态或存在于混合物中。

介绍完特征的辐射强度和光谱内容之后，物体的电光特征还有另一个关键内容，就是该物体的电磁波偏振。所有电磁波，不论射频还是光学，都是偏振的，这意味着电场是沿特定方向振动的。**偏振测定**是对电磁能的偏振情况进行测量，测量时使用的是偏振计。光学偏振测定通常称为**椭圆偏振测量术**。太阳发射的电光能量是随机偏振的，这意味着偏振将以随机方式不断变化。但当阳光是从人造物体反射时，反射很可能会沿优先方向发生线性偏振，形成镜面或闪光。人们认为，偏振可被用来测量被观察物体是粗糙还是光滑。比如，虽然太阳发射的电光能量是随机偏振的，但当它射在光滑表面时，会沿优先方向发生反射，从而表现为线性偏振，并产生镜面或闪光。另一方面，喷砂处理的或均匀粗糙的表面连偏振光（比如来自激光源）也会漫射，并以朗伯反射的方式，将喷砂处理表面反射的光线均匀地在所有方向上散射，不会产生镜面或闪光。

图 6–5 的电光谱也说明，放射性物质是以伽马射线的形式发射特征的。这些将在有关核类测量与特征情报的内容中讨论。

电光类测量与特征情报的早期正式应用之一，是在"国防支持项目"中使用，它可以搜集现在所谓的顶空持续红外特征。多年来，"国防支持项目"的卫星是搜集顶空持续红外的主要传感器。它现在已被天基红外系统所取代。这些卫星可以探测并跟踪导弹羽流的高温，对导弹发射情况提供早期预警；可以测量红外波段的能量波长和强度，确定目标的位置和运动。

20 世纪 60 年代美国的"船帆"（Vela）卫星携带被称为"印度大麻传感器"（bhangmeter）的设备，其设计目的是探测大气层核爆炸的双重闪光。"印度大麻传感器"技术于 1961 年开始试运行，美国将其搭载于一架改装后的 KC-135B 飞机上，用来监视绰号为"沙皇炸弹"（Tsar Bomba）的苏联氢弹的试验情况。"沙重炸弹"是迄今为止人类引爆的威力最大的核武器。

电光类测量与特征情报中有一个飞速发展的领域，那就是"地理空间情报"一章中介绍过的光谱探测。光谱探测可以提供表示能量与频率或波长关系的坐标图。该坐标图可以用来表示极短时间内辐射强度与波长的关系。在对物体进行观察时，传感器系统所能处理谱段的数量，决定了从该来源处获得的细节数量。包括辐射计和光谱仪等传感器系统，其名称来自以下简化定义：

1. 多谱段（2 至 99 个谱段）；
2. 高谱段（100 至 1000 个谱段）；

3. 超谱段（超过 1000 个谱段）；

谱段中的每个波长都有特定的发射和吸收光谱，可以用来对所观察物体的成分进行"指纹识别"或定义。物体的发射强度是多个条件构成的函数，包括其温度、表面特性或材料，移动速度。

谱段越多，就能提供更多的离散信息，或者更高的分辨率，但并不一定提供更多的情报。对于许多情报应用而言，只需一些谱段提供的特征就已足够，这样一台多谱段扫描仪就够用了。比如，在大部分涉及激光的情况中，需要进行超谱段波长探测。然而，其实只需监测一条特定光谱线，只要该光谱线具备这种激光的典型特征，就可以完成上述探测工作。

（二）雷达类测量与特征情报

雷达类测量与特征情报（RADINT）需要我们使用电磁能照射目标，并分析反射能量。雷达可以生成多种类型的特征，且都具有测量与特征情报价值。在宏观层面，雷达可以提供位置、速度和加速度等特征，评估导弹和飞机的性能。在微观层面，雷达可以搜集特征，标明目标的配置和组成，甚至可以生成飞机、导弹弹头和卫星等目标的图像。图 6-8 显示的射频频段，正是某些重要的测量与特征情报雷达的工作范围。

雷达类测量与特征情报的搜集工作，可以提供雷达截面、雷达反射率和吸收特性等方面的信息。它还用于跟踪具有情报价值的目标，获得各组件的精确空间测量数据，以及观察动态目标的运动情况。雷达可以发挥上述作用，因此可以为空中和太空态势感知做出重要贡献。

不同类型的雷达可以搜集特定类型的雷达类测量与特征情报，如图 6-8 所示。

几十年来，超视距雷达一直用于在无法开展情报工作的区域，监视空中交通和弹道导弹的发射情况。超视距雷达的工作范围是高频频段内或近高频频段，因为从电离层反射后的无线电就在这个范围——也正是因为这种现象，数千英里之外的电台才能接收到国际无线电广播。

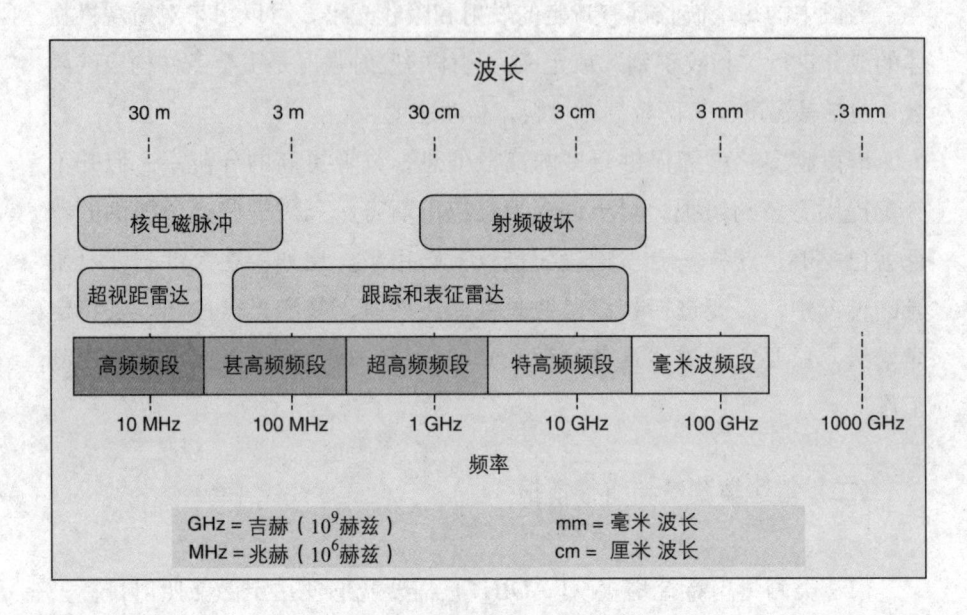

```
                              波长
     30 m      3 m      30 cm      3 cm      3 mm      .3 mm

        核电磁脉冲              射频破坏

     超视距雷达         跟踪和表征雷达

      高频频段  甚高频频段  超高频频段  特高频频段  毫米波频段
      10 MHz   100 MHz    1 GHz     10 GHz    100 GHz   1000 GHz
                              频率

         GHz = 吉赫（$10^9$赫兹）    mm = 毫米 波长
         MHz = 兆赫（$10^6$赫兹）    cm = 厘米 波长
```

图6-8　测量与特征情报使用的射频频段

来源：笔者根据克拉克的《情报搜集技术》一书图表（图1-4）制作。

美国使用超视距雷达开展测量与特征情报搜集的历史实例，就是440L。20世纪60年代，美国空军研发出一种被称为440L的超视距前向散射雷达，用于探测中国或苏联境内发射的导弹。美国在中苏国境两侧部署一系列高频无线电发射器和接收器，它们产生的信号在电离层和地球表面之间持续反弹，最后到达接收站。在此过程中，任何干扰都说明有导弹穿透电离层。大气核试验也会破坏440L发射器产生的信号，因此这种雷达也可用来监视核武器试验。[1]

大多数雷达可用于探测和跟踪目标。然而，有些雷达因为位置或者设

---

[1] 原注：State Department Airgram to U.S. Embassy Rome, CA-6065, "Project Clear Sky," February 26, 1968 (retrieved from the National Archives, U.S. Department of State) http://www2.gwu.edu/~nsarchiv/NSAEBB/NSAEBB7/nsaebb7.htm.

计和校准的缘故，是专门用来开展测量与特征情报搜集的。冷战期间，部署 AN／FPS-17 的目的就是满足科技情报的搜集需求。它可以推算出苏联卡普斯京亚尔（Kapustin Yar）试射场发射导弹的轨迹。它还可以识别卡普斯京亚尔发射的地球卫星，可以计算卫星星历表（位置和轨道），还可以综合推导助推火箭的性能。后来，在 AN／FPS-17 的部署位置上，又增加了一台被称为 AN／FPS-79 的跟踪雷达。它所提供的新能力，是估算卫星或导弹的配置和尺寸，以及观察有人或无人驾驶飞行器再次进入大气层的情况。[1] 图 6-9 展示了雷达获得的导弹轨迹的覆盖范围。

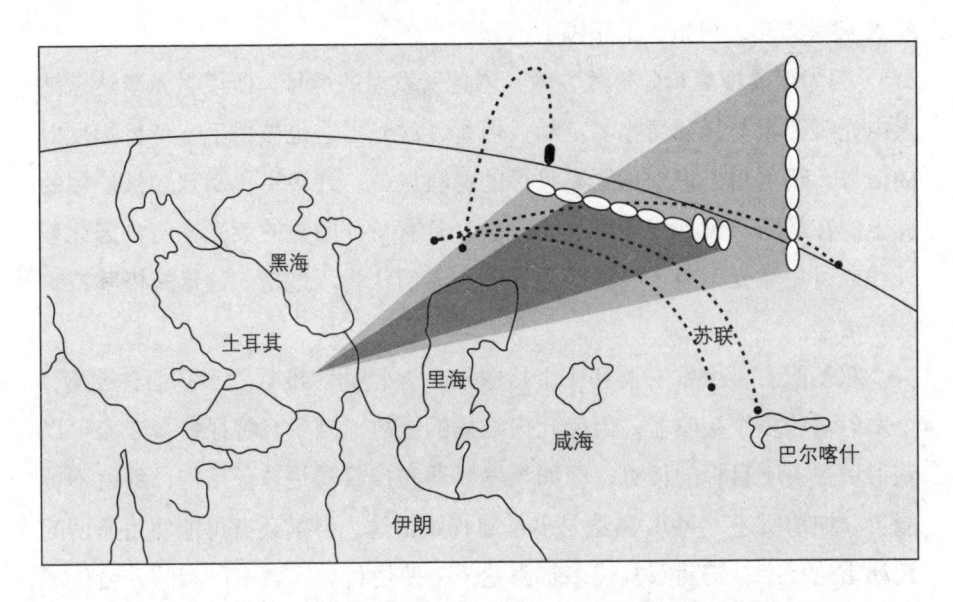

图 6-9　AN／FPS-17 雷达获得的导弹轨迹的覆盖范围

来源：Central Intelligence Agency, "The Diyarbkir Radar," *Studies in Intelligence*, v.8 no.4, https://www.cia.gov/library/center-for-the-study-of-intelligence/kent-csi/vol8no4/html/v08i4a05p_0001.htm

---

[1]　原注：Stanley G. Zabetakis & John F. Peterson, "The Dyarbakir Radar," *Studies in Intelligence*, https://www.cia.gov/library/center-for-the-study-of-intelligence/kentcsi/vol8no4/html/v08i4a05p_0001.htm.

远程成像雷达主要在微波波段工作，它可以获取具有唯一性的特征，从而识别和表征一个目标。这个特征还可用于确认该目标的任务或目的。这些雷达类测量与特征情报所针对的目标，包括卫星、导弹、舰船、飞机和战场飞行器。

高级研究计划局的林肯 C 波段观测雷达，部署于西太平洋的夸贾林环礁。它有两个任务：一是通过跟踪美国发射的再入飞行器，监视反弹道导弹的试验情况；二是卫星成像。

部署在马萨诸塞州的"干草堆"（Haystack）雷达，使用直径 120 英尺的 X 波段雷达，可生成卫星图像。

因为需要搜集和分析敌方激光雷达所发射的信号，所以激光雷达被纳入电光类测量与特征情报的范畴。但是，激光雷达也被用于搜集目标反射的信号，还可用于识别远距离目标的材料成分。许多生化制剂和被挖掘的弃土，在暴露于紫外线和可见光时，会具有特征明显的荧光光谱，因此紫外线或可见激光可用于开展荧光探测。人们认为，这是一种形式极其特殊的光谱学。

双基配有 1 个发射器和 1 个接收器，并且间距极远。多基雷达配有 1 个发射器和多个接收器。因为几何结构的缘故，测量与特征情报专家可以获得更多关于目标的信息，但如果发射器和接收器是并置结构，那就不可能了。如前所述，440L 雷达是多基超视距雷达。目前还有可能使用所谓的被动雷达技术，搭建双基或多基雷达——使用目标区域中已有的非合作式雷达，处理来自该区域内各目标的信号，最终获得情报。

合成孔径雷达在"地理空间情报"一章中已有介绍。如今，对来自这些雷达的相位历史数据进行开发，也能得到图像质量极佳的产品，并且有助于提供隐藏目标存在的证据和探测变化——在雷达对该区域进行多次观测的间隙所发生的事件。这种雷达使用方法在"地理空间情报"一章中也有讨论，但它主要依靠的技术，以前属于测量与特征情报的范畴。

（三）射频类测量与特征情报

射频类测量与特征情报，以前被称为宽带射频和红外情报，工作时所接收的无线电波，其频率与信号情报使用的是一样的。但它处理这些无线电波的方式却是独一无二的——比如，确认设备的状态，确认计算机是否开机，确认电力设备是否运行，或仅仅是确认能量是否以极宽的带宽扩散，并在时域中产生一个脉冲信号。射频类测量与特征情报不是全力搜索某个特定设备，而是根据某一类设备主动和意外的无线电发射，表征此类设备的特征。此外在某些情况下，它还可以确定这些设备的运行状态，甚至对其进行"指纹"识别。

1. 意外辐射

人造系统会以有意和意外两种方式释放电磁能。这种射频类测量与特征情报，主要针对军事和民用发动机、动力源、武器系统、电子系统、机械、设备、仪器或"会泄漏"的电子容器，搜集和分析其红外情报或杂散发射。比如，可以探测超外差接收器内的振荡器的频率，确定接收器调谐到的特定频率。卡车和坦克的发动机，会从火花塞处辐射电磁能。发电机释放的强信号，是与发电机转子的运动相关的。这些释放活动可以生成具有情报用途的特征，用于定位车辆、识别车辆并在车辆移动时跟踪车辆。在电子系统中预留开口，例如厢式雷达车预留的开放式检修口，有可能产生意外信号，其信号强度和频率取决于开口的大小、形状以及雷达的中频，这种信号即使在待机模式下也会产生。

2. 电磁脉冲和其他能量爆炸

射频类测量与特征情报的另一个重要子集，所涉及的特征来自爆炸（特别是核爆炸）和定向能量武器的爆炸能量源。获得此类特征的射频频段如图6-8所示。核爆炸和大型常规武器爆炸都会产生射频能。电磁脉冲的信号特征随高度和爆炸规模的不同而各不相同。可控爆炸产生的能量是某些类型的脉冲高能激光和轨道炮的动力,这正是情报工作非常关心的领域。这些能量爆炸可以产生电光和射频等观测对象。

3. 射频武器和带电粒子束

许多军事组织都部署射频武器,这是因为强电磁能爆发可以破坏敏感电子设备。它们擅长的领域包括让导弹失去目标,以及清理雷区以便部队和装甲车辆向前推进等普通任务。这些定向能量武器通常被认为是战术性的,而探测其试验活动或是否在战斗中使用,正是射频类测量与特征情报的任务。另一方面,人们认为,带电粒子束是战略武器,通常用来对抗弹道导弹,而且在技术上可以出其不意。我们可以将带电粒子束想象为一道可控的超级闪电,可以沿着电离路径直奔目标。免受攻击的唯一方法,就是不要出现在其电离路径的正前方。甚至射频也有几分类似超级闪电的特征。这里的讨论也会提出中性粒子束的问题,在导弹防御系统中,使用它也会构成技术上的出其不意。考虑到中性粒子束传播时的物理特性,如果导弹飞至地球电离层上方,它们就必须在外太空的电磁中性真空中工作。要想观察此类试验,使用紫外线会比射频更加可靠。

(四)地球物理类测量与特征情报

该子科目可开发声谱中的可听频和甚低频频段。后者低于人类能够听到的频率,可以用来探测机器工作时的振动、地下爆炸甚至开关保险库门时产生的压力差。

地球物理类测量与特征情报的工作,需要获得以下两种特征之一:

1. 磁学特征的获取方式是测量地球磁场的细微变化。造成这种变化的原因,是存在钢铁等铁磁材料,或是存在隧道等大型地下洞穴。

2. 声学特征是从空中、水中和地下搜集的,可以表征空中和地面的载具交通、船舶和潜艇的运动以及地下爆炸。这些特征的搜集频段包括可听声(20赫兹以上)和次声波(20赫兹以下,通常人耳无法探测)。

根据定义，地球物理类测量与特征情报是"通过地球（地面、水和大气）和人造结构传播的现象，包括发出或反射的声音、压力波、振动和磁场或电离层扰动。"[1]

这是非常笼统的定义，包括多个明显不同的子科目，我们将在下面讨论。

1. 水下声学

声学情报（ACINT）来自水下声音。搜集声学情报，依靠的是一种可以探测水中声音的声学传感器。声音在水中的传播速度比在空气中快得多。舰船和潜艇产生的水下声音，几百公里以外也能被探测。

水下声学工作依靠水听器，这是一种专门用于水下工作的麦克风。水听器将声音转换为电能，然后进行信号处理，又或者可以将其传输到接收站，进行更为复杂的信号处理。

在反潜战期间，各国海军在战术层面和战略层面纷纷使用各种被动声学传感器。在战术应用中，舰载和空投声呐浮标上的被动水听器，被广泛用于水下作战。相比主动声呐，它们可以探测距离更远的目标，但通常无法做到主动声呐那样的精确定位。然而，被动声呐确实具有优点，就是不会泄露传感器的位置。

美国用这种传感器搭建了一个精密的网络，称作"一体化海底监控系统"（IUSS）。它由两种阵列组合而成：一是部署在海底的水听器阵列，被称为声音监控系统（SOSUS）；二是拖曳在海军舰艇后方的阵列，被称为监控拖曳阵列传感器系统（SURTASS）。

2. 空中声学

一些声学传感器可以探测到空气传播的声音，或是地表附近的地下传播的声音，因此只能在相对较短的距离（几米到几公里）发挥作用。车辆

---

[1] 原注：U.S. Army FM 2–0, "Intelligence," March 2010.

发动机的功率如果很强，它的声音就能被探测到，并被用于对车辆及运动的类型进行归类，或是"指纹"识别。这种搜集活动生产的情报产品，通常被称为声学情报。

3. 地震探测和远震地震探测

地震探测一词，通常指探测通过地球传播的声音。地震情报（搜集）的定义，是"对地球表面的地震波或振动开展的被动搜集和测量"。[1]

在短距离范围内，被称为**地震检波器**（被置于地下或某个结构中）的地震传感器，可以获取大量具有情报价值的特征。当被置于地下时，地震检波器可以探测并且往往可以识别特定类型的脚步或车辆交通。这些地震传感器面临的挑战，往往不是在对人员和卡车进行探测时出现，而是在排除风、雷、雨、地面颤动和动物造成的误报时出现。这种特制麦克风能够产生的最大情报价值，往往出现在地震检波器被直接置于建筑结构中的时候，这时它可以监视建筑物内部或地下设施中的活动。

地震情报的战略应用之一，是利用地震学来定位和表征核试验，特别是地下试验。这种特殊类型的地震探测被称为**远震地震探测**。远震地震探测是针对地下深处传播的次声，进行搜集、处理和开发。视来源的强弱不同，这种次声的最大探测距离可达数千公里。

远震地震传感器还可以表征大型常规爆炸，因为这种爆炸可以用来测试核武器的高爆部件。远震地震情报也可以帮助定位大型地下建筑物。

由于世界上许多地区都存在大量的自然地震活动，因此远震地震类测量与特征情报需要连续的测量过程，这样才可以进一步掌握与自然地震活动相关的特征，识别它与自然特征的不同之处。

4. 测磁强术

磁强计是一种特殊的传感器，用于测量传感器附近磁场强度和方向的

---

[1] 原注：U.S. Army FM 2–0, "Intelligence," March 2010.

变化。磁强计的测量结果，可用于识别陆地上的车辆和水下潜艇的特征。

5. 合并特征

许多正式运行的测量与特征情报设备，利用不同的测量与特征情报技术，获取更加完整的目标全貌。在将射频类和地球物理类测量与特征情报进行合并之后，情况更是如此。部署在道路附近的无人值守型车辆探测装置，可以将地球物理类和射频类测量与特征情报合并。借助声学或地震探测，传感器可以识别车辆的存在，而射频类测量与特征情报的特征可以用来识别车辆类型（比如，是坦克、卡车还是汽车），甚至能够具体到车辆款式。

（五）材料科学

材料类测量与特征情报，依靠的是对气体、液体或固体样品进行处理和分析后生成的特征。这样一来，分析人员就能够确定物质的化学或生物成分，这对防御化学、生物和辐射威胁至关重要。爆炸物（比如简易爆炸装置使用的爆炸物）释放流出物和碎片后，这些释放物质的特征具有唯一性，可用来确定爆炸物的来源。对导弹推进剂的流出物采样后生成的特征，可以用来对导弹推进剂进行归类，以及对导弹性能进行评估。

通常，这个子科目可以再细分为两类：

1. 材料探测：指使用可以感应化学或物理变化的设备，对传感器周边环境进行探测。这些传感器可以测量物体内部或短距离内的现象，往往还可以探测温度、污染物、核辐射或电磁场之类的事物。

2. 材料采样：指获取少量材料或材料的痕迹，运用取证过程，确定它的性质。它是对微量元素、微粒、废水和碎片进行搜集和分析。这些材料是在各种工业过程、试验和军事活动时，释放到大气中、水里或地球上的。使用侦察机高空搭载的空中采样设备，探测大气层核试验释放的碎片，就是此类采样活动的一个例子。

对许多具有情报价值的领域而言，材料探测和材料采样都很重要。它们可以支持军事规划和军事行动。它们可以用于识别核试验、核材料生产和运输以及化学武器制剂的生产。它们可以发挥上述作用，因此在防御化学、生物和放射性威胁，或核、生物和化学活动以及更普通的安全和公共卫生活动方面，它们都是至关重要的。经济情报使用材料采样来评估工厂生产。材料搜集工作还包括用于环境监测的探测或采样，这个领域已愈发成为情报活动需要关注的问题，因为部分政府和工业企业试图隐瞒其污染活动。

在情报应用中，化学特征主要用于识别工厂排放的污水，以确定工厂正在使用的工艺。最常见的需求是对怀疑生产大规模杀伤性武器的设施进行表征。这种表征工作，在很大程度上取决于能否识别这些设施排放的化学废物的特征。

有的传感器能够探测具有情报价值的化学和生物材料，许多美国公司都可以制造这种传感器，但美国能源部国家实验室才是这个领域的领军力量。比如，劳伦斯·利弗莫尔国家实验室和桑迪亚国家实验室，早已研发出一系列传感器，可以探测爆炸物、化学药品和生物制剂。

（六）核情报

测量与特征情报的这一专业领域，覆盖核辐射，以及与核武器、工艺、材料、设备或设施相关的物理现象，可对它们产生的信息进行测量和表征。这些测量数据，可以帮助定位核材料的存储地点和移动情况。它们还可以从核试验产生的特征中搜集情报。

核特征是物理、化学和同位素特征，用以区分不同的核材料或放射性材料。放射性特征是放射性物质释放时产生的，表现形式为 α 和 β 粒子以及 γ 射线。所释放的粒子和射线，其特定组合和每种释放物的强度，构成可以识别各种放射源材料的特征。用以生成这些特征的测量工作，只能在非常近的距离内进行。

核监测可以远程进行，也可以在对核设施进行现场检查时进行。对数据进行开发，就可以对核武器、反应堆和核材料进行表征。许多系统可以探测和监控全世界的核材料生产和核武器试验。

如前所述，在核情报与材料科学核分析技术这两个领域之间，确实存在相互重叠的情况。根本区别在于，核类测量与特征情报处理的是核事件的实时特征，比如核爆炸、事故或恐怖主义产生的辐射云以及其他类型的辐射事件。虽然材料科学家研究的是相同的现象，但他们的视角更加微观，因为其工作是针对空气采样、地面污染或释放到大气中的放射性气体，进行沉降颗粒分析。因此，核情报分为两大类：一是核爆炸的遥感——属于前面讨论的地球物理类测量与特征情报子科目，二是超近距探测或采样探测。

1. 遥测

自20世纪60年代以来，美国一直使用能够探测核武器爆炸的卫星。这些卫星上的传感器，可以探测到核爆炸所特有的光学特征、电磁脉冲、X射线和伽马射线。正如在"电光类测量与特征情报"一节中讨论的那样，自1963年起，美国发射了一系列"船帆"卫星，这些卫星搭载上述几种传感器，在大约73000英里高度的轨道上运行。"船帆"卫星项目由美国研发和部署，目的是在与苏联于1963年签署《部分禁止核试验条约》之后，监督条约的遵守情况。

20世纪70年代，"国防支持项目"卫星取代了"船帆"卫星，其搭载的光学、X射线、中子和伽马射线传感器，可监控大气层内部和外太空以外的核事件。后来取代"国防支持项目"的是天基红外系统，搭载的传感器可探测大气层内部的爆炸。

2. 机载采样和陆基采样

地上核试验会产生大量可探测的放射性同位素，称为**放射性核素**。但地下核试验也会将放射性物质释放到大气中。采集核爆炸中释放的气体是非常困难的。如果发生核试验，放射性粒子和气体可能在试验当时释放，又或者在爆炸之后，放射性气体通过爆炸上方岩石的裂缝渗漏。

许多系统都在对地球进行监测，以探测核爆炸。在美国，这个监控项目的历史可以追溯到 1948 年 8 月。当时，美国空军成立了原子能办公室一部（AFOAT-1），负责管理原子能探测系统。1949 年，原子能办公室一部识别出苏联的第一次核武器试验。它还根据氪 85 气体的大气测量结果，对钚等裂变材料的生产情况进行跟踪。[1]

以后还会改名的原子能办公室一部，在告知各东道国政府并获得同意后，进行了大量的声学、地震和放射类的搜集工作。有时如果它不能将此类搜集工作告知各东道国政府，美国空军就会开展单边行动。1961 年，该部提议在利比亚的领土上，秘密监测法国在阿尔及利亚进行的核试验。[2] 美国各驻外使馆和领事馆可不征得东道国政府批准，直接开展此类行动。比如，美国在各驻外使馆和领事馆安装被称为 B/20-4 的紧凑型空气监测装置，用于测量氪 85 等气体的含量，这样美国就能不断更新对全球钚产量的评估。[3]

1963 年，美国批准《部分禁止核试验条约》，并对原子能探测系统进行拓展，在部分美国驻外使馆部署地面过滤装置，有时这些活动并未征得

---

[1] 原注：Memorandum by R. C. Maude and D.L. Northrup, AFOAT/1, for Mr. Robert LeBaron, Deputy to the Secretary of Defense for Atomic Energy, "Notes on Technical Cooperation with British and Canadians in the Field of Atomic Energy Intelligence", 21 March 1951 (retrieved from the National Archives, U.S. Department of State).

[2] 原注：Memorandum from Richard St. F. Post, U.S. State Department Bureau of African Affairs, Office of North African Affairs, to William Witman II, Director, Office of North African Affairs, "Coverage of French Underground Tests," 4 August 1961, and letter from Howard Furnas, Acting Special Assistant to the Secretary for Atomic Energy and Outer Space, to General J. F. Rosenhauser, Chief, Air Force Technical Applications Center, 15 August 1961 (retrieved from the National Archives, U.S. Department of State).

[3] 原注：Memorandum from Col. Frank Griffith, Deputy Chief, Air Force Technical Applications Center, to Special Assistant for Atomic Energy and Outer Space, "20-4 System Expansion", 4 January 1962 (retrieved from the National Archives, U.S. Department of State).

东道国政府的许可。这些装置可以搜集核试验产生的空中微粒，进而对核武器的设计、威力和构成进行评估。[1]

美国空军早已开始执行空中采样的任务。为了测量苏联和中国的钚产量，20 世纪 60 年代中期，RB-57F 飞机开始从阿根廷空军基地起飞，执行高空空中采样的飞行任务。这项任务被称为"乌鸦飞行"（CROWFLIGHT）计划，谎称隶属空军气象局。这些飞行的目的对阿根廷政府保密。[2]

美国空军的另一项机载采样工作，是 1986 年 4 月 25 日，在苏联切尔诺贝利反应堆熔毁和爆炸之后进行的。4 月 29 日，一架 WC-135 飞机从加利福尼亚州麦克莱伦空军基地起飞，前往英国皇家空军米尔登霍尔空军基地，在斯堪的纳维亚北部采集事件产生的碎片。这是第一次空气采样。在此次事件中，美国出动 WC-135、WC-130 和 B-52 飞机，在全球范围共进行了 42 架次空气采样。第一次飞行任务遇到一片可见的碎片云，直径大约 7 英里，厚度超过 500 英尺。机组人员对这片碎片云进行探测，读数为阳性，这种情况通常只有在大气层核爆炸之后才会遇到。在接下来的 10 天时间里，执行任务的飞机在太平洋、欧洲和地中海上空，都遇到了来自切尔诺贝利的碎片。[3]

四、测量与特征情报的管理

在过去几十年里，正如本书其他章节讨论的那样，美国情报界已经发

---

[1] 原注：State Department Circular Telegram 1444 to Various Embassies, "Project Clear Sky," 6 February 1964 (National Archives, U.S. Department of State).

[2] 原注：State Department Airgram CA-3143 to U.S. Embassy, Buenos Aires, 17 September 1965 (retrieved from National Archives, U.S. Department of State), http://www2.gwu.edu/~nsarchiv/NSAEBB/NSAEBB7/nsaebb7.htm.

[3] 原注：Mary Welch, "AFTAC Celebrates 50 Years of Long Range Detection," *AFTAC Monitor* (October 1997): 8–32.

展成为一个职能性管理结构，负责处理各类情报科目。美国国家安全局被指定为负责信号情报的职能主管，中央情报局负责人力情报，国防情报局负责测量与特征情报，国家地理空间情报局负责地理空间情报。

对于大部分情报科目的搜集工作而言，这样做并没有带来严重的问题，因为从提出需求到分发产品的流程，在结构上属于职能主管的职权范围。正如"人力情报"一章中讨论的那样，人力情报的搜集工作是由许多机构完成，但这个问题是可以管理的。

不过，即使有指定的职能主管，测量与特征情报也存在严重的管理问题。一直以来，测量与特征情报的各主要子科目，都不得不依靠其他情报科目才能开展搜集工作。因此，一个持续存在的问题，就是如何划分测量与特征情报流程中的管理责任。因此，可以改变测量与特征情报定义的，并不是技术因素，而是政治和预算方面的考虑。

任何一个职能主管都必然会去定义自己的搜集项目，因为这样一来，这些项目才不会被划入其他职能主管的责任范围。比如，在人力情报科目中，负责搜集材料样本的职能主管，无疑更愿意将这项工作定义为非"测量与特征情报"。而武装部队的医疗情报中心，也不会将自己的医学采样工作当作测量与特征情报。然而，这两项工作确实属于测量与特征情报的定义范畴。监管工作乃至预算分配，都会受到这种定义行为的影响。

这正是 2005 年重新定义地理空间情报时出现的情况，本书在"测量与特征情报的历史"一节中已有介绍。传统的测量与特征情报项目开展雷达成像搜集或电光成像搜集，但如果这些项目现在基于卫星，或者在未来某个时刻有可能基于卫星，就会被划入地理空间情报的范畴。因此，那些能够生成图像的项目，只要不在太空——也就是在空中、地面和海面，就仍然属于测量与特征情报科目，而且通常为使用它们的美国军方所"拥有"。然而，这个情况并不是每个人都很清楚。

无论如何，所有基于太空、能够生成图像的测量与特征情报任务终究还是移交了，这是因为必须任命一个特定机构担任职能主管单位，以尽可能满足大多数用户的需求。于是，这个机构便获得了全部的资金监督权，监督该领域不断增长的力量及其为客户群提供服务的情况。由于国家地理空间情报局具有定位的优势，刚好可以胜任。

另一个管理挑战，源于一些人倾向于将"其他一切"都归为测量与特征情报。有时，无论是美国情报界的在任领导人还是前任领导人，都试图将测量与特征情报的解释简单化，他们说："如果它不是信号情报、人力情报或地理空间情报，那它就一定是测量与特征情报。"这种过分简化的方法，在处理复杂主题时可能会很方便，但严格来讲，这样顶多做到了技术性的模糊。这不仅留下太多产生歧义的空间，而且还忽略了开源情报——要知道开源情报也是一个单独的情报科目。由于遗漏，这还会让人认为外国物料开发（foreign materiel exploitation）也是测量与特征情报的子科目，其实外国物料开发通常被认为是一个单独的科目。

（一）架构

在美国国内，国防情报局局长是负责测量与特征情报的职能主管。国防情报局局长履行上述职能，为各项目主管提供指导意见，就测量与特征情报的预算向国家情报总监提出建议，并直接面向国会做出回应，以充分解释测量与特征情报的效用，解释测量与特征情报预算需求的意图。此外，国防情报局局长负责推动共同标准、教育和培训，制定安全政策，管理当前对情报行动所提的需求，并征集美国情报界对未来新力量的需求或对这些需求进行验证，从而为测量与特征情报的规划和项目开发提供支持。测量与特征情报的管理和监督职能，由如下三个组织共同负责。

1. 理事会

理事会是美国情报界的高级别组织，主席是国防情报局局长。其成员通常由国防部门和情报界各机构的负责人担任。它负责为测量与特征情报行业的未来发展方向制定指导方针，整合各方目标，构建共同远景，处理测量与特征情报行业及其利益攸关方一致关注的问题。

2. 国家测量与特征情报办公室

该办公室是情报界与国防部联合组建的另一个机构，接受国防情报局局长领导。国防情报局局长代表国防部和情报界，管理和执行涉及双方的测量与特征情报业务，以及其他与测量与特征情报相关的活动。国家测量与特征情报办公室主任兼任测量与特征情报委员会主席，这一情况将在下文介绍。国家测量与特征情报办公室可以提供相关手段和机制，协助国防情报局局长带领去中心化的测量与特征情报行业成为完全统一的组织。这个办公室所执行的具体职能，包括但不限于：战略、政策和项目；任务整合，使之可以包含需求和评估；最广义层面的架构搭建。

3. 国家测量与特征情报委员会

该委员会由多个机构组成。作为美国情报界的决策咨询小组，它在测量与特征情报问题上提供意见，还就测量与特征情报力量的状态和战略方向，向负责情报的国防部副部长和国家情报总监提供建议。国家测量与特征情报需求分委员会隶属测量与特征情报委员会，对情报界提出的测量与特征情报搜集需求进行验证，并为这些需求确定优先顺序。测量与特征情报委员会的工作人员，目前已经完全并入国家测量与特征情报办公室。而国家测量与特征情报办公室主任，也兼任测量与特征情报委员会主席。

上述三个组织共同管理着美国测量与特征情报系统。测量与特征情报系统是必要的技术、政策、力量、条令、活动、人员、数据和社区的综合体，可以在一体化的、多情报科目的、多领域的环境下，生产测量与特征情报。测量与特征情报系统的参与方，包括美国情报界、联合参谋部、军方各部门（包括各军种）、各作战司令部以及精选的国际和文官合作伙伴。测量与特征情报系统可以提供相应框架，开展任务、搜集、处理、开发和分发（TCPED）等活动，并开展相关研发活动，为美国决策部门和国防部相关部门提供各种情报解决方案。

（二）搜集

在美国，测量与特征情报的搜集工作，是根据国家测量与特征情报需求系统提供的指导方针开展的。这个系统以内联网为基础，是管理搜集活动的应用程序，支持创建和提交测量与特征情报需求，还可以对用户的满意度进行跟踪。国家测量与特征情报办公室可以根据该应用程序当前架构的缺点，评估未来对搜集力量的需求。

测量与特征情报不是由任何一个情报组织单独搜集的。相反，其搜集工作是由不同组织的军人和文官实施的，但这些组织往往没有或者几乎没有长期联系。比如，测量与特征情报的部分子科目（比如材料科学和核情报）需要精密的实验室设备和详细的分析，通常需要数周时间才能得出结论，然后这些结论就被记录在冗长的技术报告中。还有另一种极端情况，有时测量与特征情报会使用相对不复杂、自带处理功能的传感器，这样可以立即显示所跟踪活动的读数——比如"印度大麻传感器"和电磁脉冲传感器。

有些测量与特征情报需要借助定制系统开展搜集工作，这种系统专门用来获取必要的详细测量数据和特征，在特定的任务范围开展工作。在其他情况下，测量与特征情报的搜集方式，是借助处于运行状态的情报系统或商业系统，将其传感器输出的内容进行特殊处理，然而这些系统的主要任务目标并非测量与特征情报。在某些情况下，测量与特征情报针对来自信号情报和地理空间情报的数据，开展特殊的处理流程。[1] 许多测量与特征情报的子科目，也需要人力情报才能成功开展，比如搜集材料和安装传感器。

---

[1] 原注：http://www.afit.edu/en/docs/CMSR/intelligence_What%20is%20MASINT.pdf.

总之，测量与特征情报的搜集工作，通常是在非职能主管机构或人员的积极管理下开展的，包括执行机构（由职能主管直接向其下达任务）、其他情报搜集科目的主管（协商后向其下达任务，或令其执行突发的搜集任务）或作战部队（以合作方式向其下达任务）。这是最难管理的工作内容，但它确实可以基于增值结果，与各方建立合作的关系。

（三）处理、开发和分析

测量与特征情报的 6 个子科目，每个都要依靠与之对应的专门的处理技术和开发技术。每个子科目在分析特征时所需的专业知识，通常也是各不相同的。

即使是在各子科目内，也可以根据所需的专业知识和技术，搭建各自的组织架构，或者说"烟囱"。以下两个子科目就是这种情况的经典体现。

1. 雷达类测量与特征情报

雷达进行的处理和开发，严重依赖于数字信号处理和复杂算法，用于从可能包括强地面杂波在内的原始雷达数据中提取特征。

合成孔径雷达沿持续稳定方向移动时照射目标，通过高度精确的测量，观察返回信号相对于发射信号，在振幅和相位上的变化情况。这样一来，雷达在飞行过程中，在照射目标的时候，就能"合成"出更长的孔径。合成孔径越大，图像的分辨率就越高。目前，已问世许多不同的高级处理算法，用来提取特征数据，从而识别许多各不相同的特征，包括对某个场景成像完毕后，这个场景所发生的变化。

精确视距特征与跟踪雷达，比如"眼镜蛇朱迪"和取代它的"眼镜蛇金"，在自身移动平台上便可提供第一阶段的临时产品。不过，完整的数据集将在搜集完成后，以尽可能快的速度发往麻省理工学院林肯实验室。详细的处理和分析将是漫长的过程，但必须进行这样的深度分析，以确定导弹系统中微小却十分重要的变化，因为这种变化或许就是违反条约的活动。[1]

远程成像雷达通常专门用来观测太空中的物体，并且必须对目标进行跟踪，通常是在目标上方的轨道飞行期间，从地平线的一侧一直跟踪到另一侧，以便获得足够大的方位角变化，从而形成分辨率合理的图像。在许多方面看来，这和合成孔径雷达的图像处理方式非常相近，但与合成孔径雷达不同的是，其目标是移动的。通常这种雷达发射射频带宽更高的波形——远高于精确视距跟踪雷达，这样才能让图像获得更好的空间分辨率。仅仅处理单个数据集，就相当于现代语言中高级信号处理流程中的"大数据处理"，有时还需要使用超级计算机。

超视距雷达依靠复杂算法和多普勒频率处理，从地面杂波中提取有价值的目标。正如本章前文所述，超视距雷达总是使用高频频段中的某一部分，因为其波长更长，可以从电离层的下方反射，从而将雷达的探测范围扩展到"超视距"。这类数据的处理和分析流程，表面看起来非常与众不同，因此那些对雷达信号处理理论学得不精的人们，往往称它们是艺术而非科学。

双基或多基雷达依靠特殊的处理算法，处理所涉及的复杂几何形状。比如，双基雷达的横截面，等效于使用单基雷达时，沿发射器到目标与目标到接收器这两条视线，取其夹角角平分线，在该线部署的这个单基雷达的横截面。精通其中一种雷达的专业知识，并不能意味着直接掌握另一种雷达的知识。它们是二战期间发明的第一代雷达，并且即时在欧洲正式运行。

2. 地球物理类测量与特征情报

在这个子科目中，分析磁学、声学、地震或远震地震特征的专业，在组织形式上是相互独立的。

监测地震和远震地震事件，需要识别与核爆炸相关的物理特征。这

---

[1] 原注：*Lincoln Laboratory Journal*, v. 12, no. 2, 2000, pp. 275-276, accessed at https://www.ll.mit.edu/publications/journal/pdf/vol12_no2/12_2widebandradar.pdf.

些特征可以作为基础，进行下列活动：①得出事件已经发生的结论（探测）；②确定事件发生的位置（定位）；③确定该事件不同于地震活动等非爆炸现象（识别）；④在出现疑似爆炸的情况下，评估爆炸的威力、是否为核爆以及事件的来源（表征和归类）。

对地球物理类测量与特征情报而言，地震活动和地震等自然地质事件，会增加地球上某些区域的噪声等级，因此很难对某个事件进行表征。

在开展类似观测活动时，测量与特征情报每个子科目的处理过程多少都会用到一些。

（四）分发、存储和访问

如前所述，每个子科目都需要不同的科学和工程专业知识，并使用不同的技术。每个子科目都有不同的用户群，而且这些用户群的需求也各不相同，尽管在少数情况下可能存在重叠的情况。因此，必须实施不同的管理架构，用以分发和存储成品情报，并以这些特征数据库为基础部署搜索活动。

下面，我们将继续以前文讨论的两个子科目为例。

1. 雷达类测量与特征情报

精确视距雷达、超视距雷达、远程成像雷达、合成孔径雷达以及双基和多基雷达，都有不同的目标和不同的用户。通常，国家航空航天情报中心保留相关情报数据库，供各种雷达、电光（红外）以及射频类测量与特征情报等开展事件搜集时使用。所有原始数据的保存时间相对较短，而事件数据往往会保存数年之久，具体情况则视计算机的可用存储能力而定。国防情报局和国家测量与特征情报办公室规定了最低存储标准。在被提供数据和特征产品时，一些用户是定期的，另一些用户是按需的。

2. 地球物理类测量与特征情报

磁学和水下声学特征通常是海军关心的内容。战场环境中声学特征的用户是陆军。在地震和远震地震特征的用户中，监督条约履行情况的机构希望验证可能的核爆炸，而非军事应急响应小组希望验证地震，此外军方指挥人员希望获取战场爆炸的信息。空军在地球物理类测量与特征情报中，发挥极其重要的作用。

（五）管理向实用转变

对拥有技术特长的专业人才的需求，是测量与特征情报的一个突出特征。为保证效率，测量与特征情报需要的专业人才，必须拥有科学或技术背景。它极其倚重物理、化学和电气类专业知识。这种科学家和技术人员通常不是情报界内部培养出来的。他们通常来自学术界，且通过实验和研究掌握了前沿科学知识。[1] 也正是由于这个原因，国家测量与特征情报才能与两大军种的研究生院——美国空军技术学院和海军研究生院保持牢固的关系。同样由于这个原因，自2001年以来，空军技术学院一直开设测量与特征情报证书课程。这门课程可以提供研究生院学分，也可以为分析人员提供继续教育，帮助其熟悉测量与特征情报的标准。事实上，许多用来解释不同子科目（雷达类及电光类测量与特征情报）的特征，都会被用来当作测量与特征情报证书课程的教具。这门课程通常是在俄亥俄州代顿开设，但偶尔也会在华盛顿特区开设，供更多需要此类教育和培训的学生学习。

因为与学术研究有着密切的联系，所以长期以来，测量与特征情报更像是一门实验室科学，而不是可正式运用的情报科目。不过，近年来，测量与特征情报已经发展成为一种成熟的手段，可以在正常工作环境下，以快速而有效的方式，探测、识别和表征不同威胁。其任务范围包括支持军事行动、导弹预警、反扩散、武器采购、条约监督、环境保护、反毒品行动和反恐。

虽然人们希望这种转变能够更快发生，但挑战却一直存在，而且非常

---

[1] 原注：U.S. House of Representatives, Permanent Select Committee on Intelligence Staff Study, "IC21: The Intelligence Community in the 21st Century," June 5, 1996.

明显。因为有以下因素需要考虑：

预算。美国国防部和情报界正在进入预算削减期，这期间的预算优先是国内问题。这可能一直将是最令人担忧的问题。

角色和责任。测量与特征情报领域中具备技术能力的参与方，并不负责支持作战人员开展行动。

第 10 卷与第 50 卷。美国法律经常会制造"烟囱"架构，因为国会可以用这种方式对其拨款、管理和监督。在这种情况下，《美国法典》第 10 卷的内容，就是如何支出用于支持军事行动的资金，国会对此的监督职责由其军事委员会履行；而该法典第 50 卷是监督情报活动和资源的公法，国会对此的监督职责则由众议院和参议院各自的情报委员会履行。

在预算紧张时，烟囱架构内资金受到严格控制的活动，就会因上述因素而面临特殊挑战。测量与特征情报对各作战司令部非常有用，因为它可以支持军事行动，所以这方面的情况就需要职能主管持续关注，以便仔细定义各自角色和相互关系，并发起与国会的例行交流，从而最大限度地提高美国测量与特征情报系统的工作成效。

五、国际测量与特征情报

世界各地培养测量与特征情报搜集人员的目的，主要都是支持军事规划和军事行动。用以支持测量与特征情报 4 个子科目（雷达、射频、地球物理和材料科学）的测量与特征情报传感器中，大部分的部署都已明确其战术军事目的。电光类测量与特征情报和核情报的搜集人员，更多的还是以战略情报应用为目标。

只有美国拥有一个单独的测量与特征情报组织。英联邦国家倾向于通过本国国防部的下属部门，管理本国测量与特征情报力量，但也存在些许例外。大多数具备相应力量的国家，在某些情况下已经把测量与特征情报部门，与信号情报部门或地理空间情报部门合并。这通常取决于其测量与特征情报部门的搜集力量是以雷达为中心，还是以图像为中心。俄罗斯这类国家拥有强大的科技实力，因此该国相关部门的工作重点，很可能就是充分利用自己的科技专业知识。但这些问题不会在其国内新闻媒体、互联网或者国际会议上公开详细讨论。

（一）电光类测量与特征情报

一些国家和地区正式运行的成像卫星具备光谱探测能力，比如日本、中国台湾（"福尔摩沙"卫星）和法国（"视宝5号"和"昴星团"）。德国的"环境测绘与分析计划"（EnMAP）卫星旨在提供高谱段图像。

除美国外，还有一个国家拥有顶空持续红外卫星力量。俄罗斯"预报"（Prognoz）卫星的红外探测能力，与美国"国防支持项目"卫星系统类似。[1]"预报"卫星项目始于20世纪70年代，第一代是US-KS"眼睛"（Oko）天基预警系统。1970年，苏联开始研发第二代预警系统，即US-KMO"预报"卫星。第一代系统只探测从美国境内基地发射的洲际弹道导弹系统；相比之下，US-KMO还可以探测来自海洋的潜射弹道导弹。这些卫星部署在地球同步轨道，因此可以覆盖大部分海洋。US-KMO的8号星已于2012年被发射升空。[2]

（二）雷达类测量与特征情报

几乎所有国家都有正式运行的雷达站——主要用于监控空中交通。在这些雷达中，许多都可以在全球各地提供测量与特征情报；各种复杂的陆基和海基雷达系统，可用于搜集雷达情报；还有一些国家研发的雷达，具

---

[1] 原注：William B. Scott, "Russian Pitches Common Early Warning Network," *Aviation Week and Space Technology*, January 9, 1995, 46–47.

[2] 原注：Weebau Spaceflight Encyclopaedia, "Prognoz (US-KMO, 71KH6)," http://weebau.com/satcosmos/prognoz.htm.

备特殊的测量与特征情报能力——主要是超视距雷达和目标识别雷达。

1. 超视距雷达

自大约 1970 年起，澳大利亚研发出名为"金达利"（Jindalee）的天波超视距雷达网络，目前已经部署，被称为"金达利运行雷达网络"。这个网络包括两个作战型雷达和一个研发型雷达，它们全部位于澳大利亚内陆，可以覆盖大陆北部和西部的海洋区域，监控该地区的空中和海上交通活动。

俄罗斯建造和部署天波超视距雷达的历史可以追溯到 1970 年。苏联曾部署两部这种雷达，名为"莫斯科之眼 1 号"（Duga-1），其任务是当美国本土发射弹道导弹时，在助推阶段探测并预警。然而显然，这种雷达并没有成功履行这项任务。后来，这些雷达站就被放弃了。

近年来，俄罗斯已开始部署这种雷达的新一代产品，其任务更加易于管理：在俄罗斯势力范围的周边地区探测和跟踪小型飞行器（如巡航导弹和无人机）。该类型的首台雷达于 2013 年 12 月正式运行。这种新雷达被称为 29B6 或"向日葵 E"，是双基（发射器和接收器分离）雷达，"莫斯科之眼 1 号"也是如此。29B6 的发射器位于下诺夫哥罗德郊区的戈罗杰茨（Gorodets）附近，接收器位于 250 公里外的科维尔基诺（Kovylkino），二者组合，可用于监控俄罗斯西部的空域。目前第二台 29B6 正在俄罗斯东部军区建造，计划于 2018 年开始服役。[1]

2. 目标识别雷达

俄罗斯已研发出数代导弹防御和太空跟踪雷达，它们的次要任务就是针对相关目标搜集测量与特征情报。"第聂伯河"（Dnepr）雷达的历史可以追溯到 20 世纪 60 年代，它可以提供卫星的轨道信息。20 世纪 70

---

[1] 原注："Russia Activates New Long-Range Radar," *IHS Jane's 360*, March 27, 2014, http://www.janes.com/article/31614/russia-activates-new-long-range-radar.

年代，更加强大的"达里亚尔"（Daryal）雷达开始辅助老旧的"第聂伯河"雷达。两种雷达都在甚高频频段工作。最新一代的雷达，是目前正在部署的"沃罗涅日 M"（Voronezh-M）（甚高频）和"沃罗涅日 DM"（Voronezh-DM）（特高频）。

德国拥有世界上最先进的雷达，可以获取卫星的测量与特征情报。该国的跟踪和成像雷达（TIRA），部署在波恩附近的德国应用科学研究院高频物理和雷达技术研究所。这种雷达的功能在很多方面都类似前面介绍过的"干草堆"（Haystack）宽带远程成像雷达。它可以获取 22.5 厘米（L 波段）和 1.8 厘米（Ku 波段）波长的雷达数据，可以利用所搜集的数据，生成雷达图像，并以特征为基础进行归类和身份识别。它所测量的特征包括轨道要素、卫星活动和机动飞行以及轨道寿命。它已经针对许多卫星、国际空间站和美国航天飞机生成雷达图像。

3. 机载和星载雷达类测量与特征情报

机载和星载合成孔径雷达主要用于制作图像，但其中许多也可以生产测量与特征情报，比如探测变化和测量偏振。德国的"合成孔径卫星放大镜"、"陆地合成孔径雷达卫星 X"和"陆地雷达附加数字高程模型卫星 X"，印度的"雷达成像"，以色列的 TecSAR，以及意大利的 COSMO-SkyMed，这些都是能够获取测量与特征情报特征的星载合成孔径雷达。

（三）射频类测量与特征情报

这个子科目在军事应用领域是与信号情报搜集紧密结合的，因此很少有人了解它在军事领域的能力。不过，我们可以假定所有拥有复杂信号情报力量的国家，都拥有射频类测量与特征情报力量。非军事应用主要是探测和表征闪电。因为世界上许多大学都在积极研究这个自然现象，也因为它是大国偏远地区发生野火的最主要自然原因，所以许多国家至少具备一项基本的能力，即搜集宽频射频。

(四) 地球物理类测量与特征情报

1. 水下声学探测

水下声音探测被许多国家的海军广泛使用，主要用于探测、识别和跟踪潜水艇——尽管它也用于识别水面舰船。俄罗斯和印度都有先进的声学情报项目，可以用于反潜战。[1] 英国已开发出可用于商业销售的拖曳声呐阵列。

2. 磁场探测

俄罗斯、澳大利亚、印度、英国、法国等国家，都在反潜巡逻机上安装磁场异常传感器。有些国家也会使用磁场传感器，在短程距离对车辆进行探测。

3. 地震探测

军队早已发现，探测脚步或车辆交通造成的地面振动很有价值。可对车辆特征进行识别和归类的传感器，越来越多地被各国陆军所使用。加装地球物理传感器似乎已经成为趋势。例如，德国的地面探测设备（BSA）将地震（地震检波器）、磁学和声学（麦克风）类的测量与特征情报传感器合并，用于探测和识别目标。

4. 远震地震探测

《全面禁止核试验条约》规定，全球应组建一个国际网络（国际监测系统）来监测地震事件，以发现地下核试验并进行地理定位。对结果进行识别和进一步分析是各成员国的责任。[2] 俄罗斯有能力实施这种监测，其

---

[1] 原注：William B. Scott, "Russian Pitches Common Early Warning Network," *Aviation Week and Space Technology*, January 9, 1995, 46–47.

[2] 原注：National Research Council, National Academies Press, "The Comprehensive Nucle-

历史可以追溯到20世纪60年代。哈萨克斯坦的博罗沃伊（Borovoye）地震台发现，30年来美国内华达试验场的地下核爆炸，其当量已经降至2千吨至5千吨。在其他地震台站提供信息的帮助下，博罗沃伊地震台可以识别核试验造成的地质条件，最终估算出美国地下核爆炸的威力，其不确定性大约只有20%。[1]

（五）材料科学

世界许多国家研发的相关传感器和方法，可对化学、生物、辐射、核和爆炸（CBRNE）的材料进行点探测和远程探测。恐怖袭击有可能使用这些材料，这在很大程度上刺激了该领域的发展。此外，限制此类材料生产、使用和扩散的各类条约，也要求建立国际监测制度。

（六）核情报

世界各国的边境地区都在开展核探测活动，原因就是担心以扩散或恐怖主义为目的进行的核原料运输。一些国家拥有被动伽马和中子传感器，可以在交通枢纽（主要是边境口岸和港口）探测核材料。这些设备大都是美国根据《防扩散安全倡议》提供的。这些传感器能够在短距离内探测特定的核材料（裂变材料铀235、铀233和钚239）。

俄罗斯拥有一个非常先进的核情报项目，可以从核试验中搜集样本。[2]

《全面禁止核试验条约》和《不扩散核武器条约》等条约，促使各方

---

ar Test Ban Treaty—Technical Issues for the United States," Washington, DC: National Academies Press (2012): 36.

[1] 原注：Vitaly V. Adushkin and Vadim A. An, "Teleseismic Monitoring of Underground Nuclear Explosions at the Nevada Test Site from Borovoye, Kazakhstan," *Science & Global Security* 3 (1993): 289–309.

[2] 原注：Scott, "Russian Pitches Common Early Warning Network."

部署使用测量与特征情报传感器组建的国际监测网络。比如，全世界共计80个台站组建成一个国际监测系统放射性核素网络，其中有40个台站对氙气同位素进行监测，因为这正是判断核爆炸的依据。

六、测量与特征情报最理想的情报目标类型

一般来说，测量与特征情报的主要价值，在于表征目标和设施。与地理空间情报一样，测量与特征情报并不向用户提供对人类思维过程的访问。因此，通常它无法提供意图或预测性情报。

下文是描述测量与特征情报价值的三种常见类别。它们是许多重要情报问题的主要来源。对于其他情报问题而言，它们往往不是主要来源，但可以帮助构建情报全貌，有时可以成为关键来源。对某些问题而言，它们的帮助不大，但偶尔会提供思路。

（一）作为主要来源的测量与特征情报

态势感知和导弹预警。测量与特征情报提供态势感知，以支持国家政策决策、军事行动和执法行动。它特别适用于提供战场空间态势感知——识别友军和敌军的行动状态，监控部队动向，以及评估战损。在地下设施附近区域进行计划内或计划外的搜集活动，可以提供关于该设施活动的信息。测量与特征情报所能提供的态势感知中，有一类特别重要，那就是指征和预警，特别是关于导弹攻击的指征和预警。例如，自从弹道导弹最初研发成功、成为能够携带爆炸弹头的主要武器系统以来，顶空持续红外类和雷达类测量与特征情报，便一直提供着指征和预警类情报。长期以来，无人值守的传感器一直监控军事行动和非军事应用（例如走私活动），提供关于人员和物资运输的态势感知。

军控和条约监督。测量与特征情报在军控和条约监督方面的重要性与

日俱增，特别是限制可投放大规模杀伤性武器的弹道导弹研发的条约更是如此。它能监控可疑材料从处理场所运往废弃区域的活动情况。它可以识别越境运输的材料。它可以提供相关指征，以核实危险材料是否得到安全存储。它还可以识别可疑材料的产量是否超标。

环境和自然资源保护。测量与特征情报结合地理空间情报，可对荒漠化、气候变化和工业污染等环境问题发出预警。它还可以率先为自然或人为造成的河流改道、森林火灾、火山活动和灰云形成等情况提供指征。20世纪90年代，时任参议员的阿尔·戈尔（Al Gore）与美国情报界合作，成立了一个环保特别任务组——后来更名为环境分析地球数据测量组，由来自美国各情报机构和研究机构的国际知名环境专家，对各种情报源进行审查。遥感来源提供的情报，特别是测量与特征情报和图像情报，被证明是最有用的。美国地质勘探局（USGS）在毛伊岛（Maui）建立了非涉密性灾害支持中心，并在弗吉尼亚州的雷斯顿建立了一个功能更强的涉密性中心。不幸的是，美国的预算和安全监督流程，难以维持这种前瞻性的合作关系。

人道主义灾害和救援行动。发生自然或人为灾害后，测量与特征情报可提供关于现场情况的情报。它在识别灾后化学品泄漏和污染方面尤为重要。通过地球物理类测量与特征情报，人们可探测地震并实时定位震中位置。大范围海洋区域内部或附近发生地震后，这种情报可以预测和监测海啸的形成情况。使用电光类测量与特征情报，可以探测森林火灾、火山喷发和火山灰烬。

（二）作为主要贡献力量的测量与特征情报

农业和食品安全。测量与特征情报结合图像，可支持对农作物进行预测，并据此提供粮食生产不足的预警。[1]

---

[1] 原注："USSR: A Third Consecutive Crop Failure," *CIA Intelligence Memorandum*, August 1981, http://www.foia.cia.gov/sites/default/files/document_conversions/ 89801/ DOC_0000498196.pdf.

恐怖主义。在反简易爆炸装置和自杀式炸弹袭击者使用的爆炸物的工作中，材料分析是其中重要的组成部分。它可以帮助识别这些装置的设计和成分，以及所用爆炸物的来源。

跨国有组织犯罪。测量与特征情报一直都是处理毒品交易的宝贵情报源。通过电光类测量与特征情报，人们可以监控罂粟和古柯的生产情况。20 世纪 90 年代后期，中央测量与特征情报技术协调办公室曾将一台多谱段传感器借给美国缉毒局，帮助其掌握哥伦比亚的古柯种植情况。此后，缉毒局将成果共享给中央测量与特征情报办公室。但他们已接到哥伦比亚政府的命令，不得再飞越其政府管控的保护区上空——因为他们经常可以发现古柯种植在该国泛滥成灾。

还有一次，国家航空航天情报中心（NASIC）工作人员乘坐夏威夷当地直升机，在火山国家公园为环保特别任务组执行任务，开展和测量与特征情报相关实验，结果遭到岛上的大麻种植者使用霰弹枪射击。

此外，测量与特征情报传感器曾被用来帮助侦测麻醉品走私，而材料分析可用于确定麻醉品的来源。测量与特征情报展示出船舶跟踪能力，因此它在搜索和跟踪国际走私活动中的用途大大增加。

生化武器的研发和扩散。化学和生物武器的生产、试验、运输和存储，通常可以通过与此类武器唯一对应的特征来识别。测量与特征情报可以确定生物或化学武器出现的数量是否需要警惕。它可以确定制造生物或化学武器所需材料的生产或运输时间。

传染病和卫生。生物材料采样可用于确定疾病种类。测量与特征情报类技术实验室与位于乔治亚州亚特兰大的国家传染病中心关系密切，可以共享信息。

导弹的研发和扩散。弹道导弹试验的场地是固定的，其图像特征也是唯一的。导弹试验期间，导弹的性能——射程、精度、数量和弹头设计等参数，可以通过雷达类和电光类测量与特征情报系统来确定。巡航导弹的试验，可以通过雷达类和电光类测量与特征情报系统进行监控，以识别飞行剖面。火箭发动机试验台的监控工作，可以使用多个不同种类的测量与特征情报传感器来完成，这样可以掌握火箭发动机的研发情况，供未来洲际弹道导弹使用。

核武器的研发和扩散。核原料的制造、运输和存储，通常可以通过与该种材料唯一相关的特征来识别。核燃料再加工设备都是大型结构，特征明显，有时会被置于地下设施内。

人权和战争犯罪。就像在执法部门时一样，材料科学也可以提供法医证据，指证战争犯罪。

能源安全。石油和天然气的开采情况，以及现有开采或精炼设施遭到损坏或破坏的情况，通常可以使用测量与特征情报结合图像情报的方式进行评估。

先进常规武器的研发和扩散。常规武器的生产、部署、试验和扩散，可以使用测量与特征情报的子科目实施监督，比如雷达类和电光类测量与特征情报。测量与特征情报产品可以直接支持国防搜集项目，尤其测量与特征情报的特征可以支持对超视距的非合作目标进行探测、归类或识别。测量与特征情报的特征与图像相结合，是现代精确武器研发和成功运行的关键。

外军战斗力、军事行动和意图。测量与特征情报可以提供武器的一些特殊细节：雷达类和电光类测量与特征情报，可以识别火炮发射、火力方向和活跃火炮的位置，以及导弹的类似信息。战术武器在发动攻击时，愈发依赖目标的独有特征。比如，F-22"猛禽"战斗机依靠红外特征来瞄准敌方飞机，因此必须使用最新的特征数据库，以便迅速识别敌我飞机。

新兴和颠覆性技术。这些技术通常可以用其他情报科目进行评估。激光和定向能量武器等另类武器，有可能成为战场上的"游戏规则改变者"。但事实上，借助测量与特征情报的来源和手段，这些武器是可以被探测到的。冷战期间，研发的许多技术和实战理念，可以针对在偏远地区研发和试验的定向能量武器，进行远程探测和表征。

（三）作为补充来源的测量与特征情报

军事和民用基础设施。测量与特征情报可以就外国基础设施提供一些认识依据。它还可以用于评估工厂生产情况。

领导人意图。测量与特征情报有时可以帮助推断领导人的意图。比如，秘密安装的声学类测量与特征情报传感器可以发出预警，提醒坦克和导弹发射器等作战单位已经离开驻地，正在部署进攻行动。

反情报。测量与特征情报在这方面的主要贡献，是识别敌方的拒止与欺骗行为。伪装和仿真武器，通常可以被光学类或雷达类测量与特征情报识别。

网络威胁。射频类测量与特征情报在某些特殊情况下是有用武之地的。

政治局势。测量与特征情报通常无法做出其他贡献，只能针对因大范围火灾和爆炸造成的国内骚乱或动乱，提供态势感知。

外交政策目标和国际关系。外交政策规划涉及意图，在这方面测量与特征情报通常没有什么用处。然而，连续试验特定类别的武器，是可以被测量与特征情报轻易探测、表征和识别，从而提供推论证据，判断出一个国家的领导人有使用或出售这些武器的意图。

国际贸易。用于支持贸易谈判的情报，通常很少使用测量与特征情报。但如果我们了解自然和人为灾害所造成的后果，测量与特征情报就可以提供量化证据，掌握某些国家的产业（特别是农业）产能或库存损失情况。

经济稳定和金融面临的威胁。在评估经济稳定面临的威胁、对制裁的回应以及类似事件时，通常测量与特征情报发挥不了太大作用。但测量与特征情报有能力监测大范围的火灾和爆炸，从而针对几乎没有自由新闻报道的封闭社会或第三世界国家，提供证明发生宏观变化的指征。

战俘和作战失踪。测量与特征情报通常在这方面没有什么用处。要想有用，就需要战俘以某种方式积极参与，比如点燃大火或制造大爆炸，吸引已经积极支持搜救活动的测量与特征情报传感器的关注。机载合成孔径雷达和热红外的专业处理流程，可以提供有价值的信息，用以核实偏远地区的己方设施是否已被占据。这些都是非常专业的支持活动，但或许仅在很少的情况下发生。

[第7章]

搜集管理

可想而知，管理情报搜集活动在多个层面上都是一项艰巨的任务。挑战不仅存在于管理每个单独情报搜集科目时，也存在于管理整个搜集科目"阵列"时。然而，只有各个情报搜集科目组成阵列时，管理才能实现效率和效用的最大化。

每个情报搜集科目都接受单独管理，但同时也接受集中管理。每个情报搜集科目都被认为是一个"烟囱"（或者，更诙谐、更悲观的说法是"卓越圆柱"）[1]。每个"烟囱"都由一个搜集主管负责监督：

地理空间情报：国家地理空间情报局局长；

信号情报：国家安全局局长；

人力情报：中央情报局局长；

开源情报：中央情报局局长；

测量与特征情报：国防情报局局长。

但也存在一些特殊的情况。地理空间情报和信号情报的主管机构都

---

[1] 译注：卓越圆柱（cylinder of excellence），是比照卓越中心（center of excellence）编制的讽刺语。

很单一。人力情报大都来自中央情报局，但并非全都来自该局。联邦调查局、国防情报局、缉毒局和国务院都在开展各种类型的人力情报活动。中央情报局负责监督所有这一切，并负责在出现多种可能的情况下，决定由哪个机构来搜集人力情报。开源情报的主要负责机构是开源中心——该中心隶属国家情报总监，但受中央情报局局长管理，是开源情报的执行主体。此外，许多分析人员也在自行搜集所需的开源情报，这种情况在其他情报搜集科目中是不存在的。测量与特征情报由国防情报局局长管理，但相当数量的测量与特征情报，又以一种很尴尬的安排方式交由国家地理空间情报局管理。

这种烟囱模式在某种程度上是必要的，因为每个情报搜集科目的职能和表现都各不相同。如果要让每个科目都能以最大的效用开展工作，就必须让知识渊博的人负责管理。但是，这种烟囱模式，难以在更广义基础上对搜集工作开展管理，也更加难以在两个或多个情报搜集科目之中实现协同增效——这种协同增效对分析人员而言至关重要。另外，在考虑不同类型的信号情报、地理空间情报或测量与特征情报时，我们必须牢记"烟囱"之中还有"烟囱"，这会让管理局面变得更加复杂。同样，人力情报可用于对外情报或执法等目的，每种情况都有完全不同的操作规则。

尽管"职能管理"一词出现的历史相对较短，但在美国情报界内部，它并不是新出现的概念，其起源可以追溯到情报界创立之时。为了解决搜集需求间相互矛盾的问题，1947年中央情报局成立不久之后，中央情报总监便成立了多个跨机构委员会。比如，信号情报委员会主席是中央情报总监手下的官员，而其成员来自情报界的每一个机构。这个委员会负责审查和批准可由信号情报搜集工作满足的一切情报需求，并负责确定这些需求的优先级别。图像需求和开发委员会在处理卫星图像情报时的做法如出一辙。

在这种体系中，一种新的混合管理模式逐步形成，被称为"职能管理"。20世纪70年代中期，美国国防部授予了国防情报局预算规划权。管辖常规军事情报的职权。国防情报局局长被任命为"总体国防情报项目"的职能主管，该总体项目整合了国防情报局和四大军种中一切非信号情报项目。而美国国家安全局局长则成为信号情报的职能主管，可以针对美军各军种、国家侦察局和中央情报局的资金分配和项目优先级别，开展监督并施加影响。

2004年，美国设立国家情报总监。此后，上述职能管理架构得到延续并不断拓展。情报界目前已有许多职能主管，他们负责不同的情报搜集科目。国家地理空间情报局局长是地理空间情报的职能主管，可以管辖国家地理空间情报局以外的地理空间情报活动。这些情报活动的执行方有美军各军种、国防情报局、中央情报局、国家侦察局、联邦调查局以及许多其他政府机构——它们并非全部都是情报组织（比如美国地质勘探局）。职能主管负责满足本科目的搜集需求。比如，国家安全局局长负责满足所有信号情报用户的需求；国家地理空间情报局负责管理图像需求；国家秘密处（NCS）向中央情报局局长汇报工作，负责处理秘密情报线人需求。

这种职能管理方法仍然是一种混合模式，没有为职能主管提供完全的管理权力。职能主管必须对各个独立组织开展游说，依靠与这些独立组织的合作开展工作。职能管理是组织管理权与技术管理权之间的妥协产物。

一、设计和预算

对搜集进行管理时，最困难的就是为它们设计新系统，并为新系统提供预算。需要考虑的方面包括当前或预期技术的状态，以及新系统被实施后有可能变得最重要的那些问题。除开源情报外，其他科目都存在严重的时间滞后。大型顶空系统需要10到12年的时间才能建成。因此，如果我们要考虑10年后哪些有可能是最重要的情报优先集合，就会发现确定需要构建什么系统这个问题将变得更加困难。(如果我们回顾已经过去的四分之一世纪，就可以看到一系列的变化，每个变化都会对情报搜集产生影响：苏联解体、中国崛起、"圣战"恐怖主义兴起、"阿拉伯之春"和俄罗斯的复仇主义。)这时就需要一定数量的推测工作。另外，从技术角度来讲，设计必须适时停止，然后就要开始构建系统。但通常已经发布的系统，很可能落后于发布时的可用技术，因为这些技术在那个时间停止点是无法纳入系统的。行政部门和国会的决策者即使决定对这些系统投入预算资金，也很可能永远看不到结果。

人力情报有些不同。搜集人员需要大约5至7年的培训后，才能胜任工作。他们需要的技能大部分都是通用的。不过，语言技能非常关键，也非常具体。有可能花费多年时间，却掌握了一门从情报搜集意义上讲不再重要的语言。

二、国家情报总监的角色

国家情报总监的职位，是根据《2004年情报改革和恐怖主义预防法案》设立的。国家情报总监可对美国情报界各机构行使权力，这是该法案和一系列总统令所决定的。1981年颁布的《第12333号总统令》，明确了情报界负责人（当时是中央情报总监）的权力。经过2004年《第13355号总统令》和2008年《第13470号总统令》的修正，国家情报总监的职权得到加强。《2004年情报改革和恐怖主义预防法案》和随后的各项总统令，让国家情报总监在情报界拥有巨大权力，可以管理和协调成品情报的生产。但是，国家情报总监在情报搜集领域的权力不是特别明确，甚至可以说是不足的。原因有二：一是各搜集组织自有其管理结构，二是这些组织工作时所依据的法律授权各不相同。

国家情报总监获得一定授权，可对情报界各机构的高官行使权力。比如，《第13470号总统令》规定，当情报界某个机构开展情报活动，或是

"国家情报项目"资助情报活动时，国家情报总监有责任保障所有这些情报活动互不冲突、相互协调和彼此整合。[1] 但是，《第13470号总统令》的规定，明确将情报搜集责任赋予各个机构。除中央情报局外，这些机构向自己的上级主管（大多数情况，是国防部长）汇报工作。国家情报总监唯一有权建议将负责人免职的情报机构，就是中央情报局。对于其他所有机构，由其主管上级（通常是国防部长）建议免职，并需国家情报总监同意。鉴于这个原因，在情报界内部，每当涉及重大情报事务时，国防部长往往就被戏称为"800磅重的大猩猩"。[2]

情报搜集的法律授权问题增加了另一层复杂性。中央情报局、联邦调查局、国土安全部和美国军方都在搜集情报。但它们的搜集工作受到不同法律的约束。中央情报局根据《美国法典》第50卷开展工作。联邦调查局的搜集活动受《美国法典》第28卷管辖。国土安全部的搜集活动受《美国法典》第6卷管辖。而国家安全局、国家地理空间情报局、国防情报局和军方各分支机构，都是根据《美国法典》第10卷开展工作。在如何开展搜集活动及其他行动的问题上，该法典的上述各卷都给出了不同的指导意见。从逻辑上讲，为美国情报界各机构管理这些相互冲突的司法指导，正是国家情报总监的责任。但事实上，每个机构都在根据《美国法典》中相应部分的定义，按照自己的准则行事。

三、任务、处理、开发和分发

我们在前文已经介绍过，每个情报搜集科目都有自己的工作流程，即TPED——任务、处理、开发和分发：

任务：被告知需要搜集哪些情报。

---

[1] 原注：Executive Order 13470, Part IV, August 4, 2008, http://www.fas.org/irp/offdocs/eo/eo-13470.pdf.

[2] 译注：美国习语，形容某个人或组织非常强大。

处理：将原始材料转化为可被分析的内容。
开发：开始确定所搜集情报的价值。
分发：将情报发给分析人员或者决策者。
再次重申，这些环节看似简单，实则不然。

（一）任务

这一环节极其重要，因为其他一切环节取决于此。在此环节，搜集系统之间的差异是非常重要的。比如，信号情报针对敌国首都开展搜集时，所搜集的情报涉及以下几个问题：国内政治和经济，外交政策决策和军事问题，或许还涉及恐怖主义或大规模杀伤性武器项目。地理空间情报在针对同一个国家开展搜集时，覆盖范围不会太过广泛，而是会针对具体地区和地点掌握所关注活动的情报。而人力情报必须更加专注。你不能把秘密的情报官扔在这个首都，然后说："竭尽所能，什么都要。"他们必须要有"指向"，去搜集关于特定主题、事件、人员或机构的情报。

这个环节可以发生在多个层面。在国家层面，为搜集活动下达的任务，由"国家情报优先事项框架"在宏观层面确定。"国家情报优先事项框架"由国家情报总监负责管理。这个框架是 2003 年中央情报总监乔治·特尼特（George Tenet）根据总统小布什（George W. Bush）的命令成立的。通过"国家情报优先事项框架"这个机制，国家情报总监可以从美国最高级别的决策者，也就是包括总统在内的国家安全委员会成员那里，领受需要优先处理的情报任务。这个框架是一份事项清单，事项的分组依据是优先级别（总统下达的事项最优先），以及这些事项对美国国家安全的威胁程度。国家安全委员会每年都会对"国家情报优先事项框架"进行审查。国家情报总监的工作人员，每个季度都会根据优先事项和事件变化对工作进行调整。

"国家情报优先事项框架"取得的重大突破之一，就是找到了解决"蜂群抢球"（swarm ball）这个难题的方法。"蜂群抢球"，是指每个情报搜集科目都非常喜欢针对"热点"主题主动提供情报，不论自己是否具备相关能力。比如，网络空间是值得重点关注的主题，但我们几乎不可能通过地理空间情报获取情报。这种行为背后的动因，是各情报搜集科目对自身曝光度和未来预算的担忧，而这种行为之所以被称为"蜂群抢球"，是因为它类似于幼儿踢足球时的情况——每个人都朝着足球蜂拥而去，并不理会自己被分配到的位置。"国家情报优先事项框架"成立之初，负责管理事务的官员是当时负责分析和生产的中央情报助理总监。该官员向每个搜集主管保证，在搜集某些特定问题的情报时，如果他们的科目没有可以提供的情报，也不会因未开展搜集活动而被处罚。每个优先的项目都会接受审查，以确定哪些情报科目应当开展搜集活动，哪些科目不应当开展搜集活动。上述"约定"以及审查工作的结果之一，就是能够在一定程度上，在"国家情报优先事项框架"内，针对所有问题开展搜集活动，而不让某些问题完全得不到搜集支持。

　　监督每个优先搜集活动的责任已经下放，由各个国家情报主管（NIMs）负责。有的国家情报主管负责各个地区，也有的负责各个职能领域，比如大规模杀伤性武器和恐怖主义等。这些国家情报主管的责任，是确保能以综合运用的方式，使用适当的搜集和分析资源，处理自己负责的问题。他们的责任还包括为自己负责的问题创建"联合情报战略"。

　　国家情报主管一职，是情报活动中心化管理与去中心化运作之间部分妥协的产物。他们是"咨询"式官员，可就自己负责的特定主题，提供搜集和分析方面的意见。但是，他们没有执行情报搜集活动的管理职权，他们的角色主要负责研究和分析。管理搜集活动的职责，仍由担任职能主管的各机构负责人承担。

　　1997年，美国设立负责搜集工作的中央情报助理总监，以及负责分析与生产工作的中央情报助理总监。2005年设立国家情报总监后，美国又分别设立了负责搜集的副总监和负责分析的副总监。但国家情报总监詹姆斯·克拉珀后来废除了这些职位，因为他认为它们没能推动情报一体化——而这正是克拉珀任期的标志性措施。他的这种观点不能算错，但这也意味着没有专门的高级官员负责对所有搜集工作进行日常监督。搜集和分析的大部分共同责任，落到了负责情报一体化的副总监身上。但有人质疑这样做是否易于管理，特别是考虑到这位副总监还肩负其他职责。

最后，理解这一点很重要："国家情报优先事项框架"并不是预测性文件——它并不试图预测到了明年或者哪怕下一个季度，哪些问题将会引起最多的关注。这个框架旨在获得最高级别决策者的指导意见，了解他们的关注重点，再将这些意见解读为情报搜集和分析的需求。但不可避免的情况是，有些问题虽然出现了，但在"国家情报优先事项框架"审议期间没有得到更高的优先级别，或是有些问题将会出现，但其发生的地区不曾受到关注。不久前，这些问题便在中非（比如马里和尼日利亚）出现了，而且带有某种规律性。它们有时被称为"临时事项"（ad hoc），会临时上移至优先列表的顶部，而在处理时，也只能挪用其他问题或地区的搜集资源。

再次重申，"国家情报优先事项框架"在国家层面处理下达任务的工作。下达搜集任务的工作也可以在其他层面进行。比如，许多搜集力量处于战区或战术层面，并且隶属各作战司令部。各作战司令部的 J-2（高级情报官）可以下达搜集任务，以满足本部司令的具体需求；而驱动提出这些具体需求的，是各作战司令部的职责，以及所在战区发生的事件。比如，20 世纪 90 年代，欧洲部分地区是世界上形势最为暴乱的区域之一，因此需要加大搜集力度。如果地区作战司令部辖区出现危机，该项部署就会出现问题。这位司令通常会认为自己的辖区是最重要的，所以他不但会要求本作战司令部的所有搜集人员开展工作，而且还会试图向国家层面的搜集力量下达任务。不过，这个看似严重的地区问题，在华盛顿决策者眼中或许并没有那么重要，他们可能并不想把资源拨给这个司令部。根据该事件的性质，以及处于危机的搜集平台的情况，国防部或国家安全委员会可以进行裁定。

在作战司令部层面之下，还有多个可以下达任务的军事层面，最低可至敌对区域活动的小股部队。

下达任务的决定都是在零和游戏中做出的。危机期间，没有可以紧急调用的后备搜集力量。不能通过发射更多卫星的方式突然增强星载阵列（尽管这是苏联的做法，因为其卫星能力较弱）。考虑到语言技能和掩护身份等方面的限制，人力情报搜集人员无法轻易从一个地区调到另一个地区工作。决定加大在某处搜集情报的力度，势必压缩在其他地方开展的搜集活动，有赢家就有输家。另外，危机可能的持续时间也将成为分配搜集资源的考虑因素。

（二）处理和开发

处理和开发是两个相互独立的环节，但它们密切相关，往往被视为同一个环节。所有的搜集成果都需处理，不论是将一堆 0 和 1 转换成为图像或声音，或是将人力情报搜集成果写成报告，又或是开源情报对新发表文章的重要性进行评估。本书每章都只针对一个情报搜集科目，讨论其独特的处理事宜。有人倾向认为，处理只与技术情报搜集科目有关。然而，如前所述，其实它也与人力情报和开源情报有关。

处理和开发的主要难点，就是在搜集到的海量材料中，究竟有多少能够得到处理和开发，尤其是在技术情报和开源情报等科目中的情况。没人认为所有搜集到的材料都能得到处理和开发，然而长期以来，人们一直认为存在严重的不平衡：重视搜集，忽视处理和开发。在某种程度上，这样没有太大的意义，因为搜集到但未经处理和开发的情报，其效用等同于根本未被搜集到的情报——都是无效情报。

哪些情报需要优先搜集，哪些情报就需要优先处理和开发。相比不太重要的问题或目标，那些关键的问题或目标，在处理或开发时要么更加优先，要么集中更多的数量批量进行。大多时候都会是这种情况，并用到本书各章中提到的一些技术（比如使用关键字检索通信情报，或使用特定的图像特征获取地理空间情报）。再次重申，人们可以区分三种技术情报搜集科目（依赖技术手段进行处理）与人力和开源这两种情报搜集科目（更加依赖人力）之间的差别。

开发是一个更具迭代性的过程，因为它是一系列的精益求精——就像体育，先是初赛，再是复赛等等。再次重申，它更多涉及的是技术情报搜集科目的问题。在美国情报界内部，部分机构一直都在争论一个问题：那些从事"初赛"的人员到底是不是分析人员？但这是一些全源分析人员所持的偏见。本书认为他们当然是分析人员——在这种情况下，他们是单源分析人员。他们可以在单源、多情报搜集科目或全源等不同层面开展分析。

开发过程中存在一个问题，那就是人们倾向于做完所有可能的修改，然后将产品提交分发环节。迈克尔·海登（Michael Hayden）将军当时担任美国国家安全局局长，他曾经说过："只要情报能对某人有用，那就把它拿出来，送到对的人的手里。"海登的意思是，对情报进行开发时，如果情报在"初赛"阶段就对某些决策者或用户有用的话，它应该被立刻分发出去，而不是等到所有的开发工作全部结束之后。尽管如此，但这种仅在所有开发工作全部结束之后才会分发的倾向，在某种程度上仍然继续存在。

（三）分发

再次重申，这个环节看似非常简单。对情报进行搜集、处理和开发后，便可以分发给需要它的人——分析人员、决策者或同时分发双方。但分发会涉及审查许可和分级隔离的问题。允许谁接触哪些情报？是谁需要了解哪些情报，以及需要多快？

整个分级安全系统的基础，就是如果相关材料泄露或丢失，将会造成伤害的程度。换句话说，对来源和手段的保护是情报工作的王冠之一，它驱动安全系统向前发展。所有获得授权许可的人员，都要发誓保护保密信息。但只有国家情报总监才在法律意义上负有保护来源和手段的责任。（总统也没有，至少在法律意义上没有。）

几十年来，这个系统的运行原则是"有了解的需要"。这使得情报工作受到限制——这种情况既是好事也是坏事，因为它偶尔也会排斥一些本应批准其需求的人员。但是，到了20世纪90年代末，美国情报领域的许多人都已经认识到他们正在失去重要的协同增效，认识到在"有了解的需要"原则下，一些必须共享的情报并没有被共享。美国情报界发展到"有共享的需要"，最后在国家情报总监迈克·麦康奈尔（Mike McConnell）的领导下，发展成为"有提供的责任"。最终版本的表述发生重大变化，因为它将情报共享作为一种积极的义务赋予人们。然而，布拉德利·曼宁（Bradley Msnning）和爱德华·斯诺登曾经有权接触大量情报，内容涉及需要保密的信息技术系统；他们泄密的事件发生之后，情报共享所受的重视有可能会缩减。共享和安全之间的矛盾仍然存在，而且永远无法彻底解决。这些问题的核心是以下质疑：它到底是谁的情报？多年来，负责搜集和提供情报的机构宣称拥有情报的所有权，并据此对外分发情报。或许最能强调这个观点的就是保密标记"ORCON"，即"创建者控制"。它意味着一切再次使用该情报的活动（包括在其他文件中引用），都必须得到创建该情报的实体的批准。这个术语已被用于涉及敏感来源和手段的情况，尤其是被国家安全局所使用。它阻碍情报共享的可能性是显而易见的。因此，美国情报界也在试图放弃"数据所有权"的概念，改为使用"数据管理权"（data stewardship）。和情报领域其他许多问题一样，它也是一个不断争论和修订的过程。

四、国会和搜集

本书讨论的是各个情报搜集科目、其工作方式及其优缺点。但是，如果我们不讨论国会在搜集管理方面所起的作用，将是我们的疏忽。

美国情报活动的规模、形式和力量，最终都是由国会通过预算程序决定的。总统会在1月或2月将预算呈交国会，就所有行政部门活动（包括情报活动）的预算分配提出倾向性意见。但实际决定是由国会通过预算授权和拨款程序做出的。各授权委员会负责立项，项目中包含的就是本书讨论的那些情报搜集力量。各拨款委员会为这些项目提供资金。这是一个复杂而耗时的过程，其目的是维护国会中的各种不同利益，而不是建立一个简化而高效的预算系统。最终的结果是很多委员会都插手情报搜集力量的打造过程，但主要是参众两院的情报委员会、军事委员会和拨款委员会。下表按科目提供了更加精细的划分：

科目	授权委员会	拨款委员会的下属委员会
人力情报	众议院和参议院情报委员会；众议院和参议院军事委员会；众议院和参议院司法委员会（联邦调查局和缉毒局）	众议院和参议院拨款委员会国防下属委员会；众议院和参议院拨款委员会司法下属委员会
地理空间情报	众议院和参议院情报委员会；众议院和参议院军事委员会	众议院和参议院拨款委员会国防下属委员会
信号情报	众议院和参议院情报委员会；众议院和参议院军事委员会	众议院和参议院拨款委员会国防下属委员会
测量与特征情报	众议院和参议院情报委员会；众议院和参议院军事委员会	众议院和参议院拨款委员会国防下属委员会
开源情报	众议院和参议院情报委员会	众议院和参议院拨款委员会国防下属委员会

必须谨记，国会的职能并不仅限于为不同项目批准一定数额的资金。国会也可以发挥自身作用，塑造这些项目被达成的能力。以下就是一些例子：

- 20 世纪 80 年代后期，美国和苏联即将拟定两项主要的军控条约，即《中程核武器条约》和《削减战略武器条约》。美国参议院情报委员会主席戴维·博伦（David Boren）（民主党俄克拉荷马州参议员）坚持要求美国追加购买几颗情报卫星，以确保美国充分具备监督这些条约的能力。尽管里根政府官员认为没有必要增加卫星，但他们认为购买这些卫星是换取参议院同意这些条约的代价之一；

- 20 世纪 90 年代中期，众议院情报委员会希望创建一个更加多样化的搜集阵列，它将由现有的大型卫星和一些体型更小的卫星（"小卫星"）组成。中央情报总监约翰·多伊奇（John Deutch）反对这个设想，尽管他委托开展的一项研究是支持这个设想的。最终这个倡议未获通过；

- 后来形势逆转。几年前，参议院情报委员会成为小卫星的提倡者，而众议院情报委员会不再坚持支持。曾有一次，这一分歧导致一项情报授权法案未获通过；

- "9·11"恐怖袭击之后，国会通过了《美国爱国者法案》，它提供相关法律基础，可以用来处理后来爱德华·斯诺登泄露信号情报搜集项目（及其他许多情况）一事。2014 年，众议院通过立法，限制这些项目的搜集范围，并将这项法案提交参议院审议。

在做出这些预算决定时，美国国会无法确定未来的需求，这和行政部门面临的难题是一样的。国会还可以通过为国家侦察局提供资金的方法，影响搜集工作的局面；这笔资金所能够决定的，不仅有未来的搜集平台，还有启动这些平台的能力。

美国开展情报活动，需要得到美国人民的批准和允许，国会就是这种批准和允许的表达形式。情报官和决策者并不总是喜欢或认同这一点，但在民主制度下，必须以这种方式开展一切情报活动，没有第二种方式。

五、展望

我们试图让读者能以更详细的方式，深入了解每个情报搜集科目及其运作方式。在本书最后，我们将列出一些趋势或问题，它们或许将在未来几年后影响情报搜集工作的局面。

- 大量由美国国家安全局运行并被爱德华·斯诺登泄露的搜集项目将会调整，不是因为它们被认为是非法的，而是因为它们得到的政治支持已经改变。

- 奥巴马政府提出"太平洋再平衡"战略，以及俄罗斯愈发明显的复仇主义，这两件事对国家地理空间情报局的影响，很可能远甚于对其他搜集机构的影响。国家地理空间情报局高度重视无人机的情况将会结束，因为出现了新的目标。我们可以在西南亚和东非的准飞区使用无人机，不会遇到任何麻烦。中国和俄罗斯都有一些地区是我们最关心的，但我们无法在其沿海和边境使用无人机开展搜集；而且这些地区肯定不是准飞区，不会允许机载（这是相对于星载的概念）平台进入搜集。因此，我们很可能不得不回到过去的模式，更加倚重天基系统。

- 多个因素会影响人力情报的掩护身份。如前所述，社交媒体已经引发一些问题。接受征募进入国家秘密处（或其他任何岗位）的人员，很可能大多数人在脸谱网或类似平台上都有沿用多年的公开账号。因此一旦某位情报官任职，他就更加难以伪造掩护身份，而且必须另开一个账号。如今护照普遍使用生物识别数据，因此在这位情报官到达目的地之前，使用伪造身份时将举步维艰。

- 其他国家则竭尽全力，或是避免成为情报搜集的对象，或是传递虚假情报。这两种手段被称为拒止和欺骗。显然，这些手段在美国情报力量遭到泄密的事件中获益良多。发现拒止与欺骗项目也是很困难的，因为它一定是秘密的，甚至是隐蔽的。拒止与欺骗分析人员之间有一个病态的笑话："我们从未发现过成功的拒绝和欺骗计划。"拒止与欺骗将继续成为情报搜集活动面临的挑战。

总而言之,情报搜集必然是一个持续的、动态的活动。因为它必须了解决策者新的要求或兴趣,紧跟不断变化的地缘政治问题,掌握新的技术前景。对搜集活动进行的管理永远不会停歇。

致　谢

在此，我们谨向几位人士表达感激之情。达里尔·默多克是"地理空间情报"一章的撰稿人之一，是他首先提出了撰写本书的想法。选择各章作者的原因，正是考虑到他们杰出的职业历程，及其在情报搜集领域的渊博学识。本书得以付梓，证明这些选择是正确的。再次感谢他们对本书所做的贡献。

承蒙美国情报界和学术界的多位人士提供真知灼见，我们均在书中采纳。特别感谢美国国防情报局人力情报处（Defense HUMINT Service）前处长比尔·亨廷顿（Bill Huntington），因为他对"人力情报"一章提供了大量指导意见。我们非常感谢罗伯特·克拉克的妻子阿比盖尔（Abigail）的不懈努力，因为她凭借娴熟的文字技巧，参与本书的编辑工作。我们特别感激美国情报界内外的各位审稿人，因为他们花费了大量时间完善文本。我们也要特别感谢国会季刊出版社的查里斯·基诺（Charisse Kiino），因为她提供了慷慨无私的支持。我们还要特别感谢世哲出版公司和国会季刊出版社的全体人员，因为是他们最终完成了本书的成品。

所有关于事实、意见或分析的表述，都是各章撰稿人的一家之言，并不反映中央情报局或其他任何美国政府机构的官方立场或观点。本书一切内容，均不应被解读为确认或暗示美国政府对书中内容表示认同，或相关机构对撰稿人观点表示认可。本书已由中央情报局及情报界其他机构审核，不会泄露机密信息。

马克·洛文塔尔

于美国弗吉尼亚州雷斯顿市

罗伯特·克拉克

于美国北卡罗来纳州威明顿市

主编简介

马克·洛文塔尔博士，在美国情报领域的工作经验超过39年。他曾任美国中央情报助理总监（Assistant Director of Central Intelligence，负责分析和情报生产），国家情报委员会（National Intelligence Council）副主席（负责评估），众议院情报常设特别委员会（House Permanent Select Committee on Intelligence）秘书长，国务院情报研究司（INR）办公室主任兼副助理国务卿（Deputy Assitant Secretary of State），国会图书馆国会研究处外交政策高级专家。他在情报和国家安全领域的著作颇丰，先后撰写过5部图书和100多篇论文。其著作《情报：从秘密到政策》一书已成为美国高校本科生和研究生的标准教材。他曾在布鲁克林学院获得学士学位，在哈佛大学获得历史学博士学位。1993至2007年，他曾在哥伦比亚大学兼职任教。目前，他在一家教育和咨询机构情报与安全学院（Intelligence & Security Academy）担任总裁兼首席执行官，也是约翰·霍普金斯大学的兼职教授。

罗伯特·克拉克博士，国家情报总监课程《情报界官员》前教员和《情报界入门》前主任。他曾任美国空军中校电子作战官和情报官，中情局高级分析师兼分析方法组组长。他曾完成《情报分析：以目标为中心的方法》《情报搜集技术》《情报搜集》等3部著作。他曾先后获得麻省理工学院科学学士、伊利诺伊大学电子工程学博士和乔治·华盛顿大学法学博士等学位。目前，他是美国情报界威胁分析独立咨询专家，也是情报与安全学院教员、马里兰大学情报学教授。

撰稿人简介

迈克尔·奥尔索夫，在中央情报局工作近30年，历任搜集管理官、分析师、监管者和执行主管，主要负责管理俄罗斯、前苏联各国以及东西欧情报的搜集和分发。他的经验非常丰富，熟稔情报处理流程，从生成需求到情报搜集人员的任务分配，直到最后产品分发给美国情报界的相应用户。他对情报界的搜集优先级分配、情报共享以及相关问题有着深刻的见解，因为他在美国国内和海外任职期间，与情报界成员和外国合作伙伴都打过交道。这份经历让他进一步认识到反间谍对人力情报科目的重要性。他拥有拉塞尔大学（LaSalle University）历史学士和宾夕法尼亚州立大学历史硕士学位。他曾在美国海军担任俄语语言学家。

艾略特·贾丁斯，目前在世界上最大的一家软件公司担任高级总监，负责网络、分析和社交媒体咨询。2005年，在"9·11"委员会和大规模杀伤性武器委员会的推荐下，他被任命为负责开源的国家情报助理副总监（ADDNI/OS）。作为美国情报界的开源情报高级官员，他为开源情报制定战略方向、确定相关政策以及监督财政资源，职责范围覆盖16家情报机构。此外，他还曾为美国情报界担任高级文档和媒体开发官员，并负责监督开源中心、国家媒体开发中心和国家虚拟翻译中心等机构的工作。他曾为美国国会举行的听证会就情报和国土安全等问题作证，还在有线卫星公共事务电视网（C-SPAN）和哥伦比亚广播公司（CBS）的晚间新闻中多次出镜。

约翰·莫里斯，曾为美国情报界担任测量和特征情报职能主管，被广泛誉为"测量与特征情报先生"，因为在他的倡议下，测量与特征情报得以成为一项主要情报源。他的坚持不懈、极力提倡和技术领导，是测量与特征情报在20世纪90年代后期，能够在实践中贴合美军作战的关键。在俄亥俄州代顿市的国家航空航天情报中心，他先后花了25年磨炼自己的情报技术，因此在所有非核类测量与特征情报方面成为领军人物，开发出激光情报等新科目，并指导能量武器情报发展。1995年底，他被调往华盛顿特区担任中央测量与特征情报办公室主任，负责组织、装备和领导新兴的测量与特征情报界。凭借自己在情报界不同机构（美国空军、国防情报局、中央情报局和国家地理空间情报局）40多年的专业经验，他如今在高级地理空间情报、顶空持续红外情报、测量与特征情报、技术情报、基于活动的情报和情报一体化等领域被视作最权威的业界专家。他是土生土长的路易斯安那人，毕业于路易斯安那理工大学和南卫理公会大学。他一直为青年专业人士提供指导，并向许多高级领导人提供建议。

达里尔·默多克，担任美国地理空间情报基金会职业发展副总裁。作为一名有着20年经验的地球科学商业应用专家和遥感科学家，他的职业生涯始于美国陆军航空军官，期间曾担任排长和所在营的飞行调度官。退役后，他与人共同创办了高地地理（Highland Geographic），这是一家地理信息系统和遥感应用开发公司。后来，他在柯达公司担任激光探测和雷达测距项目经理和图像科学家，并在美国环境系统研究所担任公司客户经理期间，负责监督美国情报界图像相关的地理空间软件程序、业务拓展和用户管理。他曾在美国军事学院获得人因学学士学位，在纽约州立大学环境科学与林业学院获得环境资源工程学硕士和博士学位。他是美国摄影测量与遥感学会和美国土木工程师学会会员，也是一名商业飞行员。

威廉·诺尔特，是美国马里兰大学公共政策学院研究教授，并在该大学的国家安全顾问委员会任职。他在联邦政府工作30年，后于2006年初开始担任国家情报大学首任校长。此前，他曾在国家安全局、国家情报委员会和国家情报总监办公室委员会从事分析和行政类职务，并曾任军队通信电子协会情报委员会主席。他一直是胡佛研究所的研究员，并定期在海军研究生院、陆军战争学院和其他高校讲学。目前，他是美国外交关系委员会和情报与国家安全联盟执行委员会成员，《情报与反情报国际杂志》（*International Journal of Intelligence and Counterintelligence*）和《情报与国家安全》杂志（*Intelligence and National Security*）编委。他拥有拉塞尔大学历史学士和马里兰大学历史博士学位。

英汉人名对照

Adolf Hitler 阿道夫·希特勒
Alan Pinkerton 艾伦·平克顿
Alan Turing 艾伦·图灵
Aldrich Ames 奥尔德里奇·埃姆斯
Alfred Ewing 艾尔弗雷德·尤因
Alfred Gray Jr. 小艾尔弗雷德·格雷
Alger Hiss 阿尔杰·希斯
Anna Chapman 安娜·查普曼
Arthur C. Lundahl 阿瑟·伦达尔
Arthur Scherbius 阿图尔·舍尔比乌斯
Arvid Gerhard Damm 阿尔维德·杰勒德·达姆
Austin Powers 奥斯汀·鲍尔斯

Belshazzar 伯沙撒王
Benedict Arnold 贝内迪克特·阿诺德
Berthold Jacob 伯特霍尔德·雅各布
Bill Grimes 比尔·格兰姆斯
Bill Huntington 比尔·亨廷顿
Boris Hagelin 鲍里斯·哈格林
Bradley Manning 布拉德利·曼宁

Bragg 布拉格

Caleb 迦勒
Cary Grant 加里·格兰特
Charles H. Ruth 查理·鲁思
Christopher Andrew 克里斯托弗·安德鲁
Churchill 丘吉尔
Cobra Ball "眼镜蛇鲍尔"
Cobra Dane "眼镜蛇戴恩"
Cobra Judy "眼镜蛇朱迪"
Cobra King "眼镜蛇金"
Colin Powell 科林·鲍威尔
Cordell Hull 科德尔·赫尔

Daniel 但以理
Darryl Murdock 达里尔·默多克
David Boren 戴维·博伦
David Kahn 戴维·卡恩
Douglas MacArthur 道格拉斯·麦克阿瑟

英汉人名对照

Edward Hebern 爱德华·赫本
Edward J. Steichen 爱德华·斯泰肯
Edward Snowden 爱德华·斯诺登
Eisenhower 艾森豪威尔
Eliot A. Jardines 艾略特·贾丁斯
Elizabeth Friedman 伊丽莎白·弗里德曼
Elizabeth Van Lew 伊丽莎白·万·卢
Ethel 埃塞尔

F. W. Winterbotham 弗雷德里克·威廉·温特博特姆
Francis Gary Powers 弗朗西斯·加里·鲍尔斯
Francis Walsingham 弗朗西斯·沃尔辛厄姆
Francois Mitterrand 弗朗索瓦·密特朗
Franklin Roosevelt 富兰克林·罗斯福
Frank Rowlett 弗兰克·罗利特

George C. Marshall 乔治·马歇尔
George Smiley 乔治·史迈利
George Tenet 乔治·特内特
George W. Bush 乔治·W. 布什
Gerald Ford 杰拉尔德·福特
Gordon Moore 戈登·摩尔
Grenville Dodge 格伦维尔·道奇
Guglielmo Marconi 古列尔莫·马可尼

Harry Truman 哈里·杜鲁门
Herbert Yardley 赫伯特·雅德利
Hermann Simm 赫尔曼·西姆
Henry Stimson 亨利·史汀生
Hughes-Wilson 休斯–威尔逊
Hussein Kamel 侯赛因·卡迈勒

J. C. Masterman 约翰·塞西尔·马斯特曼
James Bond 詹姆斯·邦德
James Clapper 詹姆斯·克拉珀
James Lisowski 詹姆斯·利索夫斯基
James R. Clapper Jr. 小詹姆斯·克拉珀
James Woolsey 詹姆斯·伍尔西
Jeffrey Delisle 杰弗里斯·德莱尔
John Andre 约翰·安德烈
John Deutch 约翰·多伊奇
John D. Negroponte 约翰·内格罗蓬特
John L. Morris 约翰·莫里斯
John Le Carré 约翰·勒卡雷
John Shalikashvili 约翰·沙利卡什维利
Johnston 约翰斯顿
Jonathan Pollard 乔纳森·波拉德
Joseph Dantone 约瑟夫·丹顿
Joseph Fouché 约瑟夫·富歇
Joseph Markowitz 约瑟夫·马科维茨
Julius Caesar 尤利乌斯·恺撒
Julius Rosenberg 尤利乌斯·罗森堡

Keith Alexander 基思·亚历山大
Kim Jong-il 金正日
Kim Jong-un 金正恩

Leonidas 莱昂尼达斯
Lisa Ann 莉萨·安
Letitia A. Long 利蒂希亚·朗

Manuel Dominguez 曼纽尔·多明格斯
Mark M. Lowenthal 马克·洛文塔尔
Mats Björe 马茨·比约

Meriwether Lewis 梅里韦瑟·刘易斯
Michael Althoff 迈克尔·奥尔索夫
Michael Hayden 迈克尔·海登
Michael Herman 迈克尔·赫尔曼
Mike McConnell 迈克·麦康奈尔
Moses 摩西
Murray Feshbach 默里·费什巴赫

Nathan Hale 内森·黑尔
Nigel West 奈杰尔·韦斯特
Nikita Khrushchev 尼基塔·赫鲁晓夫
Norman Schwarzkopf 诺曼·施瓦茨科普夫

Oleg Penkovsky 奥列格·片科夫斯基
Osama bin Laden 奥萨马·本·拉登

Pemberton 彭伯顿
Pete Wilson 皮特·威尔逊

Rivet Amber 里韦特·安伯
Rivet Ball 里韦特·鲍尔
R. V. Jones 雷金纳德·维克托·琼斯
Ri Sol-ju 李雪主
Rob Simmons 罗布·西蒙斯
Robert Hanssen 罗伯特·哈森
Robert M. Clark 罗伯特·克拉克

Ronald Lewin 罗纳德·卢因
Ronald Reagan 罗纳德·里根
Ronald Romich 罗纳德·罗米克
Robert Redford 罗伯特·雷德福

Saddam Hussein 萨达姆·侯赛因
Samuel F. B. Morse 塞缪尔·莫尔斯
Sherman Fairchild 谢尔曼·费尔柴尔德
Sun Tzu 孙武

Ulysses Grant 尤利西斯·格兰特

Victor Belenko 维克托·别连科
Vladimir I. Vetrov 弗拉基米尔·韦特罗夫

Wanda Belle 万达·贝尔
Wilhelm Steiber 威廉·斯泰贝
William Clark 威廉·克拉克
William F. Friedman 威廉·弗里德曼
William M. Nolte 威廉·诺尔特
William Perry 威廉·佩里
William Weisband 威廉·韦斯班德
William "Wild Bill" 威廉·"野人比利"
Winfield Scott 温菲尔德·斯科特

Xerxes 薛西斯

英汉术语对照

Acoustics 声学
ACOUSTINT 声学情报
Activity-based intelligence (ABI) 基于活动的情报
Advanced Range Instrumentation Ships (ARIS) 先进靶场测量船
Advanced Research Projects Agency (ARPA) （美国）高级研究计划局
Advanced Technical Intelligence Association 先进技术情报协会
Aerial charts 航空图
Aerospace Exploration Agency（日本）宇宙航空研究开发机构
Afghanistan 阿富汗
Agent 特工
Agent acquisition cycle 特工征募流程
Air America 美国航空
Airborne sampling 空中采样
Air Defense Command (ADC)（美国）防空司令部
All-source analysis 全源分析
American Expeditionary Forces 美国远征军
Anti-Ballistic Missile Treaty (ABM Treaty) 反弹道导弹条约
Army Air Corps（美国）陆军航空队
Army Air Force（美国）陆军航空军
Army Security Agency（美国）陆军安全局
ARPA Lincoln C-band Observable Radar (ALCOR) 林肯 C 波段观测雷达
Art of War《孙子兵法》
Asset 人员，力量（在情报学中常译作资产）
Assistant Deputy DNI for Open Source (ADDNI/OS) 负责开源的国家情报助理副总监
Assistant directors, Central Intelligence for Collection and for Analysis and Production 负责搜集、分析与情报产品生产的各个中央情报助理总监

Battlespace awareness 战场空间感知

Biological material sampling 生物材料采样

Bistatic radar 双基雷达

Black chamber 黑室

Bundeswehr Geoinformation Service (BGS)（德国）联邦国防军地理信息局

Bureau of Military Information (BMI)（美国内战时）军事信息局

Bureau of Intelligence and Research (INR)（美国国务院）情报研究司（亦译作情报研究局）

Case officer 专案官

Central Imagery Office (CIO)（美国）中央成像办公室

Central IMINT Center（以色列）中央图像情报中心

Central Intelligence Agency (CIA)（美国）中央情报局

Central MASINT Office (CMO)（美国）中央测量与特征情报办公室

Charged particle beams 带电粒子束

Chemical, biological, radiological, nuclear, and explosive (CBRNE) materials 化学、生物、辐射、核和爆炸材料

CIA Directorate of Intelligence 中情局情报处（亦译作情报分局）

Civil Applications Committee (CAC)（美国）民事应用委员会

Codebreakers《破译者》（图书）

Cold pitch 冷引诱

Cold War 冷战

Committee on Imagery Requirements and Exploitation (COMIREX)（美国）图像需求和开发委员会

Communications intelligence (COMINT) 通信情报

Communications security (COMSEC) 通信安全

Community Open Source Program Office (COSPO)（美国）情报界开源项目办公室

Corona program "日冕"项目

Counterfeit Spies《冒牌间谍》

Counterintelligence 反情报

Cover 掩护身份

Covert 隐蔽

Criminal enterprises 犯罪集团

CROWFLIGHT "乌鸦飞行"（侦测行动）

Cryptology 密码术

Curveball 弧线球

Cyber security 网络安全

Dayton Peace Accords《代顿和平协定》

Dead drop 情报秘密传递点

Defence Image Processing and Analysis Centre (DIPAC)（印度）国防图像处理和分析中心

Defence Imagery and Geospatial Organization (DIGO)（澳大利亚）国防图像和地理空间组织

Defence Geospatial Intelligence Fusion Centre (DGIFC)（英国）国防地理空间情报融合中心

Defense Intelligence Agency (DIA)（美国）国防情报局

Defence Intelligence Joint Environment (DIJE)（英国）国防情报联合环境署

Defense Mapping Agency (DMA)（美国）国防制图局

Defense Support Program（美国）国防支持项目

Defense Technical Information Service（美国）国防技术信息局

De Havilland Mosquito 德·哈维兰公司"蚊"式飞机

Denial and deception (D&D) 拒止与欺骗

Department of Defense (DOD) 国防部

Department of Energy (DOE) 能源部

Department of Homeland Security (DHS) 国土安全部

Department of State 国务院

Department of Treasury 财政部

DigitalGlobe 数字地球

Directoire Generale de la Securite Exterieure (DGSE)（法国）对外安全总局

Directorate of Geospatial Intelligence (Canada) 加拿大地理空间情报局

Director of Central Intelligence (DCI)（美国）中央情报总监

Director of National Intelligence (DNI)（美国）国家情报总监

Dissemination 分发

Double Cross System《双十字系统》（图书）

Drug Enforcement Administration (DEA)（美国）缉毒局

Earth-Observation Landsat 1 (satellite) "陆地卫星1号"卫星

Essential Element of Information 信息关键要素

Electromagnetic pulse 电磁脉冲

Electronic intelligence (ELINT) 电子情报

Electro-optical (EO) imager 电光成像仪

Ellipsometry 椭圆偏振测量术

Encryption 加密

Enhanced GEOINT Delivery (EGD) 增强型地理空间情报供应

Enigma 恩尼格玛

Executive Order (EO) 总统令

Exploitation 开发

Farewell dossier "再会"档案

Federal Aviation Administration（美国）联邦航空局

Federal Bureau of Investigation（美国）联邦调查局

Federal Communications Commission (FCC)（美国）联邦通信委员会

Finished intelligence 成品情报

First Amendment《第一修正案》

Five Eyes 五眼联盟

Foreign Broadcast Intelligence Service (FBIS)（美国）外国广播情报处

Foreign Broadcast Monitoring Service (FBMS)（美国）外国广播监测处

Foreign instrumentation signals intelligence

(FISINT)（美国）外国仪器信号情报
Foreign materiel exploitation (FME) 外国物料开发
Foreign Technology Division (FTD)（美国）对外技术局
Fourth Amendment《第四修正案》
French Directorate of the Surveillance of the Territory 法国国土监控局
Functional management 职能管理

General Defense Intelligence Program (GDIP) 总体国防情报项目
GeoEye 地球眼
Geographic information systems (GIS) 地理信息系统
Geophone 地震检波器
Geophysical Measurement and Signature Intelligence 地球物理类测量与特征情报
Geoscience Australia 澳大利亚地球科学局
Geospatial Information Authority（日本）国土地理院
Geospatial Intelligence (GEOINT) 地理空间情报
GEOINT product 地理空间情报产品
Global Positioning System (GPS) 全球定位系统
Google Flu Trends 谷歌流感趋势
Government Code and Cypher School（英国）政府密码学校
Government Communications Headquarters (GCHQ)（英国）政府通信总部
Gray literature 灰色文献
Ground-based sampling 陆基采样

Handler (情报学) 上线
Haystack radar "干草堆" 雷达
Human Intelligence (HUMINT) 人力情报
Human source 人力来源（线人）
Humanitarian disaster/relief 人道主义灾害和救援
Hydrographic Office（英国）水文办公室
Hyperspectral collection system 高谱段搜集系统

Imagery Intelligence (IMINT) 图像情报
Improvised explosive device (IED) 简易爆炸装置
Information assurance (IA) 信息保障
Infrared detection 红外探测
Integrated Undersea Surveillance System (IUSS) 一体化海底监控系统
Intelligence collection 情报搜集
Intelligence Community Directive (ICD)（美国）情报界指令
Intelligence Reform and Terrorism Prevention Act (IRTPA) of 2004《2004年情报改革和恐怖主义预防法案》
Intercontinental ballistic missiles (ICBM) 洲际弹道导弹
International Geospatial Warehouse 国际地理空间库
International Monitoring System 国际监测系统
International Open Source Working Group (IOSWG) 国际开源工作组

Jindalee Operational Radar Network (JORN)

（澳大利亚）金达利运行雷达网络
Joint Geospatial-Information Office（法国）联合地理空间信息办公室

KGB（苏联）克格勃
Korean War 朝鲜战争

Landsat (satellite program)"陆地卫星"项目
Laser radar 激光雷达
Library of Congress（美国）国会图书馆
LiDar (Light Detection And Ranging) system 激光雷达（激光探测和测距）系统
Location-based intelligence (LBI) 基于位置的情报
Long-range imaging radar 远程成像雷达

Magnetic field sensing 磁场探测
Magnetometry 测磁强术
Main Intelligence Administration (GRU)（俄罗斯）总参情报总局（格鲁乌）
Maritime domain awareness (MDA) 领海感知
Materials science 材料科学
Measurement and Signature Intelligence (MASINT) 测量与特征情报
MASINT Committee (MASCOM)（美国）测量与特征情报委员会
MASINT Subcommittee（美国）测量与特征情报下属委员会
Materials MASINT sub-discipline 材料类测量与特征情报子科目
Measurement and Signature Data Requirements (MASDRs) 测量与特征数据需求
Measurement and Signature Technology (MAST) Association 测量与特征技术协会
Mexican War 墨西哥战争
MI6（英国）军情六处
Microdot 微点
MiG-25/Foxbat fighter aircraft 米格-25"狐蝠"战斗机
Missile and Space Intelligence Center (MSIC)（美国）导弹和航天情报中心
Missile warning system 导弹预警系统
Missing in action 作战失踪
Modularized Vehicle Simulation (MVS) 模块化飞行器模拟
Multinational Geospatial Co-production Program 多国地理空间合作项目
Multispectral collection system 多谱段搜集系统
Multistatic radar 多基雷达

National Aeronautics and Space Administration (NASA)（美国）航空航天局
National Air and Space Intelligence Center (NASIC)（美国）国家航空和航天情报中心
National Center for Medical Intelligence (NCMI)（美国）国家医学情报中心
National Counterterrorism Center (NCTC)（美国）国家反恐中心
National Defense Authorization Act (2006)《2006年国防授权法案》
National Geospatial-Intelligence Agency (NGA)（美国）国家地理空间情报局

National HUMINT Requirements Tasking Center (NHRTC)（美国）国家人力情报需求任务中心
National Imagery and Mapping Agency (NIMA)（美国）国家成像与测绘局
National intelligence manager (NIM) 国家情报主管
National Intelligence Priority Framework (NIPF)（美国）国家情报优先事项框架
National MASINT Office (NMO)（美国）国家测量与特征情报办公室
National Open Source Committee（美国）国家开源委员会
National Open Source Enterprise (now the OSE)（美国）国家开源集团（现称开源集团）
National Open Source Enterprise Vision Statement《国家开源集团展望声明》
National Photographic Interpretation Center (NPIC)（美国）国家影像解译中心
National Reconnaissance Office (NRO)（美国）国家侦察局
National Security Act of 1947《1947年国家安全法》
National Security Agency (NSA)（美国）国家安全局
National Security Council (NSC)（美国）国家安全委员会
National technical means (NTM) 国家技术手段
National Virtual Translation Center (NVTC)（美国）国家虚拟翻译中心
Naval Security Group（美国）海军安全大队

Network analysis 网络分析法
Non-official cover 非官方掩护身份
North Atlantic Treaty Organization (NATO) 北大西洋公约（北约）
Nuclear intelligence 核情报
Object identification radar 目标识别雷达
Office of Strategic Services (OSS)（美国）战略情报局
One-time pad 一次性密码本
Open code 明码
Open Source Center (OSC) (CIA)（美国）中央情报局开源中心
Open Source Enterprise (OSE) 开源集团
Open Source Information System (OSIS) 开源信息系统
Open Source Intelligence (OSINT) 开源情报
Open Source Officer (OSO) 开源官
Open Source Works (OSW) 开源工作站
Operational Land Imagery 行动陆地成像探测器
Operational security (OPSEC) 行动安全
Operation Desert Shield/Storm "沙漠盾牌（沙漠风暴）行动"
Operation Enduring Freedom "持久自由行动"
Optical intelligence (OPTINT) 光学情报
Organization of Special Services (OSS) 特勤组织
Originator control (ORCON) 创建者控制
OSCAR-MS 开源搜集获取需求管理系统
OSINT Board of Governors（美国）开源情报理事会
OTH radar 超视距雷达

Overhead persistent infrared (OPIR) 顶空持续红外

Over-the-horizon forward scatter radar system (OTHF) 超视距前向散射雷达系统

Precision Line-of-sight signature and tracking radar 精确视距特征与跟踪雷达

Passive radar technique 被动雷达技术

Photographic Information Division (CIA)（美国）中央情报局摄影信息处

Polarimetry 偏振测定

Posse Comitatus Act of 1878 《1878年治安官动员法案》

Processing and exploitation (P&E) 处理与开发

Program element monitor (PEM) 项目部门监督员

Project MIDAS 导弹防御预警系统计划

Radar Measurement and Signature Intelligence (RADINT/RA MASINT) 雷达类测量与特征情报

Radar (RAdio Detection And Ranging) system 雷达（无线电探测和测距）系统

RADARSAT (Canada) 加拿大"雷达卫星"

Radiant emittance 辐射释放

RADINT and OPTINT Working Group (ROWG) 雷达情报和光学情报工作组

Radio Frequency Measurement and Signature Intelligence (RF MASINT) 射频类测量与特征情报

Radio frequency (RF) weapon 射频武器

Radionuclide 放射性核素

Raw intelligence 原始情报

Reference signature 参考特征

Reliability 可靠性

Reports officer 报告官

Resurs-P1 俄罗斯"资源-P1"卫星

RFIs 信息需求

Roscosmos 俄罗斯联邦航天局

Safe house 安全屋

Safety of navigation 导航安全

SAR 合成孔径雷达

Scientific and technical intelligence (S&TI) 科技情报

Scout UAV（以色列）"侦察兵"无人机

Secret writing technique 密写技术

Seismic sensing 地震探测

Senate Intelligence Committee（美国）参议院情报委员会

Sensor spectral band 传感器光谱谱段

Sexual entrapment 桃色陷阱

Signaling 信号发送

Signals Intelligence (SIGINT) 信号情报

Signal Intelligence Service (SIS)（美国）信号情报局

signature data 特征数据

Single-source analysis 单源分析

Situational awareness 态势感知

Social network analysis (SNA) 社交网络分析法

Space-Based Infrared System (SBIRS) 天基红

外系统
Space object identification (SOI) 太空目标识别
Space Research Organisation (ISRO)（印度）空间研究组织
Spectral signature 光谱特征
Sputnik（苏联）"伴侣"卫星
Stasi（民主德国）斯塔西
Steganography 隐写术
Stovepipes 烟囱
Strategic Arms Limitations Talks (SALT) 战略限制武器谈判
Strategic Arms Reduction Treaty (START) 削减战略武器条约
Studies in Intelligence（美国中央情报局刊物）《情报研究》杂志
Subdiscipline 子科目
Support to military operations (SMO) 支持军事行动
SVR 俄罗斯对外情报局
"Swarm ball" problem "蜂群抢球"难题

TCPED (tasking, collection, processing, exploitation, and dissemination) 任务、搜集、处理、开发和分发
"Tear line" report 撕纸线报告
Technical intelligence 技术情报
Teleseismic sensing 远震地震探测
Temporal signature 时间特征
Terrain knowledge 地形知识
Thermal Infrared Sensor 热红外传感器
Thermopylae 温泉关

TPED (tasking, processing, exploitation, and dissemination) 任务、处理、开发和分发
Traffic analysis 电文往来分析
Treaty monitoring 条约监督

Ultra 超级
Ultra Secret《超级机密》（图书）
Ultraspectral collection system 超谱段搜集系统
Underwater acoustics 水下声学
Unintentional radiation 意外辐射
Unmanned aircraft system (UAS) 无人驾驶飞机系统
U.S. Air Force 美国空军
U.S. Central Command (USCENTCOM) 美国中央司令部
U.S. Code《美国法典》
U.S. Congress 美国国会
U.S. Cyber Command 美国网络司令部
U.S. Department of Justice 美国司法部
U.S. Geological Survey (USGS) 美国地质勘探局
U.S. Intelligence Board (USIB) 美国情报委员会
U.S. Intelligence Community (IC) 美国情报界
U.S. Marine Corps 美国海军陆战队
U.S. MASINT System 美国测量与特征情报系统
U.S. Navy 美国海军
U.S. Signal Corps 美军通信兵部队
U.S. Special Operations Command (USSOCOM) 美国特种作战司令部

U.S. Transportation Command (USTRANSCOM) 美国运输司令部
USA PATRIOT Act《美国爱国者法案》

Validity 有效性
Vela satellite "船帆"卫星
Venona "维诺那计划"

Weapons of Mass Destruction (WMD) Commission （美国）大规模杀伤性武器委员会

Web Access and Retrieval Portal (WARP) 图像访问和检索门户网站
World Basic Information Library (WBIL) 世界基本信息图书馆

Y Service Y 局

Zimmermann Telegram 齐默尔曼电报

国家安全与保密参考书目

策划人：朱策英
邮　箱：gwpbooks@yahoo.com

《情报与突然袭击：战略预警案例研究》　　［美］埃里克·J. 达尔　著
　　本书对珍珠港事件、中途岛战役、"9·11"事件等重大突袭事件中的情报成败与决策关系进行了深刻剖析。在介绍了各个学派研究者对情报失误原因的观点后，作者结合上述突袭事件提出了自己的观点，即预防行动理论。最后，作者针对此前发生的未遂阴谋，对情报失误与决策不当的种种动因进行了理论验证。

《减少不确定性：情报分析与国家安全》　　［美］冯稼时　著
　　本书介绍了美国情报界的分析人员应该做什么工作，如何工作，以及怎样为国家安全减少不确定性。作者运用大量真实案例，结合自身经验，进行了专业理性的论述。同时，他也针对实际问题，提出各种极有见地的建议。作为战略预警学术著作，本书有助于读者了解美国的情报工作思维、国家安全逻辑和外交思想，为应对挑战提供可资参考的视角。

《珍珠港：预警与决策》　　［美］罗伯塔·沃尔斯泰特　著
　　本书是世界上首部关于情报失误或预警失误的著作，开启了预警问题的研究之门。作者深刻剖析了1941年日本成功突袭美国珍珠港这一事件，从美军预警失败的角度查找原因并总结经验，被奉为"最全面研究情报失误导致被突袭的最佳作品"，具有较高的情报研究价值。

《预警情报手册（完整解密版）：国家安全威胁评估》　　［美］辛西娅·格拉博　著
　　作者通过回顾美国1971年前的预警情报工作，分析经典情报失误案例，总结经验教训，指导如何有效阅读、撰写和分析预警情报，以便更准确预判突发事件。本书为最新完整解密版，涵盖军事情报、政治情报、经济情报、民生情报等各领域，堪称预警情报经典之作。

《先发制人：国际冲突的先制与预防》　　［美］迈克尔·多伊尔　著
　　一个负责任的政府是应采取预防措施，对潜在敌人发动先制战争以防患于未然，还是待冲突发生后再采取动作？为因应"9·11"恐怖袭击后的挑战，作者就近数十年来的国际冲突案例进行了深入浅出的分析，提出了自己的国家安全主张。

《突然袭击：被袭国的视角》　　［以］伊弗雷姆·卡姆　著
　　本书系统分析了1939年以来的全球11个经典突袭案例，梳理致使一国遭受战略突袭的分析困难、判断偏见、组织障碍等，是研究战略突袭的经典之作。它告诉我们，突袭虽极难预防，但只要处理得当，并非完全不可避免。

《美国政府保密史：制度的诞生与进化》　　［美］戴维·弗罗斯特　著
　　本书论述了美国政府自建国前至今的保密史。作者以大陆会议、宪法制定、曼哈顿计划等各种历史事件为切入点，讲述了保密如何在维护美国国家安全中发挥重要作用，政府保密制度与文化怎样跟随历史不断演变。

《情报欺骗：反欺骗与反情报》　　［美］罗伯特·克拉克　［丹］威廉·米切尔　著
　　通过丰富的案例，作者系统论述了情报欺骗的历史、原理和应用，兼顾理论与实践，并提供了各种实操训练方法。其内容包括欺骗的途径、方法，在战争中运用欺骗的优势，案例分析及其复盘，实操练习与批评性思考等等。作为情报欺骗的标杆性理论专著，本书利于我们加深对西方情报欺骗的认识，在复杂的国际局势中有效保护国家安全。

《情报搜集的五大科目》　　［美］马克·洛文塔尔　罗伯特·克拉克　主编
　　本书涵盖开源情报、人力情报、信号情报、地理空间情报、测量与特征情报等五大搜集科目，并对情报搜集的定义、历史、流程、管理和趋势等进行了系统介绍。这是一部重要的情报搜集专著，由五位情报实战专家撰稿，两位知名情报理论家担纲主编，有助于正确认识美国情报搜集理论和方法，对我国情报和安全研究具有一定的参考价值。

《情报分析：复杂环境下的思维方法》　　［美］韦恩·霍尔　加里·西腾鲍姆　著
　　本书全面论述了如何在复杂环境下思考、开展情报分析工作，做好应对国际冲突新形势下危险敌人和各种非常规冲突的准备，重点阐述了高级分析方法及其实践应用。本书乃美国情报分析经典著作，为国家安全研究提供了积极的参考视角。

《战略情报：情报人员、管理者和用户手册》　　［澳］唐·麦克道尔　著
　　本书阐述了战略情报从生产到应用的整个环节，重点论述了战略情报的概念和原理，战略情报分析的流程和方法，战略情报管理思想和决策观念的革新，战略情报批判性与创造性思维的实践应用等，堪称战略情报的首部系统性研究著作。

《分析情报：国家安全从业者视角》　　［美］罗杰·乔治　詹姆斯·布鲁斯　主编

本书从国家安全的视角，汇集美国情报界24位顶级专家的思想，深度阐释情报分析的20个核心议题，包括搜集缺口、认知缺陷、外国拒止与欺骗、分析与政策关系、不确定性、反恐斗争、国内情报等，是情报分析领域论述最为全面的书籍之一。

《情报分析案例·实操版：结构化分析方法的应用》　　［美］萨拉·毕比　伦道夫·弗森　著

本书是《情报分析案例：结构化分析方法的应用》的配套用书，采用情景化示范的方式，论证了结构化分析方法的实际应用，为情报分析及其他行业的决策者和管理者提供有效的工作指南。

《情报分析案例：结构化分析方法的应用》　　［美］萨拉·毕比　伦道夫·弗森　著

作者精选出17个经典案例，指导情报分析人员运用结构化分析方法处理实际问题。本书是《情报分析心理学》和《情报分析：结构化分析方法》的姊妹篇，与《情报分析案例·实操版：结构化分析方法的应用》是配套用书。

《情报分析：结构化分析方法》　　［美］小理查兹·J. 霍耶尔　伦道夫·弗森　著

本书采用结构化分析方法的新理念，将55种情报分析方法分成8大类，不仅阐述每一种分析方法本身的内容，还指出其适用场景、增加的价值、具体的操作步骤等，可有效提升情报用户的预测和决策能力。

《情报研究与分析入门》　　［美］杰罗姆·克劳泽　原著　［美］简·戈德曼　改编

本书全面探讨了情报研究与分析的各个阶段，重点讨论了情报研究的规范程序和适用的分析方法工具、模型，优秀情报分析人员的必备特质，以及如何提升情报产品的质量，是情报研究与分析入门必备教材。

《战略情报的批判性思维》　　［美］凯瑟琳·弗森　伦道夫·弗森　著

本书关注如何在情报工作中应用批判性思维，系统阐述了20个重点问题，介绍了其中的各种实用技巧与工具，以及简单易懂的解决办法。这是一部情报工作者高效思考力指南，情报分析的三大黄金标杆教科书之一。

《情报搜集技术》　　［美］罗伯特·克拉克　著

本书是首部系统论述情报搜集技术的专著，集中讨论了各种技术搜集手段，情报搜集策略与管理问题等，重点探讨了搜集技术在国家安全领域的三大用途，让读者一窥美国情报界强大的情报搜集能力、发展动向及维护国家安全的最新思维。

《情报：从秘密到政策》　　［美］马克·洛文塔尔　著

本书详细阐述情报的概念、历史、流程、搜集、分析、反情报、隐蔽行动等问题，重点讨论情报在美国国家安全决策中的重要作用。本作品享有极高声誉，多次再版修订，已成为全美外交、国关、国安、情报等诸多学科的权威教材。

《情报分析心理学》　　［美］小理查兹·J. 霍耶尔　著

本书主要探讨了人类在判断不完整或模糊信息过程中的认知心理问题，以及这些问题如何对情报分析产生影响，而我们又怎样有效克服这些影响。本书既是美国情报机构培训员工的经典教科书，也是中情局情报官员的必备参考读物。

《情报分析：以目标为中心的方法》　　［美］罗伯特·克拉克　著

作者创造性地提出运用"以目标为中心"的情报分析方法，完善情报分析的逻辑过程，形成"确定目标—问题分解—建立模型—评估数据—填充模型—进行预测"的情报分析流程，称得上是一部名副其实的情报分析教科书。

《斯诺登档案：世界头号通缉犯的内幕故事》（修订版）　　［英］卢克·哈丁　著

本书对"斯诺登事件"进行了全面介绍和解读。它详细追踪了斯诺登的泄密动机、获取机密文件的方式、媒体的报道过程及事件的后续发展，讲述了事件背后各方的博弈较量与攻防策略，披露了美英等国监控全球的手段和规模。

《二战后的美国对外政策》　　［美］史蒂文·胡克　约翰·斯帕尼尔　著

作者将美国置于全球背景下，系统讲述了1945年二战结束后该国对外战略的重大发展与变化，深刻剖析了其外交政策的决策机制，揭示了其对外战略的形成过程与规律。通过本书，读者可以了解美国对外政策的根源和复杂性，深入理解其对外战略的全景图。

《谁来监管泄密者？：国家安全与新闻自由的冲突》　　[美]盖里·罗斯 著

通过美国政府历史上重大的泄密案例，作者探讨了未授权信息泄露背后的动机、代价、法律困境和解决之道，以提醒全美情报系统：对手如何获取美国情报，获得情报后会取得怎样的优势。本书是信息时代普及国家安全意识的必备佳作。

《情报术：间谍大师杜勒斯论情报的搜集处理》　　[美]艾伦·杜勒斯 著

本书作者以第一人称的视角展开，着重阐述了情报的实用技巧——情报如何搜集和处理，以及形成的结果怎样为制定国家政策服务。本书是"间谍大师"、中情局任期最长局长、美国现代情报系统缔造者杜勒斯的收官之作。

《骗中骗：克格勃与中情局的无声战争》　　[美]爱德华·爱泼斯坦 著

本书以美国反间谍头目詹姆斯·安格尔顿之死为缘起，追踪了苏联从建国伊始到冷战末期"欺骗对手"的各种行动，以及美国是如何应对和接招的。该书呈现了中情局与克格勃在情报与反情报上的较量，是国家安全研究的重要资料。

《全民监控：大数据时代的安全与隐私困境》　　[英]约翰·帕克 著

阿桑奇、斯诺登等的接连爆料警示我们，"全民监控"的时代已经来临。为了获得全方位的监控能力，西方国家利用闭路系统、窃听设备、身份识别技术、定位追踪装置等随时随地监视民众。本书是读者迅速掌握隐私与信息安全知识的必读之作。

《网络战：信息空间攻防历史、案例与未来》　　[美]保罗·沙克瑞恩 等著

通过梳理各种经典案例，本书系统探讨了网络战历史、现实和未来。以跨学科的研究方法，作者有机融合理论与实例，涵盖了从个人、组织机构到国家的网络安全问题，细致阐述了网络空间的生存之道。

《秘密情报与公共政策：保密、民主和决策》　　[美]帕特·霍尔特 著

全书讲述了美国安全情报的起源与演变，介绍了与国家安全政策制定相关的四大情报活动，穿插了一些情报利用、误用、滥用等的经典案例，并展望了情报和政策两者的未来关系。

《国家安全与情报政策研究：美国安全体系的起源、思维和架构》　　[美]伯特·查普曼 著

本书总结和收集了大量以美国为主的世界各国国家安全政策资料，重点介绍了美国国家安全思想和架构的起源和发展历程，以及作为其国家安全基石的情报政策的历史变迁，具有极强的资料性和实用性，是研究国家安全历史的重要案头书。

《恐怖主义如何终结：恐怖活动的衰退与消亡》　　[美]奥德丽·克罗宁 著

通过精心研究各种恐怖组织，本书总结出终结恐怖组织的六种模式，分别系统、深入地加以论述，辅以大量实际数据、案例研究和图表作支撑。本书极具历史性、实践性和经典性，论证严谨，是反恐领域的一部不可多得的标杆性读物。

《21世纪犯罪情报：公共安全从业者指南》　　[美]理查德·赖特 等主编

本书全面、系统、深入地介绍了以美国为主的西方国家犯罪情报工作的过去、现在和未来，论述了犯罪情报工作的思想、流程、方法、工具和实践。全书在理论上揭示了犯罪情报工作的基本规律；在实践上提供了犯罪情报工作的方法工具。

《数据与监控：信息安全的隐形之战》　　[美]布鲁斯·施奈尔 著

在西方世界，大量的个人数据会被政府和企业监控，政治自由与公平、商业公平与平等，甚至隐私以及安全等都因监控岌岌可危。本书给出切实可行的建议，探讨如何才能有效应对监控，保护信息安全和隐私。作者被誉为信息领域的"安全教父"。

《金融情报学》　　王幸平 著

本书探讨了金融情报的概念，金融情报的搜集、撰写和分析，金融情报人员的定位，金融情报机构与金融决策机构的关系，以及金融反情报等等。全书思想丰沛，案例多样，构建了一套专业情报学框架，对金融理论创新和国家安全研究均有参考价值。